Marcus Schweighart | Christian Thiele

Mitarbeitergespräche positiv führen

Konstruktiver kommunizieren als Führungskraft – auch in schwierigen Situationen

BusinessVillage

Marcus Schweighart, Christian Thiele
Mitarbeitergespräche positiv führen
Konstruktiver kommunizieren als Führungskraft –
auch in schwierigen Situationen
1. Auflage 2022
© BusinessVillage GmbH, Göttingen

Bestellnummern
ISBN 978-3-86980-588-7 (Druckausgabe)
ISBN 978-3-86980-589-4 (E-Book, PDF)
ISBN 978-3-86980-650-1 (E-Book, EPUB)

Bezugs- und Verlagsanschrift
BusinessVillage GmbH
Reinhäuser Landstraße 22
37083 Göttingen
Telefon: +49 (0)5 51 20 99-100
Fax: +49 (0)5 51 20 99-105
E-Mail: info@businessvillage.de
Web: www.businessvillage.de

Layout und Satz
Sabine Kempke

Autorenfotos
Marcus Schweighart: Romanus Fuhrmann, romanusfuhrmann.com
Christian Thiele: Marc Wittkowski, marcwittkowski.com

Druck und Bindung
www.booksfactory.de

Copyrightvermerk
Das Werk einschließlich aller seiner Teile ist urheberrechtlich geschützt. Jede Verwertung außerhalb der engen Grenzen des Urheberrechtsgesetzes ist ohne Zustimmung des Verlages unzulässig und strafbar.
Das gilt insbesondere für Vervielfältigung, Übersetzung, Mikroverfilmung und die Einspeicherung und Verarbeitung in elektronischen Systemen.
Alle in diesem Buch enthaltenen Angaben, Ergebnisse usw. wurden von dem Autor nach bestem Wissen erstellt. Sie erfolgen ohne jegliche Verpflichtung oder Garantie des Verlages. Er übernimmt deshalb keinerlei Verantwortung und Haftung für etwa vorhandene Unrichtigkeiten.
Die Wiedergabe von Gebrauchsnamen, Handelsnamen, Warenbezeichnungen usw. in diesem Werk berechtigt auch ohne besondere Kennzeichnung nicht zu der Annahme, dass solche Namen im Sinne der Warenzeichen- und Markenschutz-Gesetzgebung als frei zu betrachten wären und daher von jedermann benutzt werden dürfen.

BusinessVillage

Inhalt

Über die Autoren 9

Die digitale Playbox – das Downloadangebot zum Buch 11

1. Wozu heute noch Mitarbeitergespräche? 13

2. Die Communication Journey: So viele gute Anlässe für positive
   Mitarbeitergespräche 19
   Die Journey aus Sicht von Mitarbeiterinnen und Mitarbeitern 21
   Das Konzept der psychologischen Sicherheit als Rahmen
   für gelingendes Miteinander 22
   Worüber und wann Sie sonst noch in Gespräch kommen können –
   über zwanzig positive Gelegenheiten 24
   Exkurs: Die Traumstelle basteln – Was ist und bringt Job Crafting? 34
   Interview 1: »Man braucht nicht für alles eine zentrale Anweisung
   und einen aufgeblasenen Prozess« 38

3. Besser als immer nur senden: Wieso und wie gute Chefs
   auf Empfang gehen! 45

4. Den Klassiker neu entdecken: Jahresgespräche positiv vorbereiten,
   durchführen und nachbereiten 57
   Das Jahresgespräch positiv vorbereiten 60
   Das Jahresgespräch konstruktiver durchführen 76
   Immer ein guter Rat: Themen genau eingrenzen 78
   Der prototypischer Ablauf: Ihr Denkrahmen für die gelingende
   Durchführung 79
   Das psychologische Wohlbefinden. Ein Leitgedanke für
   ressourcenorientierte Jahresgespräche 82
   Das Jahresgespräch positiv nachbereiten 88
   Interview 2: »Es gibt keinen Standard, kein Raster.
   Sorge für Kommunikation!« 92

5. Stärken stärken: Ressourcenfokus im positiven Mitarbeitergespräch 101

Wozu Stärken stärken? 103
Was Stärken eigentlich sind – und was nicht 105
Woher die Schwäche bei den Stärken kommt 107
Stärken der Mitarbeiter ansprechen – wie und wann? 109
Konstruktiv mit Schwächen umgehen 115

6. Bessere Mitarbeitergespräche im agilen Umfeld 119

Günstige Gesprächsformate für agile Führung 121
Gesprächstechniken in agilen Führungskontexten 124

7. Innerer Dialog vor äußerem Dialog: Persönlichkeitsentwicklung und Klarheit durch Selbstklärung stärken 127

Der Nutzen: Warum der Blick nach innen lohnt 128
Ebene 1 – Die anlassbezogene Minimalklärung 131
Ebene 2 – Die Klärung aus der Adlerperspektive 132
Ebene 3 – Klarheit für das eigene Selbst 135
Eigene Emotionen als Datenträger 136
Hin zu statt weg von: konstruktive Ziele finden und verfolgen 140
Was uns wichtig und richtig erscheint: Werte 146

8. Virtuelle Mitarbeitergespräche wachstumsorientiert führen 153

Führen auf Distanz – Situationsbeschreibung 154
Mitarbeiterbindung als Herausforderung 155
Wie Mitarbeitergespräche im Online-Setting wirken (können) 157
Formate und Anlässe digitaler Mitarbeitergespräche 172
Was können wir aus Unternehmen über gelingende Mitarbeiterkommunikation auf Distanz berichten? 173
Interview 3: »Wir pflegen mitunter eine nicht sehr direkte Form der Kommunikation« 177

9. Alles über einen Kamm? Unterschiedliche Tools für unterschiedliche Gesprächsziele 185

Tool 1: Rückschau/Leistung beurteilen 186
Tool 2: Ziele fassen 187
Tool 3: Die persönliche Entwicklung planen 188
Interview 4: »Zu Beginn eine Ressourcendusche für den Mitarbeiter – das würde ich mir wünschen!« 189

10. Im Gespräch psychologisches Kapital ausbauen und
    Leistungswille, Motivation und Engagement fördern 195
    Was bedeuten die vier Säulen Hoffnung, Selbstwirksamkeit,
    Resilienz und Optimismus? 196
    Wie kann man das psychologische Kapital (im Mitarbeitergespräch)
    stärken? 198
    Interview 5: »Für mich ist das Jahresgespräch so ein
    Neujahrsmoment – danach bin ich richtig motiviert« 203

11. So bereiten Sie sich als Mitarbeiter(in) auf Ihr
    Jahresgespräch vor 209

12. Positive Psychologie: Potenziale schwieriger Gespräche
    sehen und nützen 213

13. Bei jedem kracht es anders: Konflikte verstehen, einordnen
    und lösen können 221

14. Farbe bekennen und Verhaltensänderungen in
    sechs Schritten herbeiführen 227
    Haltung und Verhalten: Was die Sechs-Schritte-Technik ist
    und bringt 229
    Sich auseinandersetzen mit der Auseinandersetzung 230
    Eigene Beobachtungen schildern 232
    Innere Wirkung vermitteln 232
    Erwartungen formulieren 233
    Dem Gegenüber zuhören 234
    (Teil-)Schritte vereinbaren 235

15. Schwierige Gespräche (bitte nicht) noch schwieriger machen –
    Situative Kompetenz entwickeln 237
    Interview 6: »Es gibt Zeiten, in denen passt man einfach nicht
    mehr zusammen« 243

16. Da geht's lang: Acht Thesen für positive Mitarbeitergespräche 251

Anhang 257
    Danksagungen 258
    Zum Lesen, Hören, Klicken: Wenn Sie mehr wissen wollen 259
    Literaturverzeichnis 262

Genderhinweis
Wir bemühen uns in diesem Buch um eine gute Balance zwischen gendergerechter Sprache und Lesbarkeit. Angesprochen fühlen dürfen sich immer alle!

Über die Autoren

Marcus Schweighart ist Wirtschaftspsychologe und Bankfachwirt (und bald auch Master der Positiven Psychologie). Als Vortragsredner, Berater, Trainer und Coach liegt sein Fokus auf den Stärken und Potenzialen des Einzelnen, des Teams und der Gruppe. Daher liegen seine Schwerpunkte im Bereich »Positive Führung, Stärkenorientierung und Führungskräfteentwicklung« (Wertschöpfung und Wertschätzung). Die Frage »Wie können Potenziale genutzt werden?« steht hierbei im Mittelpunkt. In seiner Laufbahn hat er als Ausbilder, Personalexperte und Geschäftsführer hunderte Mitarbeiter(innen)gespräche in der Finanz-, IT- und Beratungsbranche geführt und dabei von seinen Gesprächspartnern und eigenen Chefs lernen dürfen. Neben seinem Podcast »Positive Psychologie im Business« veröffentlichte er bereits mehrere Tools für Workshops und Coachings wie die Stärkenkarten, das PERMA-Lead-Poker oder die Positive Leadership Challenges. Marcus Schweighart ist zertifizierter Trainer der Positiven Psychologie (Deutsche Gesellschaft für Positive Psychologie), systemischer Organisationsberater (SySt) und hat darüber hinaus zahlreiche Fortbildungen, unter anderem zu Kommunikationspsychologie und Persönlichkeitspsychologie, besucht. Als Basketballtrainer und -schiedsrichter kennt er sich mit hitzigen Kommunikationssituationen aus und genießt seine Freizeit als Familienvater, Whiskyliebhaber, Weltenbummler und Rennradler.

Kontakt
Web: www.hbcontor.de
E-Mail: schweighart@hbcontor.de

Christian Thiele ist Diplom-Politikwissenschaftler (und bald auch Master der Positiven Psychologie), Experte für Positives Führen und hat eigene Führungserfahrung in Redaktionen und Medienhäusern. Dort hat er deutlich mehr Mitarbeitergespräche erdulden müssen, als führen dürfen. Mit Vorträgen, Teamentwicklungen, Trainings und Coachings unterstützt er Organisationen, Teams und Führungskräfte, offline wie online. Seine Themen: Führung, Konfliktmanagement, Ressourcenmanagement. Sein Podcast »Positiv Führen« erscheint monatlich. Er hat diverse Aus- und Weiterbildungen gemacht (Positive Business, Positive Psychologie, Science of Happiness, Systemisches Coaching, Systemische Therapie, Kommunikationspsychologie nach Friedemann Schulz von Thun, Erlebnispädagogik). Christian Thiele ist zertifizierter PERMA-Lead-Berater, Mitglied im Deutschsprachigen Dachverband für Positive Psychologie (DACH-PP e.V.) und gehört zum Trainerteam der Deutschen Gesellschaft für Positive Psychologie. Von ihm stammen unter anderem »Stärken erkennen und nutzen« (Haufe 2021) und »Positiv führen für Dummies« (Wiley 2021). Er ist (meist) fröhlicher Patchwork-Vater, leidenschaftlicher Skibergsteiger, untalentierter Kletterer, engagierter Produzent und Konsument von Kässpätzle. Seine Frau ist irritiert, dass ausgerechnet er ausgerechnet ein Buch über positive Kommunikation schreibt – und hat damit sicher recht. Einerseits ...

Kontakt
Web: www.positiv-fuehren.com
E-Mail: kontakt@positiv-fuehren.com

Die digitale Playbox – das Downloadangebot zum Buch

 https://www.businessvillage.de/1123.html

Vertieft, erweitert, komprimiert, aktualisiert: In der digitalen Playbox zu diesem Buch finden Sie weitere Anregungen für unterschiedliche Formen, Anlässe und Formate von Gesprächen mit Mitarbeitenden. Es erwarten Sie Videos, Audiodateien, Checklisten und so weiter. Die Playbox wird sich mit der Zeit erweitern, es lohnt daher, wenn Sie immer mal wieder dort vorbeiklicken, äh: vorbeischauen, äh: hinklicken – Sie wissen schon, was gemeint ist!

1. Das Jahresgespräche konstruktiv vorbereiten.
2. Mitarbeitergespräche positiver durchführen.
3. Das Jahresgespräch ressourcenorientiert vorbereiten.
4. Mich selbst gut aufstellen für positive Mitarbeitergespräche.
5. Virtuelle Mitarbeitergespräche mit mehr Lust und Leistung.
6. Die VIA-Stärken im Überblick.
7. Sieben Tipps für stärkenorientierte Jahresgespräche.
8. Video: Dann und so führen Sie Stärkengespräche.
9. Wie bereite ich mich als Mitarbeiter(in) besser auf das Jahresgespräch vor?
10. Schwierige Gespräche leichter führen in sechs Schritten.
11. Tipps für (möglichst) konstruktive Trennungsgespräche.
12. Video: Was sollen, können, brauchen Mitarbeitergespräche – die Autoren und BusinessVillage-Verleger Christian Hoffmann im Trialog.
13. Wichtige Links.

1.
Wozu heute noch Mitarbeitergespräche?

Überkommen. Formalisiert. Unehrlich. Ein hohles Kommunikationsritual. Ein zusätzlicher Stressposten, für die Führenden und für die Geführten. »Und ich beurteile doch auch nicht meine Kinder, meine Ehefrau, meinen Golfpartner, weder wöchentlich noch jährlich – das entspricht gar nicht meinem Verständnis von Führung und wertschätzendem Miteinander!« So denken nicht wenige. Und genau das wollen wir ändern, denn Mitarbeitergespräche können auch ganz anders sein. Gerade heute in 2022 und für die Zukunft. Sie sind richtig angewendet so etwas wie ein Hidden Champion in der Toolbox des modernen Führens. Gerade und insbesondere auch in Organisationen, die sich agilen oder selbstorganisierenden Arbeitsweisen verschrieben haben.

Was verstehen wir unter Mitarbeitergesprächen?

Hier wird die Rede einerseits vom klassischen, institutionalisierten Jahresgespräch, einer One-on-one-Konversation zwischen Führenden und Geführten (wenn man das heute noch sagen darf) sein. Andererseits geht es um viele weitere mögliche Gespräche in der Communication Journey, die zwischen Führungskraft und Mitarbeiter in Bezug auf die Arbeitsleistung stattfinden und das Ziel haben, ein gemeinsames strukturiertes Hinschauen auf Geleistetes, Gelungenes, Geplantes zu leisten. Denn gerade in der oft geschmähten Formalisierung und Institutionalisierung von Austausch sehen wir viel Charme. Worum es bei Mitarbeitergesprächen wirklich gehen kann und soll? Um Prozesse und Gewohnheiten, die Vertrauen, Wertschätzung und Beziehung zu anvertrauten Menschen stärken können. Es geht uns dabei aber vor allem um Haltung.

> **Was sind für uns Mitarbeitergespräche?**
> Für uns sind Mitarbeitergespräche grundsätzlich etwas Positives. Sie sind die Retrospektiven der Führungskraft-Mitarbeiter-Beziehung. Also Lern- und Reflexionswerkzeuge.

Was Vorgesetzte und Teammitglieder in Mitarbeitergesprächen miteinander besprechen, wie und wie oft sie darüber sprechen, was sie davon wie festhalten, welche Konsequenzen das hat: Das ist in den meisten Organisationen irgendwie geregelt. Es gibt einen Prozess dahinter. Oft samt von den Personalabteilungen festgelegten Terminfenstern, Ablagevorschriften und so weiter.

Das klingt nach Verwaltung und wir wollen die jeweiligen Vorgaben in Organisationen auch gar nicht hinterfragen. Denn sie sind auch immer etwas Positives: Sie sind Grundlage einer spezifischen, festgelegten Kommunikation zwischen Führenden und Mitarbeitenden. In den Regelhaftigkeiten, in den vorgegebenen Rhythmen liegen Chancen, die genutzt werden können. Gerade die Regelhaftigkeit, die Anwendung über einzelne Bereiche hinweg sind auch stets der Ausdruck einer positiven Gewohnheit, sie sind stets auch Ausdruck einer angewandten Firmenkultur. Es bildet sich so ein Rahmen unabhängig von einzelnen Personen, innerhalb dessen echte, gelebte Unternehmenskultur stattfinden kann und das macht sie aus unserer Sicht so wichtig und so nützlich – zumindest potenziell.

Wir arbeiten als Coaches und Trainer überwiegend mit Führungskräften. Mitarbeitergespräche, egal in welchem Rhythmus und in welcher Form, sind häufig Thema unserer Beratung und Betreuung von Vorgesetzten. Kaum ein Thema, so unsere Erfahrung, polarisiert mehr als das Jahresgespräch. Von nicht wenigen geradezu verteufelt, von anderen treu hochgehalten. Wieder andere sorgen sich insbesondere vor den Dialogen zu weniger erfreulichen Anlässen.

Das wollen wir ändern. In der Kommunikation zwischen Vorgesetzten und Mitarbeitenden findet Beziehungsarbeit statt, findet die konkrete Ausgestaltung des Miteinanders statt. Diese Kommunikationsakte, wie man im Habermas'schen Sinne formulieren könnte, diese Gesprächssituationen gut meistern zu können, die formellen und die informellen, die digitalen und die in Präsenz, die angenehmen und die weniger angenehmen: Das ist aus unserer Sicht eine der Schlüsselkompetenzen gelingender Führung. Umso mehr in Zeiten, die viel Umbruch und Umdenken verlangen. Umso mehr in Zeiten, da in vielen Organisationen das persönliche Gespräch von Angesicht zu Angesicht seltener wird – und der Teams-Zoom-Webex- oder Sonst-was-Call häufiger.

Beide sehen wir uns den Erkenntnissen, Methoden und der Haltung der Positiven Psychologie verpflichtet, genauer gesagt: Die Positive Psychologie mit ihrem Fokus auf das Gelingende, auf die Stärken, auf die Ressourcen, auf das, was Sinn vermittelt, was gesünder und zufriedener und, ja sagen wir es ruhig so pathetisch: glücklicher macht – sie ist für uns der Leitstern in der Arbeit mit Einzelnen, Teams und Organisationen.

Positives Führen verstehen wir als eine Ergänzung zu klassischen Leadership-Ansätzen. Auf wissenschaftlichem Fundament erfolgen daraus handhabbare Vorschläge für ein erfolgreicheres, gesünderes und gelingenderes (Arbeits-)Leben.

Daher geht es uns in unserer Arbeit ganz häufig darum,
- Gelassenheit, Freude, Interesse und andere positive Emotionen zu stärken;
- Flow-Erlebnisse und Stärkenorientierung im Job zu mehren;
- das Vertrauen, die Team-Identität und andere Aspekte eines kollegialen Miteinanders zu fördern;
- neben dem Was und Wie auch das Wozu, gerade in Veränderungssituationen, erlebbarer zu machen
- und (Zwischen-)Erfolge und Fortschritt zu planen, zu erreichen und zu kommunizieren.

Diejenigen, die sich auf dem Feld der positiven Führung oder – wenn wir den englischen Begriff nehmen – des Positive Leadership schon ein wenig auskennen, werden hierin das PERMA-Lead-Modell nach Martin Seligman und Markus Ebner erkennen. Die, die sich da noch nicht auskennen: Umso besser, schon (wieder) etwas gelernt!

Das Buch ist für Führungskräfte auf mehr oder weniger allen Ebenen gedacht. Und ebenso für diejenigen, die diese begleiten und beraten, also Fachkräfte aus dem Personalwesen, der Organisationsentwicklung, der Führungskräfteförderung und so weiter. Es will erstens konkrete Tipps und Anregungen für Vorbereitung, Durchführung und Nacharbeitung unterschiedlichster Gespräche bieten. Zweitens laden wir Sie immer wieder ein, mit Bewusstheit Ihre Haltung und Einstellung zur eigenen Führungsrolle zu schärfen. Und drittens sollen Interviews mit Fachleuten aus unterschiedlichen Bereichen und Branchen eine gewisse Vielfalt der Perspektiven, Blicke über den Tellerrand hinaus ermöglichen.

Sie können daher das Buch von A bis Z lesen und durcharbeiten. Sie können aber natürlich auch nach Lust und Laune dort anklicken oder aufschlagen, wo und wann es Sie interessiert. Apropos Clicken: In der digitalen Playbox finden Sie einiges an Zusatzmaterial zu diesem Buch, um Ihnen die Anwendung des hier Gelernten zu erleichtern.

Wir wünschen Ihnen viel Freude und Erfolg dabei! Und schreiben Sie uns gerne von Ihren Erfahrungen, von Ihren Einwänden – und gerne auch Lob, das ist ebenfalls willkommen ...

Marcus Schweighart und Christian Thiele

2.
Die Communication Journey: So viele gute Anlässe für positive Mitarbeitergespräche

Der Begriff der Journey ist aus dem Marketing unter dem Begriff Customer Journey bekannt und beschreibt die Reise des Kunden/Mitarbeitenden entlang eines Entwicklungspfades vom Erstkontakt mindestens bis zum Produktkauf. In unserer Communication Journey wollen wir typische Gesprächsanlässe für Mitarbeitergespräche, also sinngemäß alle denkbaren Touchpoints skizzieren – alle möglichen Berührungspunkte des Mitarbeiters mit Mitarbeitergesprächen.

Diese Analogie zum Marketing lädt auf den ersten Blick zu einer gewissen Kunden- oder in diesem Fall Mitarbeiterorientierung ein. Diese kann unseres Erachtens durch ein höheres Bewusstsein um mehr oder weniger (in-)formelle Gesprächsanlässe und die Situation des Mitarbeiters gesteigert werden. Den allerersten Touchpoint, nämlich das Bewerbungsgespräch, klammern wir in diesem Buch übrigens aus. Wir richten den Blick auf alle Interaktionen, nachdem das Verhältnis Führungskraft–Mitarbeiter vertragsrechtlich begonnen hat und beginnen unsere Reise mit Aufnahme der Zusammenarbeit zwischen beiden – und enden mit dem letzten Gespräch vor der Trennung.

Neben dem Zeitpunkt im Firmenzugehörigkeitszyklus von Mitarbeitenden lassen sich Gesprächsanlässe anhand der Dimension informell (zum Beispiel der Schnack an der Kaffeemaschine) bis institutionalisiert (das Jahresgespräch) unterscheiden. Daraus ergeben sich eine Vielzahl von Gesprächsanlässen mit einer Vielzahl von Ausgangssituationen, Zielen, Dos and Don'ts. Und mit einer Vielzahl meinen wir: Viele!

> Es gibt aus unserer Sicht vor allem viele informelle Anlässe, um ein Gespräch zu starten, die viel zu wenig genutzt werden. Also statt einmal im Jahr ein Mitarbeitergespräch möglichst ständig, bedarfsgerecht, anlassbezogen, niedrigschwellig und zielführend mit Mitarbeitern sprechen, das ist unser Plädoyer.

Wir wollen dazu anregen, möglichst jedes Gespräch mit Mitarbeitenden ein wenig wachstumsorientierter zu gestalten. Selbst erlebte Gespräche, aber auch Anekdoten unseres Coachees lassen uns immer wieder interessiert staunen und tragen zu unserem Lernen darüber, was Führungskräfte gelegentlich für günstig zu halten scheinen, bei. Da gibt es Beispiele von Kündigungsgesprächen im Stehen (»Wir brauchen uns doch jetzt nicht setzen, dauert ja nicht lang.«); Gespräche zum Teilzeitbeschäftigungsverbot während der Schwangerschaft (erste Reaktion: »Das ist ja jetzt blöd für uns!«, zweite Reaktion: »Na ja, bevor Sie gleich zu Ihrer Ärztin rennen und komplett krankgeschrieben sind, können Sie ja noch mal eben kurz ...«) – aber eben auch wunderbare Beispiele für Verständnis, Empathie, Klarheit und Wertschätzung.

Die Journey aus Sicht von Mitarbeiterinnen und Mitarbeitern

Erinnern Sie sich an den Beginn Ihrer Tätigkeit für Ihren aktuellen Arbeitgeber oder Ihre aktuelle Führungskraft? Am Anfang der gemeinsamen Zeit stehen oft Neugier und Enthusiasmus, aber auch Unsicherheit und die Suche nach Orientierung. Schauen Sie einmal auf Ihre bisherige Laufbahn zurück:

- Welche Highlights und Lowlights sind Ihnen in Erinnerung geblieben?
- Wann in Ihrer Laufbahn fühlten Sie sich besonders gut oder schlecht kommunikativ begleitet? Woran lag das?
- Was war das Besondere an denkwürdigen Erstgesprächen/Onboarding-Gesprächen?
- Was war das Besondere an denkwürdigen Trennungsgesprächen?
- Welche weiteren Gespräche – ob formell oder eher informell –, sind Ihnen in besonderer Erinnerung geblieben und warum?
- Was können Sie daraus über die Bedürfnisse an die Kommunikation zwischen Führungskraft und Mitarbeiterinnen ableiten?

- Wie lassen sich diese Erkenntnisse für die Begleitung Ihrer aktuellen Mitarbeiterinnen nutzen?
- Wie gut fühlen Sie sich derzeit kommunikativ von Ihrer Führungskraft begleitet: Passt die Häufigkeit der Gespräche? Passen die Inhalte? Passt der Rahmen? Wie steht es aus Ihrer Sicht um die Beziehungsebene?

Wenn wir uns in die Mitarbeiter(innen)sicht der Communication Journey hineinversetzen, dann lassen sich die verschiedenen Phasen im Zyklus einer Unternehmenszugehörigkeit anhand von Emotionen, Gefühlen und Handlungen abgrenzen. Während in der Anfangsphase das Kennenlernen des oder der Vorgesetzten, der tatsächlichen Anforderungen im Job, der Arbeitsweisen, der Kollegen im Fokus stehen, treten in der Phase einer bereits gut etablierten Zusammenarbeit Abstimmungsbedarfe, Fragen nach Weiterentwicklung und beziehungsbezogene Wartungsarbeiten (sprich die Aufrechterhaltung und Erneuerung zwischenmenschlicher Beziehungen) in den Vordergrund.

Das Konzept der psychologischen Sicherheit als Rahmen für gelingendes Miteinander

Psychologische Sicherheit gilt in Teams, die in gegenseitiger Abhängigkeit an gemeinsamen Zielen arbeiten als ein wichtiger Erfolgsfaktor. Dies bestätigte das Google-Forschungsprojekt »Aristoteles«, bei dem einhundertachtzig Teams innerhalb des Konzerns untersucht wurden. Daher ist es aus unserer Sicht unverzichtbar in diesem Buch, da insbesondere die Art und Weise wie Sie mit Ihren Mitarbeitenden kommunizieren, einen wesentlichen Einfluss auf diesen wichtigen Faktor nimmt. Jedes Gespräch der Communication Journey bietet immer auch eine Gelegenheit, Sicherheit zu stärken und Unsicherheit auszubalancieren.

Die Ausgangsbasis ist, dass Emotionen, insbesondere Angst, eine hohe Relevanz für das individuelle Handeln haben. Voraussetzung für das Entstehen neuer Ansätze ist demnach, der Glaube oder das berechtigte Vertrauen aller Mitarbeitenden, dass niemand bestraft wird, wenn er oder sie Ideen, Fragen, Bedenken oder Fehler laut und deutlich im Team anspricht. Echtes Interagieren gelingt nur ohne Angst vor Bestrafung.

Das Konzept der psychologischen Sicherheit, schon lange von Forschern wie Edgar Schein und anderen verfolgt, wurde 1999 von der Harvard-Professorin Amy Edmondson bekannt gemacht und seitdem in unterschiedlichen Forschungen (beispielsweise zu Innovationen, Agilität und Diversity) aufgegriffen und bestätigt. Hinter dem Begriff steht die gemeinsame Überzeugung aller Mitglieder eines Teams, dass die Sicherheit innerhalb der Gruppe gegeben ist, zwischenmenschliche Risiken einzugehen (Edmondson 1999). Es gilt das Credo: Alle müssen sich gehört fühlen.

Damit Sie dieses Gefühl des kollektiven Vertrauens unterstützen, braucht es vor allem eins als Führungskraft: das Menschsein. Dazu gehört eigene Fehlbarkeit anzuerkennen und situativ angemessen zuzugeben. Denn vorgebliche Unfehlbarkeit oder Perfektion schaffen zwischenmenschliche Distanz. Fragen Sie lieber Ihre Mitarbeiter nach deren Sichtweisen. Insbesondere wenn sich Herausforderungen in den Weg stellen, lohnt es sich, alle zum Mitdenken einzuladen und die Situation als Lernchance zu beschreiben.

Das kollektive Gefühl der Sicherheit entsteht nicht von heute auf morgen und von null auf hundert. Dr. Timothy Clark beschreibt Qualitätsunterschiede in vier Stufen. Dabei ist die erste Stufe die Sicherheit über die Zugehörigkeit. Mitarbeitende benötigen demnach das Vertrauen, sich als Teil des Teams begreifen zu können. Darauf aufbauend kann die Stufe 2, die Sicherheit als Lernender entstehen. Auf dieser Ebene kommt eine zusätzliche Qualität hinzu, weil Mitarbeitende nun auch Vertrauen haben, dass sie sich noch entwickeln und Fehler machen dürfen. Auf der dritten Stufe, der Sicherheit als Beitragender, können die Mitarbeiter sich mehr zeigen und etwas von sich preisgeben. Stärken werden anerkannt, Beiträge werden gewürdigt. Die höchste Stufe der psychologischen Sicherheit nach Dr. Timothy Clark ist die Sicherheit als Infrage-Steller. Also dem Vertrauen der Mitglieder eines Teams, dass Sie den Status quo kritisieren dürfen, ohne soziale Sanktionen zu fürchten.

> **Stellschrauben für Führungskräfte zur Förderung der psychologischen Sicherheit:**
> - Ankündigung und Nutzenkommunikation: Safe-to-fail-Kultur als erstrebenswert beschreiben.
> - Explizit in Teamrunden und Dialogen immer wieder nach Widerspruch und anderen Meinungen fragen (Was sagst du dazu, ich bin an deiner Meinung interessiert?).
> - Wie reagiert die Führungskraft (im Verhalten, emotional) auf Widerspruch und Kritik? Wie persönlich nimmt die Führungskraft Kritik?
> - Den Widerspruch salonfähig machen durch Vergabe einer Advocatus-Diaboli-Rolle.
> - Als Führungskraft zuhören.

Worüber und wann Sie sonst noch ins Gespräch kommen können – über zwanzig positive Gelegenheiten

Die individuellen Lebenssituationen lassen hier eine Vielzahl von Gesprächsanlässen denkbar werden. In der Reifephase der Zusammenarbeit geht es möglicherweise um Grenzen und Trennung. Daraus folgen Gesprächsanlässe, die aus unserer Sicht teils zwingend notwendig, teils günstig im Sinne einer nach den Prinzipien positiver Führung ausgerichteten Führungskommunikation sind. Im Folgenden gehen wir auf diese Gesprächsanlässe kurz ein. Zu einigen finden Sie in den anderen Kapiteln ausführliche Vertiefungen.

Dabei erhalten Sie hier keine vollständige Liste, bitte ergänzen, streichen und überprüfen Sie die Passung. In jedem Falle wünschen wir Ihnen – und Ihren Mitarbeitern – Freude am Experimentieren!

Die Gesprächsanlässe werden jeweils kurz skizziert. Dabei beschreiben wir die wichtigsten Ziele auf der Sach- und Beziehungsebene und nennen wichtige Handlungsfelder, die Sie in den Blick nehmen sollten.

Onboarding

Wann? So früh wie möglich; am ersten Tag oder in der ersten Woche.

Sachziele: Erwartungen erklären und abfragen, Aufgaben benennen, Modus für weitere Gespräche (Initiative, Inhalte, Rhythmus), Arbeitsfähigkeit herstellen.

Beziehungsziele: Willkommen heißen, persönliches Kennenlernen, Vertrauen aufbauen.

Handlungsfelder: Geben Sie etwas von sich preis, um als Person sichtbar, vertrauenswürdig und nahbar zu werden, gute Vorbereitung inklusive notwendiger Arbeitsmittel verstärken das Gefühl, willkommen zu sein.

Probezeit

Wann? In der Mitte und am Ende der Probezeit.

Sachziele: Zwischenfeedback geben und erhalten, Informationen über (un-)erfüllte Erwartungen erhalten und teilen.

Beziehungsziele: Vertrauen stärken, Orientierung geben, Wertschätzung vermitteln.

Handlungsfelder: Konkretes Feedback inklusive Bestätigung oder Verbesserungswünschen formulieren, nach der ZIELSICHER-Formel vorgehen (siehe Kapitel über das Jahresgespräch, Seite 79 ff.).

Rollenklärung

Wann? Immer, wenn sich etwas (Aufgaben, Verantwortung, Umfeld) oder jemand (Positionswechsel) verändert.

Sachziele: Erwartungen erklären und abfragen, Aufgaben benennen, Modus für weitere Gespräche (Initiative, Inhalte, Rhythmus), Arbeitsfähigkeit herstellen.

Beziehungsziele: Sicherheit in der Beziehung und der Verantwortung stärken, Vertrauen aufbauen.

Handlungsfelder: Transparenz über (noch nicht) getroffene Entscheidungen, auch auf höherer Hierarchieebene schaffen, Stärken der Person in die Rollengestaltung einbeziehen.

Peer-Feedback

Wann? Jederzeit zwischendrin, nach Projekten.

Sachziele: Rückmeldungen unter Kolleg(inn)en einer Hierarchieebene ermöglichen, blinde Flecken der Selbstwahrnehmung verringern, offene Kommunikationskultur fördern.

Beziehungsziele: Vertrauen untereinander stärken, Konfliktprophylaxe betreiben.

Handlungsfelder: Ermutigung, Raum und Zeit schaffen, Formalisierung und Grad der Steuerung durch die Führungskraft mit zunehmender Übung schrittweise reduzieren, gegebenenfalls positive Rückmeldungen, die sie über andere hören, verstärken.

Zielvereinbarung

Wann? Zu Beginn oder vor dem Zeitraum zur Bearbeitung der Ziele.

Sachziele: Ziele festlegen, Unternehmensvorgaben berücksichtigen, Verständnis für die Gesamtziele und den Zusammenhang mit den Teilzielen schaffen, Grundlage für Erfolg und Leistungsbewertung schaffen, Beteiligung bei der Festlegung und Verteilung der Ziele oder wichtiger Schlüsselresultate auf dem Weg zu diesen Zielen (in Abhängigkeit vom unternehmensspezifischen Modus).

Beziehungsziele: Prozessfairness und Transparenz erhalten Vertrauen und Commitment.

Handlungsfelder: Moderne Arbeitsformen bedeuten eine stärkere Einbeziehung bei der Festlegung und Verteilung von Zielen und notwendigen Meilensteinen, möglicherweise Einbeziehung und Experimentieren mit OKR (siehe Kapitel über die Gesprächsvorbereitung, Seite 60 ff.).

Jahresgespräch

Wann? Am Ende oder nach einem Jahreszyklus.

Sachziele: Leistungsbewertung, Zielvereinbarung und/oder persönliche Entwicklungsplanung (siehe Kapitel über das Jahresgespräch, Seite 57 ff.).

Beziehungsziele: Vertrauen untereinander stärken, Konfliktprophylaxe betreiben.

Handlungsfelder: Wahrhaftiges Gespräch über Wesentliches statt sinnleertes Formalitätenritual schaffen.

Beförderung

Wann? Wenn eine Entscheidung getroffen wurde.

Sachziele: Entscheidung verkünden und begründen, Stärken hervorheben, Informationen über Zeitplan und nächste Schritte.

Beziehungsziele: Dankbarkeit ausdrücken.

Handlungsfelder: Neue Aufgaben sollten die Stärken der Mitarbeiterin/des Mitarbeiters berücksichtigen.

Nicht-Beförderung

Wann? Wenn eine Entscheidung getroffen wurde.

Sachziele: Entscheidung verkünden und begründen mit Darlegung der objektiven Kriterien, größtmöglicher Transparenz über Entscheidungswege, Raum für Stellungnahme und Emotionen geben, negative Folgen einer möglichen Entmutigung abfedern.

Beziehungsziele: Beziehung aufrechterhalten und durch Ehrlichkeit weiter stärken.

Handlungsfelder: Klarheit schaffen über das, was nicht möglich ist, ist auch eine Form von Wertschätzung. Geeigneten Zeitpunkt vereinbaren, um über neue Ziele und Perspektiven zu sprechen.

Elternzeit-Auftakt oder -Ende

Wann? Vor Abschied oder Rückkehr aus der Elternzeit.

Sachziele: (Zwischenfazit und) Ziele besprechen, Erwartungsklärung in beide Richtungen für die Zeit der Rückkehr.

Beziehungsziele: Dankbarkeit ausdrücken, Kontakt aufrechterhalten oder erneuern.

Handlungsfelder: Vereinbarkeit unterschiedlicher Lebensrollen ermöglichen und fördern.

Persönliche Entwicklung

Wann? Als Teil des Jahresgesprächs, bei Bedarf der Mitarbeiterin/dem Mitarbeiter, bei Identifikation von Potenzialen.

Sachziele: Interessen, Stärken, Werte, persönliche Ziele erkunden, passende Personalentwicklungsmaßnahmen und Zeiträume festlegen.

Beziehungsziele: Stärkenorientiertes Feedback geben.

Handlungsfelder: Passung zwischen persönlichen Interessen und unternehmerischen Anforderungen beachten, Mitarbeiter(innen) ermutigen, eigene Potenziale zu entwickeln, Feedback geben.

Check-in, informell (auch virtuell)

Wann? Jederzeit, zu Beginn, vor informellen Gesprächen.

Sachziele: Kontakt aufrechterhalten, voneinander wissen, Informationen austauschen.

Beziehungsziele: Vertrauen stärken.

Handlungsfelder: Einfach machen, regelmäßig und eher kurz, Leerlaufzeiten (Auto, Zug) nutzen, ungewohnte Fragen einbauen, um Neues zu erfahren.

Führungsfeedback-ergebnisdialog

Wann? Wenn die Ergebnisse eines 360°-Feedbacks vorliegen.

Sachziele: Transparenz schaffen: Ergebnisse teilen, eigene Emotionen dazu aussprechen, Fragen und Schlussfolgerungen offenlegen.

Beziehungsziele: Vertrauen in die Methode und den Glauben daran, Einfluss nehmen zu können, stärken.

Handlungsfelder: Zeitnah und ehrlich Rückmeldung geben, gute Vorbereitung.

Umfrage-Tools-Auswertung

Wann? Wenn Team-Umfragen über Online-Tools und Socialmedia aufmerksamkeit erfordern (Umfragen in Apps, Tools, Intranet und Co bieten die Möglichkeit zu schnellem Feedback, hier Bedarf es von Zeit zu Zeit jedoch vertiefter Gespräche.

Sachziele: Tranzparenz über die Ursachen der Ergebnisse schaffen, tieferes Verständnis und geteilte Sichtweise zu den Umfragethemen erhalten.

Beziehungsziele: Signal senden: »Ich nehme das ernst und halte es für relevant.«, »Es nimmt Einfluss.«

Handlungsfelder: Gesprächsbereitschaft und Interesse signalisieren, Fragen stellen.

Zusammenarbeitsdialog

Wann? Jederzeit zwischendrin.

Sachziele: Metaebene – aus der Adlerperspektive auf die Zusammenarbeit schauen, wie in einer Retrospektive, Identifikation von Stärken und Schwächen, Überflüssigem und in Zukunft Notwendigem in der Zusammenarbeit, Vereinbarungen für die Zukunft treffen, Verstehen, was die Mitarbeiterin/den Mitarbeiter im Unternehmen hält.

Beziehungsziele: Langfristige Kooperation und Vertrauen sicherstellen durch Klärung.

Handlungsfelder: Nicht zu oft (in einer Ehe besprechen Sie auch nicht jeden Morgen am Frühstückstisch die grundsätzliche Zufriedenheit mit der Gesamtsituation), aber von Zeit zu Zeit oder bei Störgefühlen/Klärungsbedarf.

Fehler

Wann? Frühestmöglich, wenn ein Fehler bekannt wird.

Sachziele: Fehler rückmelden, Erkenntnis erzeugen, Konsequenzen vermitteln, zukünftige Fehler vermeiden.

Beziehungsziele: Antwort auf die Frage »Wie stehen wir jetzt zueinander?« geben; dem Mitarbeitenden das Gefühl der Akzeptanz geben und psychologische Sicherheit erhalten oder erhöhen (siehe Kasten »Psychologische Sicherheit«).

Handlungsfelder: Klarheit schaffen über Konsequenzen des Fehlers für Unternehmen und Beteiligte, Fehleranalyse und Lernen ermöglichen, Vertrauen stärken.

Schlechte Nachrichten

Wann? Sobald Entscheidungen gefallen sind und nach Abstimmung mit allen Ansprechpartnern die Kommunikation möglich ist.

Sachziele: Verkünden von Entscheidungen, die die Mitarbeiterin/der Mitarbeiter als schwierig, schlecht oder unerwünscht einschätzt, Klarheit schaffen.

Beziehungsziele: Wertschätzend dem Menschen gegenüber bleiben, eine Fortsetzung der Beziehung möglich und wahrscheinlicher machen.

Handlungsfelder: Klarheit ist auch eine Form von Wertschätzung, aber Menschen benötigen unterschiedliche Dosen von beidem, keine Salami- oder Hinhaltetaktik, nach Verkünden der Botschaft sind weitere Themen möglicherweise erst zu einem späteren Zeitpunkt besprechbar, Transparenz schaffen über das, was entschieden ist und darüber, was noch im Bereich der Gerüchteküche und Verhandlung liegt, Betroffene sollten es direkt und persönlich vom Chef erfahren, nicht aus dem Rundschreiben.

Seminarvorbereitung

Wann? Rechtzeitig vor anstehenden Mitarbeiterfortbildungen.
Sachziele: Lernziele konkretisieren, Selbst- und Fremdbild abgleichen, praxisrelevante Fragestellungen für das Seminar sammeln, Lernen unterstützen.
Beziehungsziele: Führungsrolle als Förderer ausfüllen und mit ehrlicher Rückmeldung zu Stärken und Defiziten Vertrauen stärken, Interesse an der Entwicklung der Mitarbeiterin/des Mitarbeiters ausdrücken.
Handlungsfelder: Termine für Fortbildungen kennen und rechtzeitig Gespräche anbahnen.

Stärkenrückmeldung

Wann? Jederzeit.
Sachziele: Abgleich von Fremd- und Selbstbild der Mitarbeiterin/des Mitarbeiters unterstützen, Potenziale und Stärken benennen, entwickeln und ihren Einsatz im Alltag fördern, Passung zwischen Person und Tätigkeit erhöhen.
Beziehungsziele: Beziehung stärken durch wertschätzende Rückmeldung.
Handlungsfelder: Konkrete Beobachtungen in Rückmeldung einbinden, Reaktion/Selbstbild abfragen (mehr dazu in unserem Kapitel zum Thema Stärken, Seite 101 ff.).

Anlassbezogene Kritik

Wann? Zeitnah nach Auftreten des zu kritisierenden Verhaltens.
Sachziele: Kritik übermitteln, gewünschtes Verhalten/ Veränderung artikulieren, Eskalation vermeiden, Konfliktprophylaxe.
Beziehungsziele: Mit wertschätzender Klarheit kommunizieren, um Beziehungsebene zu stärken.
Handlungsfelder: Beobachtung, Wirkung und Wunsch formulieren, Perspektive wechseln.

Korrektur

Wann? Bei ausbleibenden Leistungen.
Sachziele: Kritisches Feedback geben, Leistungen an die Ansprüche heranführen, Informationen sammeln darüber, ob die Mitarbeiterin/der Mitarbeiter Leistung erbringen will und welche Ursachen es gibt (Person, Umfeld und Aufgabe, Unzufriedenheit mit Entscheidungen der Vergangenheit, Überforderung).
Beziehungsziele: Ermutigen, nicht zusätzlich entmutigen.
Handlungsfelder: Akzeptanz der Person und Konfrontation mit der Kritik balancieren, um Entwicklung zu erreichen, einem eigenen Harmoniebedürfnis widerstehen und das Gespräch führen und den Prozess steuern!

Rücken stärken

Wann? Wenn Sie schwindende Kräfte wahrnehmen und die Mitarbeiterin/der Mitarbeiter Überlastung signalisiert, jedoch weiter motiviert ist.
Sachziele: Geteilte Wahrnehmung der Situation erreichen, Prioritäten und Erwartungen klären, Entlastungsstrategien planen.
Beziehungsziele: Rücken stärken, Vertrauen geben.
Handlungsfelder: Überlastungsgefühl ernst nehmen und Entlastungsperspektive schaffen.

Konflikt

Wann? Bei Konflikten.
Sachziele: Klärung herbeiführen, weitere Eskalation vermeiden.
Beziehungsziele: Bedürfnisse und Absichten gegenseitig verstehen lernen und durch Klärung auf Augenhöhe Zusammenarbeit sichern.
Handlungsfelder: Eigene Absichten, Interessen und Bedürfnisse benennen und die des anderen erfragen (siehe Kapitel »Schwierige Gespräche«).

Stellenbastelstunde (Job Crafting)

Wann? Jederzeit.

Sachziele: Stärken, Lieblingsaufgaben, Werte, Rollen und Beziehungen zu Kolleg(inn)en der Mitarbeiter(in) berücksichtigen und die Stellenbeschreibung (Zeitanteile die für bestimmte Aufgaben, Kooperation mit bestimmten Personen) daran neu ausrichten, Person-Job-Passung erhöhen, Sinnstiftung, Befähigung der Mitarbeiterin, Zufriedenheit erhöhen.

Beziehungsziele: Commitment weiter erhöhen.

Handlungsfelder: Das Stellenbasteln oder Job Crafting ist ein strukturierter Prozess, der mit der Ist-Analyse (»Womit verbringt die Mitarbeiterin/der Mitarbeiter ihre/seine Zeit?«) beginnt und ein Zielbild entwickelt, dass anhand von 3×3-Strategien verfolgt werden kann. Mehr dazu im folgenden Exkurs.

Exkurs: Die Traumstelle basteln – Was ist und bringt Job Crafting?

Beim Job Crafting geht es darum, den eigenen Job selbstverantwortlich umzugestalten, sodass es leichter fällt, die eigene Person als Ganzes mit allen Stärken, Potenzialen und Zielen einbringen zu können. In einem Dialog darüber zwischen Führungskraft und Mitarbeiter kann eine Annäherung an dieses Ziel gelingen.

Die Anpassung der eigenen täglichen Arbeit an Vorlieben und Interessen nehmen Mitarbeiter erfahrungsgemäß ohnehin ständig vor. Jedoch herrscht oft Unsicherheit über den Spielraum und somit bleiben Chancen ungenutzt. Führungskräfte können – und sollten unserer Meinung nach – bewusst zu Job Crafting ermutigen und mögliche Frei- oder besser Gestaltungsspielräume aufzeigen.

Die Grundlage für das Gestalten der eigenen Tätigkeit ist dabei das Wissen um eigene Stärken und Bedürfnisse. Auch hier kann die Führungskraft durch (Stärken-)Feedback unterstützen.

Die 3×3-Strategien

Auf Basis der Interessen bietet die Job Crafting-Methode neun Handlungsfelder an, die sich zur Gestaltung der eigenen Tätigkeit anbieten:

Aufgabengestaltung (Auswahl der Aufgaben)
1. Der Mitarbeiter übernimmt neue, zusätzliche Aufgaben.
2. Vorhandene Aufgaben werden stärker betont und als Schwerpunkt betrachtet.
3. Aufgaben erhalten eine zusätzliche Qualität (beispielsweise wird die Tätigkeit »Kundengespräche führen« um »Anlernen neuer Kundenberater« erweitert).

Beziehungsgestaltung (Auswahl und Fokussierung relevanter Arbeitsbeziehungen)
4. Neue Ansprechpartner und Stakeholder hinzufügen.
5. Vorhandene Interaktionen umdeuten oder mit einem anderen Schwerpunkt versehen.
6. Bei jeder Interaktion einen Beitrag leisten wollen (»Wie kann ich dem anderen gerade weiterhelfen?«).

Bedeutungsgebung (Zuordnung von Sinnhaftigkeit)
7. Wahrgenommene Bedeutung der Aufgabe verändern (Bin ich Putzmann im Krankenhaus oder trage ich zu einem Umfeld bei, in dem Menschen optimal gesund werden können?).
8. Sinnvollere Tätigkeiten betonen oder als Belohnung nach ermüdenden Aufgaben planen.
9. Sinn und Stärken kombinieren: Stärkeneinsatz bei Aufgaben planen (Wer regelmäßig mehr als drei wichtige Stärken bei der Arbeit nutzt, empfindet diese eher als Berufung!).

Das Vorher- und das Nachher-Bild

Das Wissen um Stärken, Motive, relevante Beziehungen und Interesse weckende Aufgaben bildet die Grundlage für das eigentliche Job Crafting. Dabei wird zunächst der Istzustand im Gespräch diskutiert. Das Vorher-Bild beschreibt die Beschreibung des Istzustands der Mitarbeitertätigkeit inklusive einer Abgrenzung für welche Tätigkeiten viel Zeit und Energie oder wenig Zeit und Energie im Alltag eingesetzt werden.

Daraus ergeben sich vor allem drei wichtige Fragen: Was löst das Vorher-Bild aus? Was freut, überrascht, ärgert oder langweilt den Mitarbeiter in seinem Tun? Welche Veränderungswünsche entstehen?

Anschließend beginnt die Kreation des Nachher-Bilds.

Hilfreiche Fragen dafür können sein:
- Welche Stärken sollen stärker genutzt werden?
- Für welche Tätigkeiten soll mehr Zeit eingesetzt werden?
- Welche Beziehungen sollen stärker in den Vordergrund gerückt werden?
- Wie soll die zukünftige Rolle noch ausgestaltet werden?
- Wie passen diese Vorstellungen in das Öko-System des Unternehmens?

In der Folge sollten Sie den Mitarbeiter zu einem schrittweisen Umsetzen ermutigen und den Prozess mit Reflexionsgesprächen begleiten.

Trennung

Wann? Wenn die Entscheidung zur Beendigung der Zusammenarbeit von Arbeitgeberseite getroffen wurde.

Sachziele: Entscheidung verkünden, weiteres Vorgehen planen.

Beziehungsziele: Sich weiterhin in die Augen schauen können, im Guten, aber wenigstens klar, auseinandergehen.

Handlungsfelder: Siehe Interview zum Thema Trennungsgespräche, Begründungen kurz. Weiteres Vorgehen in einem weiteren Gespräch erläutern, da Aufnahmebereitschaft beeinträchtigt sein kann.

Alumni- oder Post-Exit

Wann? Nach dem Ausscheiden der Mitarbeiterin/des Mitarbeiters und jährlich.

Sachziele: Informationsaustausch, mögliche Rückkehr ausloten, voneinander lernen, Rückkehr- oder Empfehlungsquote steigern, um Mitarbeiterakquisition zu erleichtern.

Beziehungsziele: Kontakt aufrechterhalten.

Handlungsfelder: Wertschätzung ausdrücken (zum Beispiel durch Alumni-Angebote wie an Hochschulen, Zeitinvestition).

Interview 1: »Man braucht nicht für alles eine zentrale Anweisung und einen aufgeblasenen Prozess«

Sabine Heiden versucht bei der Bosch-Tochter Power Tools, Formate für Mitarbeitergespräche an die agile Transformation des Unternehmens anzupassen. Wir haben sie dazu befragt:

Was ist Ihre beste oder schlechteste Erinnerung an ein eigenes Mitarbeitergespräch in der Opferrolle?
Ich habe mich noch nie im Mitarbeitergespräch in der Opferrolle gefühlt. Ich hatte wirklich viele unterschiedliche Führungskräfte im Laufe meines Arbeitslebens, und damit waren auch die Entwicklungs- und Mitarbeitergespräche immer anders – aber eigentlich habe ich aus allen diesen Gesprächen immer sehr viel Inspiration herausgezogen.

Wann ist ein Mitarbeitergespräch gut, wann sorgt es für Inspiration?
Für mich sind diese Gespräche immer dann gut, wenn es echte Gespräche sind und wir uns nicht an irgendeinem Format entlang hangeln oder entlang einer Agenda. Ich habe es immer sehr genossen, wenn meine Führungskräfte mit Fragen in das Gespräch gekommen sind und mich gechallenged haben, nachzudenken. Wenn man innerhalb von einer Stunde alles beantwortet und einen klaren Plan hat, dann ist es aus meiner Sicht kein zufriedenstellendes Gespräch. Weiterentwicklung braucht Zeit. Wenn ich erlebe, dass sich Führungskräfte wirklich vorbereiten und Gedanken dazu machen, was sie mir mitgeben wollen, an Rückmeldung, an Feedback; wenn sie nicht nur im Blick haben, was in der letzten Woche, sondern im Lauf des letzten Gesprächszeitraums passiert ist, typischerweise ist das ein Jahr: An solchen Gesprächen stelle ich eine coachende Haltung von Führungskräften fest – und das finde ich gut.

Was sind denn aus Ihrer Sicht Fragen, mit denen Führungskräfte im Mitarbeitergespräch challengen können?
Welche Arbeitsmomente hast du besonders genossen? Warum? Was hast du zum ersten Mal gemacht, und wie ist es für dich gelaufen? Welche Art von Arbeit und Erfahrung interessiert dich? Oder auch: Was steht dir vielleicht im Weg? Wie kannst du noch besser werden? Wo bist du in letzter Zeit aus deiner Komfortzone herausgefordert worden und willst du mehr davon? Spannend ist auch: Was fällt dir gerade bei uns in der Geschäftsentwicklung auf und wobei willst du mitwirken? Und auch schon in der Vorbereitung des Gesprächs: Mit wem willst du vorher ins Feedback gehen? Das ist die Art von Fragen, die ich extrem bereichernd finde. Durch Feedback von Kollegen bekommt man nicht nur eine Sicht, sondern verschiedene Perspektiven rückgemeldet. Und diese Fragen sind Denkanstöße. Aus diesen Fragen kann man wirklich schöpfen.

Und was sind für Sie No-Gos in Mitarbeitergesprächen?
Traurig macht es mich, wenn ich von Gesprächen höre, die nicht vorbereitet wurden. Wenn nur diese eine Erinnerung an die letzte schwierige Situation hervorgekramt wird, ohne jede weitere Vorbereitung. Das finde ich nicht wertschätzend. Ein weiteres No-Go sind rein defizitorientierte Gespräche. Wenn zu viel über Schwächen gesprochen wird und darüber, wie wir die fixen können, wie wir das reparieren können – Schwächen sollten nicht der Fokus von Entwicklungsgesprächen sein, sondern Stärken.

Gibt es denn eine spezifische Bosch-Art – oder vielleicht sogar Bosch Power Tools-Art, diese Mitarbeitergespräche zu gestalten und zu führen? Zumal Sie ja nicht geborene Boschlerin sind, sondern auch schon Erfahrungen von anderswo mitbringen ...
Bei Bosch gibt es seit Jahren den Goal- and Performance Dialogue (GPD). Das ist wirklich das klassische Instrument, in das man alles so hinein designt hat, was einmal im Jahr zwischen Führungskraft und Mitarbeiter besprochen werden soll. Es wird zum Beginn des Jahres gestartet, mit der Vereinbarung von Zielen, und am Ende des Jahres wird es dann beendet.

Die Führungskraft stellt Fragen wie: Hast du deine Ziele erreicht? Hast du deinen Trainingsplan aktualisiert? Wie beurteile ich deine Leistung? Wohin soll die Entwicklung gehen? Lass uns über Compliance sprechen. Wie eine Art Checkliste ist da alles drin. Im Rahmen der Transformation bei Power Tools haben wir gesagt, das geht aus vielen Gründen gar nicht mehr.

Warum?
Erstens wollen wir in einem agilen Umfeld nicht mehr individuelle Ziele zwischen Führungskraft und Mitarbeiter hinter verschlossenen Türen besprechen, sondern miteinander im Team Ziele vereinbaren. Dafür gibt es jetzt mindestens einmal im Jahr einen sogenannten Team Target Workshop, und idealerweise schauen die Teams quartalsweise auf die Ziele, denn auch Ziele können sich im Laufe des Jahres verändern. Dieses Thema haben wir also aus dem Dialog-Kontext Führungskraft-Mitarbeiter herausgenommen.

Und zweitens haben wir gemerkt: Wenn es um die eigene Entwicklung geht, braucht es ein eigenes Gesprächsformat, in dem man auch träumen und nachdenken und reflektieren kann. Wenn ich aber weiß, im selben Gespräch geht es nachher auch noch um Leistungsbeurteilung und Vergütung, dann haben sowohl Führungskraft als auch Mitarbeiter immer einen Grundstress, eine Grundnervosität, weil ja auch noch das Unangenehme, das Beurteilen kommt. Deshalb haben wir das getrennt und den sogenannten Individual Development Dialogue, IDD eingeführt, den ich als Mitarbeiter jederzeit aufsetzen kann, um über meine Entwicklung zu sprechen. Da geht es natürlich auch um die Reflexionen der eigenen Beiträge, aber vor allem eben auch um die eigene Motivation, die Antreiber, Entwicklungsziele. Ein ganz starkes Element in der Vorbereitung für das IDD ist das Einholen von Feedback. Es startet damit, dass ich mir – bevor ich das IDD plane – überlege, von wem möchte ich eigentlich Feedback holen? Das können Mitarbeitende im Team sein, das kann auch ein Projektleiter aus einer anderen Organisation sein oder andere relevante Stakeholder. Wir ermutigen die Mitarbeiter hier immer, nicht nur nach ihren besten Freunden zu suchen, sondern auch einen Partner, mit dem es vielleicht nicht immer so reibungslos im Arbeitsalltag geht. Diese sogenannten Challenge Partner haben ja auch immer eine ganz interessante Sicht auf mich. Und es ist ein Zeichen von Respekt und trägt enorm zur Beziehung zwischen den beiden bei, wenn man so jemanden um ein Feedback bittet. Und es ist erstaunlich, was in solchen Gesprächen rauskommt.

Verstehen wir richtig, dass die Verantwortung für das IDD-Gespräch bei den Mitarbeitern liegt?
Genau, es ist nicht die Führungskraft, die in der Pflicht ist, diesen Dialog aufzusetzen, sondern andersherum. Wir sagen den Mitarbeitern: Du bist im Fahrersitz, es geht um deine Entwicklung und je nachdem, wo du stehst und hin willst, willst du vielleicht dreimal im Jahr darüber sprechen oder vielleicht auch nur alle zwei Jahre. Gerade wenn ich jung oder relativ neu in einem Bereich bin, fordere ich das vielleicht deutlich häufiger ein. Natürlich haben wir eine Vorlage für dieses Gespräch, zur Orientierung – aber wichtiger ist das Gespräch selbst und nicht die Vorlage. Wenn irgendein Kreuzchen nicht perfekt ausgeführt wird, ist das völlig egal. Es geht darum, gute Impulse und Erkenntnisse für meine Entwicklung zu gewinnen.

Dieser Feedback-Prozess erfordert ja auch einen gewissen Reifegrad. Wie stellt man sicher, dass man damit auch alle Mitarbeiter abholt?
Ja, das ist wirklich die Kernfrage! Wir sind da immer noch im Change-Prozess, das trägt man definitiv nicht in einem halben Jahr mal eben so kurz in die Organisation. Wir haben 2017 mit einem Piloten dazu angefangen und sind jetzt noch dabei, die Menschen zu überzeugen. Viele waren davon unmittelbar angesprochen und sagten, das ist genau mein Ding. Und andere haben da vielleicht eine Hürde: Feedback einholen, wer weiß, was ich da zu hören bekomme? Wir haben schon viele Runden gedreht. Und wir sind natürlich einerseits ein weltweiter Konzern, aber auch ein schwäbisches Ingenieurunternehmen, wir lieben Prozesse, Regeln, Verfahrensanweisungen. Und auch das Thema Mitarbeitergespräch und Entwicklung haben wir bislang sehr prozessorientiert geregelt. Als Boschler ist man so sozialisiert, dass HR und die Führungskraft sich um dich kümmern. Und jetzt soll man

plötzlich im Fahrersitz sein? Das ist ein massiver Change! Das dauert natürlich, bis das unternehmensweit ausgerollt ist.

Mal ganz provokant gefragt: In diesem Gesprächsformat sind also Mitarbeitende und Führungskraft auf Augenhöhe, mehr oder weniger im hierarchiefreien Raum. Ist das nicht für viele Mitarbeitende einerseits und für Führungskräfte auf der anderen Seite eine riesige Herausforderung? Dieses oben und unten steckt ja doch in ganz vielen Leuten noch drin – und ist eigentlich in der Institution des Mitarbeitergesprächs auch so angelegt, oder?

Nun, ich würde nicht sagen, dass wir ein hierarchiefreier Raum sind. Wir sind als Organisation durch agile Transformation flacher geworden. Aber wir haben natürlich immer noch eine hierarchische Struktur und haben immer noch die Beziehung Führungskraft – Mitarbeiter. Wenn ich als Mitarbeiter in dieses Gespräch mit meiner Führungskraft gehe, dann ist es immer noch meine Führungskraft. Natürlich wirken Themen wie Positive Leadership und coachende Führung stark in unsere Organisation hinein. Aber trotz Agilität und Augenhöhe ist immer noch die Führungskraft diejenige, die dann später, wie gesagt in einem anderen Format, meine Leistung beurteilt und über meine Vergütung entscheidet. Hierarchiefrei sind wir also wirklich nicht.

Trotzdem noch mal nachgefragt: Wenn die Verantwortung für die Entwicklung des Mitarbeiters an den Mitarbeiter delegiert wird – wie ist dann sichergestellt, dass diese Entwicklung auch tatsächlich stattfindet?

Natürlich haben wir mit Bedenken von Führungskräften zu tun, die sich und uns fragen: »Was mache ich mit eher lethargischen Mitarbeitern, die nicht die Initiative ergreifen?« Auch wenn kein IDD aufgesetzt wird: Die Führungskraft hat ja weiter die Verantwortung für ein Jahresabschlussgespräch mit Rückschau und Leistungsbewertung, wo auch eine Rückmeldung über nötige Kompetenzentwicklung gut reinpasst. Die Führungskraft hat zudem jederzeit Möglichkeiten, mit dem Mitarbeiter über Entwicklung zu sprechen, und die notwendige Weiterentwicklung von rollen-basierten Kompetenzen zu adressieren.

Wenn ich als Mitarbeiter einen Product Owner habe, dann noch einen Agile Master und dann noch einen People Lead: Ist dann eigentlich klar, wer mit wem über was redet?
Stimmt schon, manchmal ist das ein echter gordischer Knoten. Es gibt Mitarbeiter, die wollen genau diese Flexibilität, die brauchen kein Gesprächsformat für Feedback, sondern suchen sich dann zusätzlich zur Führungskraft weitere Feedback-Ansprechpartner, wie zum Beispiel den Senior Experten für Digitalisierung, weil der tolle Inputs für einen hat. Und andere Mitarbeiter wollen es genau erklärt bekommen und brauchen ein Gerüst, ein Template, einen Rahmen. Den geben wir ja mit dem IDD, und dort ist die Führungskraft weiterhin Haupt-Gesprächspartner. Und das Jahresendgespräch ist klassisch in der Verantwortung der Führungskraft. Nur gibt es eben zusätzlich die Möglichkeit, Feedbacks und Informationen von anderen Stellen mit einzuholen.

Was kann ein großer Tanker wie Bosch, auch wenn er sich in der Agilisierung befindet, aus der Start-up-Welt für Mitarbeitergespräche lernen? Und was könnten kleine Schnellboote von Bosch Power Tools lernen?
Eine schwierige Frage für mich, denn ich habe noch nie in einem Start-up gearbeitet. Aber was ein großer Tanker wie Bosch von kleineren Unternehmen lernen kann, ist, dass man nicht für alles eine zentrale Anweisung und einen detaillierten Prozess braucht. Das Format an sich und das Gespräch, der Austausch sind wichtiger. Welche Art von Aufgabe und Erfahrung ist mir wichtig – diese Fragen sind relevanter als Rollen und Titel und Hierarchien und lineare Pfade. Tja, und was können kleine Start-ups in Sachen Mitarbeitergespräch von Großunternehmen lernen? Wahrscheinlich schauen Start-ups vor allem drauf, Leute an Bord zu holen, damit das Produkt optimiert und auf den Markt gebracht wird – aber irgendwann wollen die Mitarbeiter auch wissen, wie es für sie weitergeht. Ein Start-up könnte wohl davon profitieren, sich Gedanken über Entwicklungsmöglichkeiten zu machen, über Karrieremodelle – und darüber auch im Mitarbeitergespräch zu reden.

Sabine Heiden ist bei der Bosch-Tochter Power Tools, dem weltweit führenden Anbieter von Elektrowerkzeugen, zuständig für die Karriere- und Talententwicklung. Um das Thema Mitarbeitergespräche kümmert sie sich in der Funktion als HR-Expertin. Als studierte Betriebswirtin und Wirtschaftsinformatikerin hat sie lange bei einem anderen internationalen Konzern in der Logistik-Strategie gearbeitet, ehe sie ihre Leidenschaft für die Personalentwicklung entdeckte.

3.
Besser als immer nur senden: Wieso und wie gute Chefs auf Empfang gehen!

Führen durch fragen

»Wer? Wie? Was? Wieso? Weshalb? Warum? Wer nichts fragt, bleibt dumm.« So geht das Sesamstraßenlied. Und niemand fragt so gut wie Kinder im Sesamstraßenalter, so herrlich unbefangen, subversiv: »Mama, warum ist die Erde rund?«, »Papa, wie macht man Kinder?«, »Mama, ist der Papst eigentlich ein Mensch oder ein Tier?« Solche Fragen können nur Kinder stellen, leider.

Journalisten, deren Job es ja ist, Wahrheit herauszufinden, bekommen von Anfang an eingebimst, die W-Fragen zu stellen: Wer? Wo? Wann? Warum? Erst dann, wenn ein Text möglichst alle W-Fragen beantwortet, ist er für den Druck geeignet – auch wenn es nur um den Radlerunfall in der Bahnhofstraße geht.

Wozu fragen?

»Was ist für Sie eine gute Frage?«, will ich (cth) von den Teilnehmern eines Führungskräfteseminars wissen. Es handelt sich ausnahmslos um sehr erfahrene Chefinnen und Chefs, die seit vielen Jahren, teils mehreren Jahrzehnten Mitarbeiter einstellen, anleiten, führen. Da meldet sich ein Teilnehmer und sagt: »Eine Frage ist dann gut, wenn ich vorher schon die Antwort darauf kenne. Ich bin ja schließlich Führungskraft!«

Eine Frage jetzt an Sie als Leser: Wie sehen Sie das? Aus meiner Sicht ist diese Antwort typisch für das traditionelle Selbstverständnis vieler Führungskräfte: »Ich muss alles besser wissen als meine Mitarbeiter. Ich muss meinen Mitarbeitern immer sagen, wo es lang geht. Offen diskutieren, offene Fragen stellen, mal nicht wissen, wo die Reise hingeht – das sind Zeichen von Führungsschwäche.«

Aus unserer Sicht ist diese Haltung falsch, überkommen und dysfunktional.

Fragen dienen dazu, Informationen zu gewinnen. Und Fragen - zumindest gute - schaffen auch etwas Neues. Gute Fragen generieren Information, bei der Fragenden und beim Gefragten. Denn in jeder ernst gemeinten Frage steckt das Angebot, die Dinge doch auch mal ganz anders als bisher zu sehen. Und Fragen können Verbindungen schaffen - wenn sie nur ernst gemeint sind.

Fragen dienen dazu, Informationen zu gewinnen. Und Fragen – zumindest gute – schaffen auch etwas Neues. Gute Fragen generieren Information, bei der Fragenden und beim Gefragten. Denn in jeder ernst gemeinten Frage steckt das Angebot, die Dinge doch auch mal ganz anders als bisher zu sehen. Und Fragen können Verbindungen schaffen – wenn sie nur ernst gemeint sind.

Das Ausrufezeichen beendet, legt fest. Das Fragezeichen beginnt, öffnet, weitet, verändert. Wenn Führende ihren Mitarbeitern Fragen stellen, dann
- stellen sie Dinge buchstäblich infrage, schaffen sie Raum für neue Möglichkeiten, Verbesserungen;
- fördern sie Kreativität, Initiative und Eigenverantwortung der Mitarbeiter;
- wertschätzen sie Kompetenz und Erfahrung (»Wie sehen Sie das?«);
- präzisieren sie, bilden sie Unterschiede, Nuancierungen;
- können sie Stärken stärken (»Was könnte Ihr Beitrag zu einem erfolgreichen Projektabschluss sein?«);
- teilen die Fragenden Verantwortung mit den Gefragten;
- lenken sie den Blick auf Gelungenes und Gelingendes (»Wo hat das schon mal geklappt?«);
- schaffen sie Verbindung, zeigen sie vielleicht sogar Anteilnahme.

Aber natürlich nur, wenn die Vorgesetzten einerseits Fragen stellen, auf die sie die Antwort noch nicht kennen und andererseits, wenn diese Antworten sie auch wirklich interessieren.

Das Fragen ist natürlich keine Technik, die in der Positiven Psychologie erfunden wurde. In Beratung, Therapie und Coaching ist das Fragen seit Jahrzehnten gängige Praxis. Vor allem in den aus der Familientherapie kommenden systemischen Ansätzen, also jenen Denkschulen, die den Fokus auf den Kontext, das Umfeld, die Beziehungen des Einzelnen legen und damit sehr viel Wert auf Ressourcen und Lösungen legen, statt den Finger nur auf Probleme zu richten.

Gutes Fragen ist aber nicht nur gutes Handwerk im Umgang mit seinen Mitmenschen, sondern immer auch eine Frage der eigenen Haltung. Virginia Satir hat vor einigen Jahren fünf Freiheiten für gelungene Kommunikation aufgestellt. Sie sind hilfreiche Anregungen für eine konstruktive Haltung des Fragens:

1. Die Freiheit, zu sehen und zu hören, was aktuell vorhanden ist – anstatt was sein sollte, sein könnte, gewesen ist oder erst sein wird.
2. Die Freiheit, auszusprechen, was ich empfinde und meine – und nicht das, was von mir erwartet wird.
3. Die Freiheit, zu meinen Emotionen und Empfindungen zu stehen – und nicht etwas anderes vorzutäuschen.
4. Die Freiheit, um das zu bitten, was ich benötige, brauche – anstatt immer auf Erlaubnis zu warten.
5. Die Freiheit, in eigener Verantwortung Neues zu wagen, Risiken einzugehen – anstatt immer nur auf Nummer sicher zu gehen und auf eingetretenen Pfaden zu wandeln.

Wie fragen?

Ein Mensch, der fragt, zeigt Neugierde und Interesse. Er lebt vor, dass niemand alles wissen kann und muss. Er lädt dazu ein, die Welt auch mal auf den Kopf zu stellen und ermuntert, andere Sichtweisen und Perspektiven einzunehmen.

Hier ein paar Tipps zu unterschiedlichen Arten des Umgang mit Ihren Teams und einzelnen Mitarbeitern:

Ressourcenfragen

Je verzweifelter die Lage bei Teams oder Einzelnen, desto wichtiger, ihn oder sie aus dem Problemsumpf heraus- und in das Möglichkeitsdenken hineinzubringen. Zum Beispiel mit Fragen nach Ressourcen, Stärken, Kompetenzen.

Was können Sie besonders gut?
Was sind Ihre Stärken/die Stärken des Teams?
Was genau hat dabei geholfen, Projekt XY so schnell, so präzise, so erfolgreich abzuschließen?
In welchen Momenten tritt das Problem in der Abteilung nicht oder kaum auf?

Lösungsfragen
In unserem Gehirn wird das Belohnungszentrum mitsamt seinen Glückshormonen aktiviert, wenn wir Hin-zu-Ziele in den Blick nehmen, statt immer nur von Weg-von-Zielen zu sprechen.

Wenn es komplett nach Ihnen ginge, was müsste Ziel der Arbeitsgruppe XY sein?
Wie sieht das Team nach einer erfolgreichen Umgestaltung aus? Und woran wird der Unterschied zu erkennen sein?

Unterschiedsfragen
Vor allem wenn es in Veränderungsprozessen vermeintlich wenig weitergeht, hilft Differenzierung, die Wahrnehmung von Grauschattierungen statt reinem Schwarz-Weiß-Denken.

Wer im Team ist mit der aktuellen Lage am zufriedensten?
Was hat sich verändert, seitdem wir mit Programm X, Verfahren Y oder Schema Z arbeiten?
Zu wie viel Prozent steht Kollege Meier denn wirklich vor der Kündigung?
Wie würden Sie auf einer Skala von null (schlecht) bis zehn (super) die Stimmung, die Klarheit der einzelnen Zuständigkeiten, die Klarheit der Teamziele et cetera beurteilen?

Aktionsfragen
Wenn Optionen hin- und hergewälzt werden und irgendwann mal alle Alternativen auf sämtliche Vor- und Nachteile abgeklopft sind, kann man mit Aktionsfragen den Weg ins Handeln verkürzen.

Wie sieht der nächste kleine Schritt aus?
Was können wir jetzt ganz konkret, am besten noch heute, tun, um …?

Zirkuläre Fragen
Besonders in scheinbar festgefahrenen Situationen kann das sogenannte zirkuläre oder triadische Fragen Erweiterungsmöglichkeiten bieten und neue Perspektiven eröffnen.

Wie denkt Abteilung X über das Problem bei Ihnen?
Wer leidet am meisten unter dem Konflikt zwischen X und Y?
Woran würden Kunden, Lieferanten, Mitbewerber oder Ähnliche merken, dass sich an diesem Punkt etwas verändert hat?

Verschlimmerungsfragen
Die paradoxen oder Verschlimmerungsfragen laden zu einem – manchmal irritierenden – Perspektivwechsel ein. Sie können hochwirksam sein, sollten aber gut eingeführt werden, zum Beispiel mit einer Vorbemerkung in dieser oder ähnlicher Art. »Jetzt mal eine Frage, die Ihnen vielleicht sehr merkwürdig vorkommen mag …«

Was müsste passieren, damit die Zusammenarbeit in Ihrer Abteilung noch schlechter wird?
Was würde dem Team fehlen, wenn das Problem plötzlich weg wäre?

Umweltfragen
Auch Umweltfragen weiten den Blick, nämlich auf den größeren Kontext, auf die Betroffenen oder Begünstigten, die nicht immer gleich mitgedacht werden.

Wie wird Abteilung XY von dieser Veränderung betroffen sein?
Wer oder was könnte einer Lösung des Problems im Weg stehen?
Wer oder was könnte bei der Überwindung dieses Hindernisses hilfreich sein?

Ehrlich, deutsch, neutral

Einige dieser Fragearten mögen Ihnen ungewohnt oder merkwürdig erscheinen. Benutzen Sie diese angemessen unangemessen, also zunächst in unkomplizierten Situationen, mit unkomplizierten Personen, um sich und den Gesprächspartner langsam an diese Fragetechniken heranzuarbeiten.

Je deutscher und je klarer Sie fragen, desto wirksamer. Und je fachchinesischer und je verschwurbelter, desto weniger erreichen Sie mit den Fragen im Gespräch. Eine respektlose Neutralität kann helfen, um auch ungewöhnliche, völlig konträre Antworten auf Ihre Fragen gut aushalten zu können. Je überraschender und je kontroverser Ihre Fragen, desto mehr sollten Sie sich um eine neutrale, offene Körperhaltung bemühen.

Stellen Sie eine Frage nach der nächsten – und nicht gleich fünf auf einmal. Fragen, auf die Sie die Antwort schon kennen und von denen Ihr Gegenüber auch weiß, lieber nicht stellen. Damit wirken Sie im schlimmsten Falle unehrlich oder taktisch und Sie entwerten das wertvolle Werkzeug des Fragens. Erklären Sie Ihre Fragen nicht. Auch wenn der andere ein paar Sekunden mal nichts sagt und nachdenkt – warten Sie die Antwort ab.

Ganz wichtig ist, dass Sie mit Fragen wirklich Informationen gewinnen. Verpacken Sie keine Ratschläge, Anspielungen, Bewertungen oder Belehrungen in Ihre Fragen!

Aktiv-konstruktiv reagieren

Stellen Sie sich vor, Sie arbeiten in einer Werbeagentur und Ihr Mitarbeiter sagt zu Ihnen: »Wir konnten den Kunden im Pitch gestern überzeugen und bekommen nun den Zuschlag für unser Angebot.« Sie könnten wie folgt reagieren: »Ach übrigens, für das Projekt Y brauche ich dringend von Ihnen bis heute Abend die Vorlage!« Würde Sie das motivieren? Wohl kaum, denn diese Form der sogenannten passiv-destruktiven Kommunikation ignoriert den Sprecher und das Gesagte völlig. Leider kommen derartige Reaktionen täglich in ähnlichen Situationen in allen möglichen Unternehmen und Organisationen vor. Übrigens auch in agilen und Unternehmen, die sich Selbstorganisation und New Work verschrieben haben.

Aber ein destruktiver Umgang lässt sich noch steigern, zum Beispiel so: »Ach ja, der Pitch war eh zu günstig ausgeschrieben, und das wird mit dem Kunden sicherlich kein Spaziergang.«

Erkennen Sie, wo das Problem liegt? Der entscheidende Fehler liegt nicht nur auf der Sachebene, indem der Pitchgewinn nicht als Erfolg, sondern fast schon als Misserfolg gewertet wird, sondern vor allem auf einer negativen oder falschen Reaktion auf der Beziehungsebene.

Gut, das ist nun ein extremes Beispiel, ganz so schlimm ist es doch meistens und bei uns im Unternehmen nicht, denken Sie vielleicht. Da liegen Sie richtig. Eine oft zu beobachtende Standardreaktion von Führungskräften ist ein passiv-konstruktives Reagieren. Mit einem kurzen bestätigenden Nicken beispielsweise nimmt Ihre Führungskraft die positive Nachricht des Mitarbeiters oder der Mitarbeiterin zur Kenntnis. Das war es. Vertiefendes Lob oder Anerkennung? Bleiben aus.

Doch wie wäre es einmal mit der Königsklasse? Die Kommunikationsexperten sprechen vom aktiv-konstruktiven Reagieren? Wie wäre es, wenn Ihre Chefin/Ihr Chef also zum Beispiel sagen würde: »Großartig, das freut mich riesig für Sie, und das haben Sie sich mit Ihrem Einsatz auch verdient! Dafür spendiere ich morgen das Mittagessen – beim teuren Italiener!«

Oder wenn die Vorgesetzte inhaltlich und emotional auf das Gehörte eingeht, es aufnimmt und verstärkt, am besten noch mit Blickkontakt und freundlichen Worten. Dann verstärken sich für die Mitarbeiter die positiven Emotionen! Probieren Sie es doch in Ihrem Alltag einmal aus! Das kann in der Familie am Frühstückstisch erfolgen oder im Job bei der Kommentierung der nächsten positiven Erfolgsmeldung.

Richtig zuhören

Das Richtige sagen, das Richtige fragen, alles gut und schön. Aber ein wichtiger kommunikativer Akt ist in diesem Kapitel noch anzusprechen – das Zuhören. Es ist unter den Führungsqualitäten wahrscheinlich die, die am meisten unterschätzt wird. Denn nur wenn ich gut zuhöre, kann ich mich mit dem/den anderen verbinden, nur dann kann ich ihre oder seine Sicht auf die Dinge verstehen. Dabei ist das Zuhören natürlich für das persönliche Leben genauso wichtig wie für das berufliche.

Otto Scharmer, als Professor am einflussreichen MIT in Boston, einer der wichtigsten Führungskräfte- und Innovationsberater unserer Zeit, unterscheidet zwischen vier unterschiedlichen Formen des Zuhörens:

Mit dem sogenannten Downloading bestätigen wir alte Einschätzungen und Meinungen. Aus dem Gefängnis meiner eigenen Vorurteile höre ich das, was ich hören will und gewohnt bin, zu hören. Ich komme gar nicht wirklich im Hier und Jetzt an, sondern höre nur das Echo meiner Erfahrungen aus der Vergangenheit. So, als würde mir mein Gesprächspartner meine eigenen Gedanken nur als PowerPoint-Folien an die Wand werfen.

Das faktische Zuhören, die zweite Stufe, nimmt immerhin Unterschiede auf, lässt Neues in unser Gehirn, Dinge, die sich von unseren Erwartungen unterscheiden. Charles Darwin etwa hatte auf seinen Reisen stets ein eigenes Notizbuch bei sich, in dem er all jene Indizien notierte, die gegen seine eigenen Theorien sprachen. Denn unser Bewusstsein neigt dazu, Dinge, die dem entsprechen, was wir eh schon wissen, viel intensiver wahrzunehmen – und im Gegenzug Informationen, Daten, Einschätzungen, Beobachtungen, die von unserem bisher Geglaubten, Gewussten, Gemeinten abweichen, zu missachten und auszublenden. Darwin wusste: Dieses faktische Zuhören fördert Innovation, es öffnet unseren Kopf, mit ihm nehmen wir immerhin Widersprüchliches, Unbequemes, Herausforderndes auf, das unseren bisherigen Denkschubladen widerspricht. Aber wer sich wirklich mit Veränderung auseinandersetzen will, wer andere verstehen will, der braucht zwei weitere Stufen des Zuhörens:

Mit offenem Herzen, mit Einfühlungsvermögen hören, eine Situation durch die Augen, Ohren und vielleicht auch mit dem Herz eines anderen wahrnehmen können – das ist Stufe drei, das empathische Zuhören. Damit verbinden wir uns mit dem anderen, fühlen uns in seine Wahrnehmung ein. Und stellen für den Moment des Zuhörens unsere eigene Befindlichkeit, die Dinge, die uns selbst gerade beschäftigen, einfach mal hinten an.

Die vierte Stufe, generatives Zuhören, ist die seltenste und intensivste Form des Zuhörens – und sie ist eigentlich kaum beschreibbar, aber Sie mögen sie vielleicht schon einmal erfahren haben. Generatives Zuhören verbindet uns mit unseren Möglichkeiten, mit unseren Potenzialen, mit dem, was unsere Person ausmacht und ausmachen könnte. Sie bringt uns in eine Art Flow mit dem anderen, ein wirkliches Energie- und Wachstumsfeld. Für Personalverantwortliche ist gerade in Mitarbeitergesprächen eine Eigenschaft sehr förderlich, die guten Coaches zugeschrieben wird. Das Fragen ist kein Selbstzweck. Die Neugierde hat einen Ausgangspunkt. Für wirklich gute Führungskräfte gilt daher eine Sache, die Otto Scharmer, Forscher am MIT und Begründer der Theorie U als neue, nachhaltige Führungsmethodik guten Coaches zuschreibt: Wirklich gute Berater(innen), Coaches und Therapeut(inn)en hören ihren Gesprächspartner(inne)n zu und spüren, hören oder ahnen neben den Sorgen und Nöten auch das kommende Selbst, die künftigen Möglichkeiten des Gegenübers. »Sie sehen dich nicht nur aus deiner Vergangenheit heraus, sondern sie sehen dich auch in deiner möglichen Zukunft – und helfen dir dabei, diese zu erreichen«, so Otto Scharmer.

4.
Den Klassiker neu entdecken: Jahresgespräche positiv vorbereiten, durchführen und nachbereiten

Wir müssen reden. Über das Jahresgespräch. Ein Kapitel über Jahresgespräche lädt natürlich zu zwei Extremen ein; entweder man macht sie zum Buchtitel, denn es gäbe wahrlich genug Material und Erfahrungen dazu oder man kürzt es ab, indem man einfach auf eine lösungsfokussierte Frage- und Zuhörhaltung verweist.

Drei persönliche Eindrücke, die deutlich machen, warum wir über das Jahresgespräch sprechen müssen: Das Jahresgespräch ist häufig in vielen Organisationen so etwas, wie Jahrestag feiern – leider: Man versucht die Wertschätzung eines ganzen Jahres in ein Ereignis zu packen und ist schlecht vorbereitet, weshalb man auf den letzten Drücker noch etwas organisiert.

Click- und Lesetipp: Checklisten und andere Zusatzinformationen, um Jahresgespräche positiv vorbereiten, leiten und nachbereiten zu können, finden Sie in der digitalen Playbox zu diesem Buch.

Eindruck Nummer Eins: Meine Schwiegermutter (MS) arbeitet als Rentnerin auf Minijob-Basis in einem lokalen Drogeriemarkt. Sie hilft einfach dabei, den Laden am Laufen zu halten. Jetzt bekam sie von ihrem Filialleiter ein Formular zur Vorbereitung auf das Jahresgespräch ausgehändigt. Darin sollte sie vor allem persönliche Entwicklungsziele skizzieren. Damit kam sie aufgebracht zu mir: »Was soll der Quatsch, Marcus. Ich brauche doch nicht darüber reden, wo ich mich in fünf Jahren sehe. Ich bin Anfang sechzig und räume hier morgens zwei Stunden Regale ein. Punkt.« Solche Jahresgespräche nützen niemandem. Standardisierte Vorgaben, die für ein Gespräch mit einer vollbeschäftigten und karriereorientierten Teamleiterin nützlich sind, können bei Aushilfen völlig sinnfrei sein. Vermutlich galt es in der Drogeriemarktkette, eine Zertifizierungsnorm der Personalabteilung zu erfüllen. Mehr nicht, leider.

Eindruck Nummer Zwei: Eine obere Führungskraft, die über dreißig Führungskräfte führt, offenbart mir, dass sie gar nicht mit allen Mitarbeitern spricht, oder nur wenn es sprichwörtlich brennt. Vor allem aber bei den leistungsschwächeren Einheiten werden die Gespräche auch nicht mehr weiterverfolgt, weil einfach die Zeit dazu fehlt. Dies wird im Unternehmen gebilligt.

Eindruck Nummer Drei: Ein Coachee fragt mich, wie er sich am besten auf die Jahresgespräche vorbereitet. Sollte er Beobachtungen des ganzen Jahres einbeziehen?

Frederic Laloux zeichnet in seinem Buch Reinventing Organizations ein Bild von einem evolutionären Unternehmen, das die grundlegenden Bedürfnisse der Menschen in den Mittelpunkt stellt und die Vielfalt und Unterschiedlichkeit der individuellen Bedürfnisse akzeptiert. Diese Balancierung von individuellen Bedürfnissen und Interessen ist in der heutigen Arbeitswelt an der Tagesordnung. Wenn aber die Ausgangs- und Lebenssituationen, Karriereverständnisse und Stärkenprofile meiner Mitarbeiter(innen) so unterschiedlich sind, wie kann nun all dies in ein One-size-fits-all-Jahresgespräch passen? Eher gar nicht. Für Sie als Führungskraft stellt sich somit die Herausforderung, wie Sie das Jahresgespräch auf die individuelle Situation Ihrer jeweiligen Mitarbeiter anpassen können. Damit verbunden ist immer die Selbstklärung: Wie stehe ich denn selbst zum Jahresgespräch? Was könnte ich tun, um es nützlicher für mich und meine Mitarbeiterin/meinen Mitarbeiter zu empfinden (Beispielsweise mit unterschiedlichen Fragestellungen aus diesem Buch experimentieren)?

Sie merken schon, ohne eigene Gedanken geht es nicht. Daher thematisiere ich zunächst, worauf es in der Vorbereitung ankommt, bevor wir uns die Durchführung des Jahresgesprächs anschauen und schließlich auf wesentliche Aspekte der Nachbereitung eingehen.

Das Jahresgespräch positiv vorbereiten

Wenn ich als Führungskraft von der anstehenden Jahresgesprächs-Saison überrascht werde, dann habe ich es versäumt, mir regelmäßig über das Jahr Notizen zu machen und meine Gedanken zu dem jeweiligen Mitarbeitenden zu sortieren, habe ich immer ein Problem. Zutreffende Feedbacks auf Basis von eigenen Beobachtungen zu geben, wird dann schwer. In der Wahrnehmung unterliegen wir dem sogenannten Recency Effekt. Unsere Einschätzungen basieren demnach auf den Eindrücken der letzten Zeit. Dadurch wird das Feedback ärmer. Ein Jahresgespräch vorbereiten, bedeutet daher stets, über einen längeren Zeitraum Mitmenschen zu beobachten und die eigenen Wahrnehmungen zu notieren. Wir haben daher Tipps zusammengetragen, die helfen, die Vorbereitungsarbeit im Führungsalltag besser hinzubekommen, um so für das nächste Jahresgespräch besser vorbereitet zu sein:

Tipps für die tägliche Mitarbeiterbeurteilung

Nach kurzen, operativen Gesprächen schnell ein oder zwei Stichpunkte notieren, wenn ein Eindruck ganz frisch ist. Für Notizen das digitale Notizbuch auf dem Smartphone, die eigene E-Mail oder einen Ordner in der Cloud nutzen – oder ein analoges Notizbuch wählen.

Wichtig ist die schnelle Wiederauffindbarkeit, wenn Sie die Notizen abrufen wollen. Halten Sie sich an die Notizmanagement-Regel: Alle Notizen immer an einem Ort. Verwenden Sie möglichst nur ein Tool.

Nach Zwischengesprächen die Gesprächspartner bitten, die zentralen Ergebnisse in einer E-Mail zu dokumentieren und diese in einem Ordner abspeichern. Das erhöht die Verbindlichkeit von Vereinbarungen und vermeidet Missverständnisse.

Feedback von Kunden, Projektmitarbeitern, Kollegen einholen und ebenfalls notieren.

Unterjährig für einige Minuten die Zielvereinbarung oder Notizen des letzten Gesprächs hervorholen, so richten Sie die Aufmerksamkeit wieder auf die zu beobachtenden Aspekte. Zuletzt gesammelte Eindrücke festhalten.

Auch Teil der Vorbereitung: Wie stehen Sie zum Jahresgespräch?

Ein Jahresgespräch ist in vielen Unternehmen eine Institution. In anderen, so erleben wir es in unserer Beratungspraxis (siehe auch Expert(inn)en-Interviews in diesem Buch) findet es nicht statt oder wird nur stiefmütterlich behandelt. Es ruft jedenfalls immer unterschiedliche Reaktionen hervor, wenn man Führungskräfte und Mitarbeiter darauf anspricht. Die Meinungen und Erfahrungen sind vermutlich so zahlreich und vielfältig wie die Tipps, die Sie bei Google dazu finden. Im Folgenden sehen Sie einige Positionen, die uns in der Praxis bereits häufiger begegnet sind:

- Abschreckende Formularschlacht ohne Mehrwert.
- Seelenstriptease, was soll das bringen?
- Notwendiges Übel.
- Endlich geht es los und wir sprechen über meine wichtigen Fragen und Pläne.
- Das Wesentliche wird da nicht besprochen.
- Gute Idee, aber wie werde ich dem gerecht?
- Hoher Zeitaufwand, bei überschaubaren Nutzen.

Diese Antworten zeigen bei aller Unterschiedlichkeit, dass ein Jahresgespräch ohne Klärung der eigenen Haltung zu dieser Aufgabe wenig erfolgversprechend ist. Unsere Haltung ist, dass wir das Jahresgespräch für eine wichtige Institution ansehen, wünschen uns aber eine schlankere und an den Bedürfnissen der Beteiligten ausgerichtete Form. So kann ein alleiniges Jahresgespräch im Jahr an Bedeutung verlieren, wenn Führungskraft und Mitarbeitende regelmäßiger, formell oder informell miteinander sprechen und somit besser voneinander wissen. Wir haben dazu auch einige ermutigende Stimmen gehört, als wir die Expertinnen-Interviews für dieses Buch geführt haben. Diese Gespräche zeigen zudem einen erfreulichen Trend: Die typischen Inhalte eines Jahresgesprächs werden in immer mehr Organisationen auf mehrere Teilgespräche über das Jahr aufgeteilt. Offensichtlich möchte man sich so stärker am Bedarf der Beteiligten ausrichten.

Gute, sinnvolle, für alle Beteiligten nutzbringende Jahresgespräche sind möglich. Doch Ihre persönliche Einstellung wird immer zu einem erheblichen Faktor das Gespräch prägen.

In der Vorbereitung auf Ihr nächstes Jahresgespräch mit einem Mitarbeiter stellen Sie sich bitte die folgenden Fragen:
- Wie stehe ich zum Jahresgespräch?
- Was könnte es im besten Fall bewirken?
- Welchen Effekt möchte ich vermeiden?
- Wie stehen meine Mitarbeitenden zu dem Gespräch?
- Wie könnte ich den Nutzen für alle Beteiligten steigern?
- Wie können ich, etwa durch weitere Fragen aus diesem Buch, das Gespräch substanzieller machen und nutzen, um die Beziehung zu den Mitarbeitenden zu vertiefen?
- Wie kann ich das Spannungsfeld zwischen »alle Formanforderungen erfüllen« und »Nutzen stiften« auf günstige Weise handhaben?

Wir möchten Sie dazu ermutigen, den Mitarbeiter, seine Stärken, Leistungen und Ziele im Jahresgespräch zu würdigen und das Gespräch so im besten Sinne in den Dienst einer erfolgreichen Organisation zu stellen.

Zehn Punkte, die bei der Gesprächsfestlegung zu klären sind
Nach der regelmäßigen Beobachtung und Erfassung eigener Eindrücke sowie der Klärung der eigenen Haltung zum Jahresgespräch kommen wir nun zur konkreten Gesprächsvorbereitung im engeren Sinn. Diese zehn Punkte sind grundlegender Art und sollten spätestens dann, wenn ein Termin für ein Jahresgespräch festgelegt wird, vorbereitet werden. Diese Punkte sehen wir eher als Hygienefaktoren, weil sie ihren Beitrag zu einem reibungslosen Ablauf und einer wertschätzenden Führungskultur leisten.

Hier die zehn wichtigsten Punkte zur Vorbereitung eines gelingenden Jahresgesprächs:
1. Zeit und Aufmerksamkeit
2. Sprache der Wertschätzung
3. Atmosphäre
4. Beteiligte
5. Vollständigkeit. Alles beisammen?
6. Ziele und Erwartungen definieren und moderieren
7. Das eigene Stimmungsmanagement
8. Wirkungstreffer vorausdenken
9. Potenzialbrille aufsetzen
10. Spannungsfelder und Ziele identifizieren

1. Zeit und Aufmerksamkeit

Nehmen Sie sich ausreichend Zeit für die Gespräche. In meiner Beratungspraxis (MS) führe ich manchmal Auswertungsgespräche nach dem Einsatz eignungsdiagnostischer Instrumente durch. In solchen Konstellationen sind drei Gespräche am Tag bereits eine Herausforderung. Schließlich liegt es im eigenen, professionellen Anspruch begründet, dass man auf jede(n) Gesprächspartner(in) gut vorbereitet ist, sowie Aufmerksamkeit und Konzentration auf einem Level sind, die dem Anlass gerecht werden.

Lücken und Pufferzeiten in der Terminplanung sollten Raum lassen für
- unvorhergesehene Gesprächsverläufe, die mehr Zeit erfordern;
- Pausen ohne Gespräche, um sich wieder zu fokussieren;
- Zeiten, in denen Sie sich um die kleinen und großen Notfälle des Alltags kümmern können.

Darüber hinaus berichten Mitarbeitende in Unternehmen immer wieder, dass Sie es als Geringschätzung erleben, wenn der Termin nicht eingehalten wird (mit der Ausnahme der ganz großen Notfälle und mit steigendem Ver-

Das Jahresgespräch ist eine wichtige Institution. Wir wünschen uns aber eine schlankere und an den Bedürfnissen der Beteiligten ausgerichtete Form.

ständnis in volatileren Arbeitsumfeldern). Ebenfalls ungünstig wirkt es sich aus, wenn die Führungskraft nicht mit vollem Fokus bei dem Dialog zu sein scheint, etwa weil Unterbrechungen signalisieren, dass das Gespräch nicht so wichtig sei. Für manche Menschen ist die Institution dieses Gesprächs die einzige Gelegenheit, endlich mal Dinge anzusprechen, auch solche, für die insbesondere introvertierte Personen Mut aufbringen müssen. Aufmerksamkeit auf den Gesprächspartner zu richten, erweist sich dabei bereits als kleinste Einheit, also quasi als Atom der Wertschätzenden Kommunikation.

2. Sprache der Wertschätzung

Da soziale Anerkennung als ein menschliches Grundbedürfnis angesehen ist, sollten Sie, wenn Sie Mitarbeitergespräche positiv führen möchten, die Wertschätzung des Mitarbeitenden in den Fokus nehmen. Vor einiger Zeit kam ein Geschäftsführer, der etwa dreißig Führungskräfte auf der nächsten Ebene betreute, zu mir ins Coaching mit dem Wunsch, mehr darüber zu erfahren wie er die Wertschätzung für seine Mitarbeitenden besser sprachlich und durch konkrete Handlungen ausdrücken kann und somit zum Geschäftserfolg weiter beitragen kann. Einer der Hinweise, der für Ihn die größte Wirkung entfaltete, war, seine Mitarbeitenden in den Jahresgesprächen danach zu fragen, wie sie Wertschätzung am ehesten empfangen und empfinden können. Er konnte mit dieser Frage herausfinden, welche Sprache der Wertschätzung für die jeweiligen, einzelnen Menschen die beste Passung hatte. Eine Mitarbeitende berichtete beispielsweise von einem personalisierten Firmengeschenk, in das ihr Name eingraviert war, ein anderer Mitarbeiter sagte, er brauche keine explizite verbale Belobigung, man würde ja ohnehin gut zusammenarbeiten. Einige Handlungen der Wertschätzung, wie die Übergabe einer Auszeichnung vor versammelter Mannschaft mag für manche(n) Empfänger(in) zu viel Aufmerksamkeit darstellen und für andere genau richtig sein. Beginnen Sie damit, diese Frage im Jahresgespräch zu klären und – wenn angebracht – ein aufrichtiges Lob auszusprechen.

3. Atmosphäre

Dieser Aspekt stellt den Klassiker unter den Tipps in der Gesprächsvorbereitung dar und wird in Personalmanagementkursen an der IHK oder der Hochschule stets ganz weit vorne genannt: Sorgen Sie für eine gute Atmosphäre, ein aufgeräumtes Besprechungszimmer oder Büro. Das hielt ich lange Zeit für eine Selbstverständlichkeit, höre aber in meinem Umfeld immer wieder von Gegenbeispielen wie:

- Kündigungsgesprächen im Stehen,
- Unterbrechungen durch klingelnde Telefone,
- Hektik durch Termindruck und vieles andere mehr.

Schauen Sie, was zu Ihrer Unternehmenskultur, dem Gesprächsthema und den Menschen passt. Aber für die formalisierte Leistungsbesprechung eines Jahresgespräches sind die Sitzsäcke in der Lobby eher unpassend. Viel ist schon gewonnen, wenn das Setting ausdrückt, dass es bewusst vorbereitet oder ausgewählt wurde. Weil beispielsweise der Besprechungstisch vorbereitet, der Meetingraum gebucht oder das Büro aufgeräumt ist. Vielleicht laden Sie zum Jahresgespräch ja auch gar nicht in Ihr Büro, sondern in einen neutralen Raum ein, in dem keiner der Beteiligten von vornherein einen Heimvorteil hat?

4. Beteiligte

Wer sollte bei dem Gespräch dabei sein? Laden Sie etwaige Ansprechpartner rechtzeitig ein. Für das Jahresgespräch mit einem Mitarbeitenden kann es, wenn es um Feedback und persönliche Entwicklung geht, wertvoll sein, Gesprächspartner aus dem Personalbereich, aus Projekten oder Sprints einzuladen, damit wichtige Eindrücke aus erster Hand geschildert werden können. Wir sind keine Fans von einem Tribunal, also einem Leistungsbewertungsgespräch, bei dem vier gegen einen antreten und der Mitarbeitende sich auf verlorenem Posten sieht. Fragen Sie in der Vorbereitung und je nach Gesprächsziel den Mitarbeitenden gegebenenfalls, wer noch dabei sein sollte. Prüfen Sie auch, ob diese Gesprächsteile auslagerbar sind.

5. Vollständigkeit. Alles beisammen?
Bei diesem Aspekt geht es vor allem darum, zu berücksichtigen, dass das Jahresgespräch in den meisten Unternehmen in einen Prozess eingebettet ist, sodass mehrere Fragen in der Vorbereitung auch an anderer Stelle geklärt sein müssen:

- Liegen beispielsweise alle endgültigen Ergebnisse vor oder fehlen noch Zahlen?
- Wurde das Budget für Bonuszahlungen vom Vorstand genehmigt?
- Liegen bereits Vorgaben für die neuen Ziele vor?
- Müssen noch Abstimmungen mit Vorgesetzten oder der Personalabteilung hinsichtlich zukünftiger Entwicklungsmaßnahmen vorgenommen werden?
- Liegen Feedbacks von wichtigen Stakeholdern vor?

Bei diesen Fragen sind Sie als Führungskraft auf andere in Ihrer Organisation angewiesen. Behalten Sie diese Themen im Blick und schaffen Sie so früh wie möglich Transparenz gegenüber dem Mitarbeitenden über unvollständige Vorinformationen, um die Erwartungen an das Gespräch und die Ergebnisse zu moderieren. Dazu gehört manchmal auch, dass man vertröstet, weil noch nicht alles endgültig an anderer Stelle besprochen wurde. Eine meiner Kundinnen wurde so zuletzt mehrfach über Monate in den Wartezustand versetzt, bevor ihre Beförderung verkündet worden war, weil an anderer Stelle noch nicht alle Voraussetzungen erfüllt waren.

6. Ziele und Erwartungen definieren und moderieren (Vorbereitung)
Stimmen Sie mit der Personalabteilung, den anderen Führungskräften in Ihrem Bereich und Ihrem Vorgesetzten ab, inwieweit Sie das Vorgehen homogenisieren können und wollen. Gibt es beispielsweise neue Ideen darüber, das Jahresgespräch in Zukunft anders aufzubauen und zu unterteilen in das von Formalitäten (Hat der Mitarbeitende die Sicherheitsschulung besucht? Wie hoch ist die Zielerreichung?) geprägte Gespräch und ein wachstumsorientiertes Gespräch (Wie bewerten wir unsere Zusammenarbeit? Wo

sehen wir persönliche Wachstumsziele und Potenziale? Wie wollen wir weitermachen?). Dabei stellt sich auch die Frage, wie gut Sie die Erwartungen des Mitarbeiters kennen. Die ehrgeizige Mitarbeiterin drängt möglicherweise auf den Entwicklungsdialog und eine Planung von Personalentwicklungsmaßnahmen, der routinierte und langjährig zugehörige Mitarbeiter möchte die Zeit lieber zur Bewältigung des Arbeitsalltags nutzen. Auch hier steht Erwartungsmanagement im Fokus:

- Was soll besprochen werden?
- Warum ist das für die Organisation, die Führungskraft, den Mitarbeitenden bedeutsam?
- In welchem Zeithorizont finden die notwendigen oder gewünschten Gespräche statt?
- Welche Fragen werden wann geklärt?

7. Das eigene Stimmungsmanagement
Sorgen Sie unmittelbar vor jedem Jahresgespräch für eine Pause. Diese Zeit dient Ihnen dazu, sich selbst mental in einen guten Zustand zu bringen und sich auf das anstehende Gespräch zu fokussieren. Mit Wut oder Ärger im Bauch sollten Sie kein Gespräch starten. Stellen Sie sich folgende Fragen:

- Wie geht es mir jetzt gerade?
- Was möchte ich in dem anstehenden Gespräch unbedingt thematisieren?
- In welcher Stimmung und Atmosphäre will ich den Dialog gestalten?
- Was würde mir jetzt gerade helfen, um mich selbst in einen guten physischen und psychischen Zustand zu bringen (beispielsweise ein Glas Wasser trinken, drei Minuten am offenen Fenster stehen).

Das Stimmungsmanagement wird von einigen Führungskräften unterschätzt oder schlicht aus Zeitgründen sprichwörtlich über Bord geworfen. Dabei unterschätzen einige mitunter, dass wir unter Stress keinen Zugang zu vielen mentalen Ressourcen und sozialen Verhaltensweisen haben. Wenn der Körper im Stressmodus agiert, sind unsere Verhaltensmuster auf die typischen Kampf- und Fluchtaktionen programmiert. So haben Sie – selbst bei edelsten Vorsätzen – keine Chance, sich auf das Gegenüber einzulassen und bewusst wertschätzend zu agieren.

8. Wirkungstreffer vorausdenken

Von Zeit zu Zeit rutscht es Führungskräften aus der Aufmerksamkeit, wie stark ihr Verhalten für Beobachter Symbolhandlungen darstellen und wie stark das eigene, auch unbewusste und ungewollte Verhalten interpretiert wird. Unachtsamkeiten oder gar grobfahrlässige Verhaltensweisen können Vertrauen und Beziehungen irreparabel beschädigen.

Eine Aussage, ein unachtsamer Satz, wie in dem folgenden Beispiel, kann fatale Folgen haben: Eine Führungskraft sagte zum Mitarbeiter: »Füllen Sie den Feedbackbogen doch bitte selbst aus. Ich übernehme Ihre Einschätzungen dann gern.« Und auf die Nachfrage, ob das wirklich in Ordnung sei, folgte die Aussage: »Sie wissen doch: Führungskräfte wollen vor allem eins, Ihre Ruhe ...!«

Hier handelt es sich natürlich nicht mehr um eine Unachtsamkeit, sondern eher um fahrlässiges Führungsversagen. Eine schnelle Bemerkung, die nicht böse gemeint ist, kann dennoch eine schlechte Wirkung entfalten. Daher lohnt es sich, im Vorfeld über mögliche Triggerpunkte des Mitarbeitenden zu reflektieren. Jemandem, dem eine enge menschliche Beziehung besonders wichtig ist, empfindet Aussagen wie »Macht Ihnen doch nichts aus, dass ich früher aus unserem Termin muss, weil ...« möglicherweise als wenig wertschätzend und verletzend.

Wirkungstreffer lassen sich natürlich auch bewusst und im positiven Sinne planen. Indem Sie ein besonders positives Feedback, eine Kundenstimme oder die Zusage für die ersehnte Fortbildung, die Sie im Vorwege bereits final mit der Personalabteilung organisiert haben, im Gespräch verkünden, drücken Sie in besonderer Weise Anerkennung aus.

In diesem Buch und grundsätzlich im Rahmen einer wertschätzenden Kommunikation stehen das Empfinden des Empfängers von Botschaften oder das Wohlbefinden der Mitarbeitenden im Fokus, deswegen möchten wir hier einmal auch ausdrücklich betonen: Das Jahresgespräch ist auch eine wichtige Gelegenheit, um Ihre Bedürfnisse, Wünsche und Anforderungen an die Mitarbeitenden zu richten. Bei Wertschätzung handelt es sich schließlich nicht um eine Einbahnstraße. Klarheit in den Botschaften setzt aber Selbstklärung voraus, dazu mehr in dem entsprechenden Kapitel.

Manchmal sind Wirkungstreffer aber eben auch nicht planbar, weil ein eher beiläufig und für Sie beinahe alltäglicher Satz besonderen Einfluss beim Gesprächspartner entfaltet. Also: Achten Sie auf Ihre Worte!

9. Potenzialbrille aufsetzen

Im Kapitel über Stärken (Seite 101 ff.) schreiben wir darüber ausführlich. Dennoch sei hier angemerkt, dass die Vorbereitung auf das Jahresgespräch der richtige Zeitpunkt ist, um sich die Stärken und Potenziale des Mitarbeitenden ins Bewusstsein zu rufen. Überlegen Sie, wie Sie diese konkret und anhand von Zitaten oder Handlungsbeispielen aus Ihren Beobachtungen zurückmelden können und wie die Entwicklung des Mitarbeitenden in diesen Bereichen im besten Sinne unterstützt werden kann.

10. Ziele und Spannungsfelder identifizieren

Ziele haben in der Managementliteratur spätestens seit dem Führen mit Zielen Ansatz von Peter Drucker (Management by Objectives) einen festen Platz und eine Systematik zum Umgang mit persönlichen Zielen, die wir im Kapitel Selbstklärung aufgreifen, können Sie ebenfalls gut nutzen, um in Gesprächen die Zielfindung und -erreichung zu unterstützen.

Im Bezug auf die Führungskommunikation erweist sich der Umgang mit Zielen als komplex. In modernen agilen Arbeitskontexten sind die klassischen Führungsansätze bereits eher wieder aus der Mode gekommen. Außerdem erweisen sich Zielvereinbarungen in grundlegenden Veränderungsprozessen als eine Wette auf die Zukunft. Meist unterstellen Sie eine Stabilität der Annahmen für einen zu langen Zeitraum. Aus diesen Gründen wurde der OKR-Ansatz (Objectives and Key Results) populär. Lesen Sie hier mehr dazu:

OKR – Objectives and Key Results

Unterschiede zum MBO-Ansatz
Der OKR-Ansatz versucht, oft eher qualitative, weiche Ziele (Objectives) mit wichtigen, objektivierbare Schlüsselresultaten (Key Results) zu verbinden. Dabei findet oft eine Entkopplung von Bonuszahlungen statt. Wichtig ist, dass ein OKR-Zyklus kürzer ist und in der Regel drei bis vier Monate dauert und die Mitarbeitenden bei der Zielformulierung eingebunden werden. Es herrscht größtmögliche Transparenz in einer Organisation oder Organisationseinheit.

Grundlagen schaffen
Am Anfang steht die Entscheidung, sich auf den OKR-Ansatz einzulassen. Diese sollte gut vorbereitet und mit allen Stakeholdern abgestimmt sein. Die Basis für die Ziele auf Mitarbeiterebene muss gelegt werden: Dafür braucht es ein Leitbild, dass für die nächsten drei bis zehn Jahre gelten soll, sowie definierte Mittelfristziele (moals, also Mid-Term Goals). Daraus folgt die Ableitung von verständlichen Objectives, die zumindest grundsätzlich während eines OKR-Zyklus erreichbar sind. Diese sind noch abstrakte, visionäre und motivierende Zielformulierungen, etwa: »Wir werden der führende Einzelhändler im Bereich gesunde Ernährung.« Diese Formulierungen sind noch zu vage, um handlungsleitend zu sein, daher folgt die Ableitung von Key Results. Diese sind quantitative, smarte und somit messbare Zielgrößen. Die Erreichung dieser Schlüsselergebnisse sollen im Verständnis aller zur Erreichung des Objectives beitragen und eine Hebelwirkung haben. Daher sollten Sie klassische Kennzahlen wie Umsatz hier vermeiden, und stattdessen die Hebelgröße festlegen. Beispiel: »Statt Umsatz mit Obst und Gemüse« als Zielgröße festzulegen, könnte das Key Result sein: »Jede Woche eine Sonderaktion starten«.

Den OKR-Zyklus beginnen
Dieses Vorgehen eignet sich für die Erarbeitung in Teams mithilfe eines Moderators. Wir kennen jedoch auch Führungskräfte, die in Einzelgesprächen auf Basis bereichs- oder unternehmensweit abgestimmter Mittelfristziele mit OKR arbeiten. Dafür folgen sie dem Muster Plan, Überwachung, Bewertung und Retrospektive. Zu Beginn müssen Sie den Zyklus planen und relevante Ziele definieren. In wöchentlichen Zwischengesprächen gilt es den Status abzugleichen. Am Ende des Zyklus wird die Erreichung der Ziele evaluiert. Nachträglich gilt es, den Prozess zu reflektieren und zu lernen (Wie gut waren die Ziele formuliert? Wie realistisch waren diese? Woran erkennen wir gute Beispiele? Wo gab es Probleme? Was kann für den nächsten Zyklus verbessert werden?

Fazit
Die Voraussetzungen für die Einführung dieses Vorgehens sind komplex, erfordern eine bestimmte Haltung und Geduld sowie Experimentierfreudigkeit. Auch die Mitarbeiter müssen lernen, gute Vorschläge für Zielformulierungen zu machen. Doch die entstehende Flexibilität, unterjährig zu agieren, die Motivation durch Beteiligung und der dialogische Ansatz bergen Chancen.

Das Jahresgespräch entlasten – meine Tür steht immer offen
Die gelebte Kultur eines Unternehmens manifestiert sich nicht nur in Symbolen wie Dienstwagen, Firmensitz und -gebäude, sondern auch in typischen Handlungen und Aussagen, die den Führungskräften gemein sind. Für den Kontext der Mitarbeitergespräche ist eine gängige und in der Regel gut gemeinte Haltung: »Meine Tür steht immer offen, ich unterstütze euch, aber nur wer spricht, dem kann geholfen werden.«

Ein solche Haltung und Botschaft kann ein Stück weit als Ersatz für Führungshandeln und Mitarbeitergespräche wirken und somit auch die Gesprächsvorbereitung abkürzen. Denn, wenn diese Haltung gelebt wird, dann werden für die Mitarbeitenden relevante Themen nicht nur in Jahresgesprächen, sondern gleich zeitnah und informell besprochen. Allerdings gibt es wichtige Voraussetzungen für das Vertrauen der Mitarbeitenden in das Angebot einer Offenen-Tür-Vereinbarung: Die Einschätzung und das Erleben (eigenes Erleben oder Beobachten), dass das Angebot ernst gemeint ist. Hier stolpern Personalverantwortliche gerne über die eigenen Füße, etwa weil sie:

- zwar Gesprächsbereitschaft ankündigen, aber nie ansprechbar sind oder aus dringenden Gründen abwiegeln, ohne ein Gegenangebot für einen anderen Termin zu machen;
- Heldengeschichten verbreiten und Beförderungen bevorzugt aussprechen für Mitarbeitende, die sich als einsame Wölfe durchgeschlagen haben, also ohne je Hilfe eingefordert zu haben;
- als Person wenig von sich preisgeben oder als Mensch in allen Situationen so distanziert bleiben, dass die psychologische Schwelle, ein Angebot der offenen Tür zu nutzen, einfach unfassbar hoch erscheint.

Der Lösungsweg liegt darin, positive Lernerfahrungen durch Nutzen von Angeboten der offen Tür zu ermöglichen, sodass Vertrauen wächst. Finden solche kleinen, informellen Mitarbeitergespräche auf Initiative der Mitarbeitenden statt, ist die Beziehung enger. Wenn es sich Führungskraft und Mitarbeitende zur Gewohnheit machen, regelmäßig miteinander zu sprechen, entsteht automatisch ein Voneinanderwissen. Von solchen Haltungen und Gewohnheiten profitieren Jahresgespräche enorm. Alleine die Vorbereitungszeiten für die Verantwortlichen reduzieren sich schon enorm. Es entsteht eher ein Gefühl der psychologischen Sicherheit. Individuelle Leistungsverbesserungen können leichter und wirksamer angegangen werden.

10. Spannungsfelder und Dilemmata identifizieren
Welche äußeren Zwänge oder inneren Konflikte stellen sich für Sie als Dilemmata dar? Mögliche Beispiele können sein:

1. Sie möchten gern eine Zusage (Beförderung, Gehaltserhöhung) machen, es fehlt aber noch die finale Bestätigung der Genehmigung an anderer Stelle.
2. Sie schätzen den Mitarbeitenden, können aber nur einen von mehreren infrage kommenden Kollegen für eine Fortbildung berücksichtigen.
3. Sie schätzen den Kollegen, müssen aber aufgrund unternehmenspolitischer Entscheidungen schlechte Nachrichten vertreten.

Die Identifikation derartiger Dilemmata sorgt in der Regel dafür, dass Sie nicht im Gespräch unvorbereitet damit konfrontiert werden, dass Sie die Belastung durch das Dilemma bereits als geringer empfinden und dass Sie eine Sprachregelung testen und vorbereiten können.

Darüber hinaus ergibt sich für manche Führungskraft ein Spannungsfeld zwischen Freiheitswunsch und individueller Gesprächsgestaltung oder Verbindlichkeit und Leitfadentreue. In modernen Arbeitskontexten gilt: Die Form sollte dem Zweck dienen. Prüfen Sie also, wie Sie die Gesprächsziele inklusive einer natürlichen und wertschätzenden Gesprächsführung erreichen können und den Leitfaden situativ anpassen, ohne relevante Formanforderungen zu vernachlässigen.

Auf den Gesprächspartner einstellen
Das Kapitel über Selbstklärung (Seite 127 ff.) beschäftigt sich stark mit der Auseinandersetzung der eigenen Persönlichkeit und Haltungen gegenüber dem Gespräch. In der Vorbereitung auf das Gespräch möchten wir Sie auch einladen, den Fokus gesondert auch auf den Gesprächspartner zu lenken. Die Bedürfnisse, Ziele, Werte, Fähigkeiten und Verhaltensweisen von Menschen unterscheiden sich. Vielfach aufgeschrieben wurden dazu Einteilungen in Typologien und daraus abzuleitenden Gesprächsansätze für distanzierte oder

Nähe suchende Dialogpartner. Der weiterhin menschenorientierte bräuchte demnach Small-Talk, der aufgabenorientierte will zur Sache kommen.

Wir möchten Ihnen einen dringenden anderslautenden Appell nahelegen: Es gibt, der Forschung David Rocks zufolge, zentrale Faktoren, die dazu beitragen, dass Menschen überhaupt offen für ein Gespräch sein können oder sich mit einem ausreichenden Sicherheitsgefühl mit neuen Aufgaben und Informationen auseinandersetzen können. Diese fünf Faktoren fasst Rock im SCARF-Modell (Status, Certainty, Autonomy, Relatedness, Fairness) zusammen. Mitarbeiter(innen) sind also zugänglicher, offener und kooperationsbereiter, wenn diese Punkte gegeben sind und ganz wichtig: Nur in einem solchen Zustand können gemeinsame substanzielle Fortschritte, Lernen und Veränderung erreicht werden. In Vorbereitung auf ein anstehendes Jahresgespräch ist es demnach dringend empfehlenswert, zu überlegen, wie Sie diese Merkmale bei Ihrem Gesprächspartner intensivieren können, wo zuletzt Defizite aufgetreten sein können und welche für Ihren Gesprächspartner besonders wichtig sein können:

Status: Wie ist die relative Stellung der Mitarbeiterin? Wie wurde ihre Leistung zuletzt gewürdigt?

Sicherheit (Certainty): Wie stabil ist der verlässliche Rahmen, in dem Mitarbeitende in der zurückliegenden Zeit agieren konnten? Wie viel Klarheit herrscht im Bezug auf Verantwortlichkeiten, Anforderungen und Ziele?

Autonomie (Autonomy): Ist der Entscheidungs- und Handlungsspielraum für diese Mitarbeiterin passend?

Verbundenheit (Relatedness): Wie stark erlebt die Mitarbeiterin derzeit ein Wirgefühl?

Fairness: Wo könnte erlebte Willkür bei der Mitarbeiterin Widerstand ausgelöst haben?

Wenn Sie sich bezüglich dieser Faktoren auf Ihre Mitarbeitenden in der Gesprächsvorbereitung einstellen, steigen die Chancen für echten Fortschritt. Auch wenn es im komplexen Alltag stets um die Balance der unterschiedlichen Anforderungen geht.

Das Jahresgespräch konstruktiver durchführen

Einer Umfrage zufolge finden in über neunzig Prozent der größeren Unternehmen regelmäßige und standardisierte Mitarbeitergespräche statt. Auch unter unseren Kunden gibt es nur wenige Firmen, in der Regel kleinere oder jüngere Unternehmen, die keinen oder noch keinen Standardprozess für Jahresgespräche etabliert haben. Insbesondere Mitarbeiter(innen) aus Start-ups berichten, dass es so etwas wie Mitarbeitergespräche in Ihrem Unternehmen nicht gibt, solange der Mitarbeiter nicht zum Chef geht und sagt, was er braucht. Wenn Sie heute in 2022 »Das Jahresgespräch« in die einschlägigen Suchmaschinen eingeben, erhalten Sie in Sekundenbruchteilen erschlagend viele Vorschläge, wie ein Jahresgespräch aufgebaut werden kann. Da finden sich (zynisch formuliert) bis zu siebenundzwanzig Phasen für ein Jahresgespräch und die Vorlage empfiehlt in Phase 12 auf eine konstruktive Formulierung achten und in Phase 27 ein »im Guten Auseinandergehen«. Verstehen Sie mich nicht falsch, viele solcher Vorlagen und Tipps sind durchaus brauchbar. Doch die meisten Unternehmen haben als Vorgabe bestimmte eigene Abläufe definiert und dann passen die Vorschläge aus dem Internet nicht so richtig dazu. Besser für eine positive Durchführung des Jahresgespräches sind aus unserer Sicht kurze prägnante Tipps, damit Sie im Gespräch leichter durch vorgegebene Gesprächsphasen navigieren können. So erlebe ich immer wieder Anfragen von erfahrenen Führungskräften, die sich vor bestimmten Gesprächen unsicher fühlen und sich dann dafür einen konkreten Handlungsplan wünschen. Ausgehend von Ihren Erfahrungen empfehlen sich folgende Fragen im Hinblick auf eine positivere, bessere Durchführung:

Fragen für eine positive Durchführung von Jahresgesprächen
- Wie viele Jahresgespräche haben Sie bereits als Mitarbeiter(in) erlebt? Wie viele Jahresgespräche haben Sie als Führungskraft gemacht?
- Welche Leitfäden stellt Ihre Personalabteilung zur Verfügung? Gibt es Standards und Vorgaben?
- Welche Themen wollen Sie im Jahresgespräch platzieren?

Traditionell werden in dem Klassiker »Jahresgespräch« folgende Punkte abgearbeitet:
- Die Leistungsbeurteilung des vergangenen Betrachtungszeitraums,
- Ziele und Themen für den bevorstehenden Zeitraum sowie
- Themen der Persönlichen Kompetenzen und Weiterentwicklung erörtern.

Manchmal werden mit den erbrachten Leistungen noch variable Vergütungsanteile verknüpft und Gehaltsthemen aufgegriffen. Die Zusammensetzung der Inhalte von Jahresgesprächen variiert allerdings stark. Es gibt also schlichtweg nicht einfach das Mitarbeiterjahresgespräch! Beispielsweise werden bei Bosch Leistungsbeurteilung und Entwicklungsgespräch stets voneinander getrennt (siehe Interview). Daher braucht es nicht den Leitfaden für das Jahresgespräch, sondern eher ein prototypisches Gespräch, als Orientierung. Eine Orientierung, die quasi ein Schweizer Taschenmesser darstellt. Alles drinnen, aber flexibel für den eigenen Kontext verwendbar und praktisch.

Als einen solchen prototypischen Gesprächsverlauf stellen wir nun ein Konzept vor, aus dem sich jeder Leser seinen Gesprächsleitfaden ableiten kann. Das Konzept ist den Forschungsergebnissen der Positiven Psychologie entlehnt und legt den Fokus auf ein Wachstum und persönliche Entwicklung der Mitarbeiter. Nach unseren Beobachtungen in vielen Unternehmen fokussieren die Beteiligten in Jahresgesprächen sich meist ausschließlich auf eine anstehende Beurteilung. Das gilt insbesondere dann, wenn erst wenige Erfahrungen mit dem Instrument Jahres- und Mitarbeitergespräch vorliegen. Für einen generellen prototypischen Verlauf empfehlen wir, Jahresgespräche aufzuspalten in Gespräche über die persönliche Entwicklung wie Beförderungen und Gespräche über die Potenzialentwicklung. Die volle Entfaltung der Potenziale der Mitarbeitenden spielt in der Positiven Führung und Positiven Psychologie eine zentrale Rolle und sollte daher auch in einem Gespräch die Hauptrolle bekommen. Zusätzlich wird sie, ob formell oder informell, im besten Falle unterjährig auch losgelöst von bestimmten Terminen vorangetrieben.

Immer ein guter Rat: Themen genau eingrenzen

Zunächst braucht es Klarheit, darüber, ob es ein Gespräch geben soll, in dem Leistungsbeurteilung, Zielvereinbarung und Entwicklungsplanung thematisiert werden sollen. Dabei können gemäß meinen Erfahrungen in der Praxis zahlreiche Faktoren eine Rolle spielen:

Zielvereinbarungen:
- Gibt es überhaupt Zielvereinbarungen?
- Werden die Ziele top-down vorgegeben?
- Werden die Ziele im Team besprochen?
- Werden die Mitarbeiter(innen) bei der Zielfindung einbezogen? Können beispielsweise Vorschläge gemacht werden?
- Oder wird mit alternativen Steuerungssystemen wie dem OKR-Ansatz gearbeitet und ist dieser Umstand für das Jahresgespräch?

Leistungsbeurteilung:
- Gibt es eine standardisierte Leistungsbeurteilung?
- Wird die Beurteilung in bestimmten Kompetenzbereichen vorgenommen, die in konkreten Verhaltensbeschreibungen übersetzt werden?
- Gibt es bei den Kompetenzbeschreibungen ein geteiltes Verständnis (Was ist gutes Kommunikationsverhalten?)?
- Ist den Beteiligten die Beurteilungssystematik bekannt?
- Wie lange ist die Mitarbeiterin/der Mitarbeiter an diesem Einsatzort? Dies bestimmt die Anzahl möglicher Verhaltensbeobachtungen.

- Müssen andere Ansprechpartner (Projektleiter, Product Owner) einbezogen werden?
- Welche Konsequenzen folgen aus der Beurteilung (Versetzung, Beförderung, Gehaltserhöhung, variable Vergütung)? Gibt es vorgeschriebene Zeiträume oder andere limitierende Faktoren?

Entwicklungsgespräch
- Wie erfahren ist der Mitarbeiter?
- Wie lange arbeitet er in diesem Bereich?

Der prototypischer Ablauf: Ihr Denkrahmen für die gelingende Durchführung

Der einfachste Prototyp des Jahresgesprächs besteht dem zuvor gesagten folgend aus den Phasen oder Gesprächsabschnitten:
- Gesprächseröffnung,
- Gesprächsthema 1: Leistungsbewertung,
- Gesprächsthema 2: Zielvereinbarung,
- Gesprächsthema 3: Entwicklungsgespräch,
- Gesprächsabschluss.

Den für uns eingängigsten Gesprächsleitfaden hat Marcus Schweighart hingegen bei seinem ehemaligen Chef kennengelernt. Über drei Jahre begleitete ihn Michael Lewandowski als Führungskraft und vermittelte, dass »Mitarbeitergespräche ZIELSICHER zu führen« sind. Das Akronym ZIEL-SI-CH-ER steht für vier Phasen mit unterschiedlichen Schwerpunkten:

Der **ZIEL-SI-CH-ER**-Denkrahmen
Phase 1: **Ziel:** Worum geht es heute?
Phase 2: **Situation:** Wie bewerten wir das Ist? Was ist das Soll?
Phase 3: **Chancen:** Wie kommen wir zum Soll?
Phase 4: **Ergebnis:** Was vereinbaren wir?

Sollten Sie in einem Gespräch alle drei Themen des Jahresgesprächs erörtern, können Sie die ZIELSICHER-Formel für jedes der Themen nutzen. Hier einige Hinweise zu diesen Phasen:

Phase 1: Ziel
In der Gesprächseröffnung geht es (nach dem Small-Talk und organisatorischen Fragen) um die geteilte Sichtweise auf die Ziele des Gesprächs und der Zusammenarbeit. Ich empfehle dabei grundsätzlich, dass die Führungskraft in Vorleistung geht. In der Regel sind die Ziele – mehr oder weniger explizit – bereits im Vorwege mit der Einladung zum Gespräch bekannt, können hier aber konkretisiert werden. In Bezug auf das Jahresgespräch geht es beispielsweise darum, zu verdeutlichen, ob es heute nur um den Abgleich von Fremd- und Selbsteinschätzung der Leistungen geht oder ob auch die Ziele für das nächste Jahr vereinbart werden. Zusätzlich kann der Mitarbeiter in dieser Phase eigene Ziele anbringen (»Ich möchte über mein Gehalt sprechen.«; »Ich möchte über meine Weiterentwicklung sprechen.«). Dies ermöglicht eine Vereinbarung darüber, ob bestimmte Gesprächsziele in einem separaten Gespräch aufgegriffen werden sollen. Auf diese Weise schaffen die Beteiligten Klarheit über die Punkte, die in der Folge besprochen werden.

Wertvolle Fragen in dieser Phase:
- Warum habe ich zu diesem Gespräch eingeladen?
- Was ist für uns heute als Ergebnis wichtig?
- Woran ist mir grundsätzlich in unserer Zusammenarbeit gelegen?
- Was ist für uns als Unternehmen bedeutsam im Hinblick auf Führung oder die Durchführung dieser Gespräche?
- Welche weiteren Themen müssen wir – möglicherweise zeitnah – besprechen?

Phase 2: Situation
Die Betrachtung der Istsituation, also die Frage danach, wo wir heute stehen, wie ich als Führungskraft und wie die Mitarbeiterin/der Mitarbeiter die Ausgangslage einschätzt, ist bei jedem der drei Gesprächsthemen (Leistungsbewertung, Ziele, Entwicklung) relevant. Dabei kann in Abhängigkeit vom Vertrauen zwischen den Beteiligten, dem vermuteten Maß an Differenzen, der zur Verfügung stehenden Zeit und anderen Faktoren variiert werden, wer beginnt. Als Daumenregel kann aus meiner Erfahrung heraus gelten: Je kritischer ein Gespräch, desto eher beginnt die Führungskraft, ihre Sichtweise zu schildern. So wird vermieden, dass später aus rosaroten Welten, in denen der Mitarbeiter lebte, zurückgerudert werden muss.

Wertvolle Fragen in dieser Phase:
- Wie schätze ich die Leistungen ein?
- Wie schätzt die Mitarbeiterin/der Mitarbeiter ihre/seine Leistungen ein?
- Welche Ziele bekommen wir (etwa vom Vorstand) vorgegeben?
- Welche Entwicklungsziele hat die Mitarbeiterin/der Mitarbeiter?
- Welche weiteren Ziele, die wir als Unternehmen, wir als Team, ich als Führungskraft verfolge, stehen zu unseren Zielen im Konflikt?

Phase 3: Chancen
Bei der Leistungsbewertung kann in diesem Gesprächsteil über Potenziale gesprochen werden sowie über mögliche Wege, wie die vorhandenen Potenziale besser ausgeschöpft werden können. Bei der Zielvereinbarung kann, nachdem die Istsituation erläutert wurde (»Der Vorstand möchte, dass wir als Bereich Summe X zum Ergebnis beitragen.«), überlegt werden, wie dies zu erreichen ist und welchen Beitrag die Beteiligten als realistisch einschätzen. Bei einem Gespräch über die persönliche Weiterentwicklung der Mitarbeiterin/des Mitarbeiters können hier mögliche Maßnahmen der Personalentwicklung diskutiert werden und notwendige Voraussetzungen, die noch zu erfüllen sind, erörtert werden. Ich erachte es als lohnenswert, die Mitarbeiterin/den Mitarbeiter in dieser Gesprächsphase mit in die Ergebnisverantwortung zu nehmen und von ihr Lösungsideen einzufordern.

Wertvolle Fragen in dieser Phase:
- Wie können wir eine Verbesserung erreichen?
- Woran merken wir, dass eine Verbesserung eintritt?
- Was sind notwendige Schritte und Maßnahmen?
- Welche Unterstützer (Kollegen, Personalentwicklungsmaßnahmen, Gespräche) brauchst du als Mitarbeiter?

Phase 4: Ergebnis
In dieser Gesprächsphase geht es darum ein gemeinsames Ergebnis zusammenzufassen und festzuhalten.

Wertvolle Fragen in dieser Phase:
- Was nehmen Sie heute aus dem Gespräch mit?
- Was vereinbaren wir?
- In welchem Zeithorizont planen wir jetzt?
- Wann sprechen wir wieder?
- Welchen Unterschied macht das Gespräch für uns beide?

Das psychologische Wohlbefinden. Ein Leitgedanke für ressourcenorientierte Jahresgespräche

Laut der Forschung von Professor Carol Ryff braucht es für ein umfassendes psychisches Wohlbefinden Beiträge in sechs Bereichen, die auch für Mitarbeiterinnen von Bedeutung sind. Versteht man das Jahresgespräch als umfassende Bestandsaufnahme, die den Menschen in den Mittelpunkt stellt, kann dieses Modell Nutzen stiften. Prüfen Sie, ob diese sechs Themenbereiche auch für Sie und Ihre Mitarbeitenden nützlich sein können, um einerseits Verbundenheit zu erhöhen, wirklich relevante Themen zu besprechen und nebenbei die typischen Feedback- und Entwicklungsgesprächsaspekte des Jahresgesprächs ebenfalls abzudecken. Im Folgenden werden die sechs Aspekte kurz vorgestellt. Zusätzlich stelle ich Fragen vor, die im Kontext des Jahresgesprächs Relevanz haben.

Autonomie

Natürlich geben Mitarbeitende mit dem Arbeitsvertrag ein Stück Autonomie auf. Dennoch ist Autonomie beispielsweise bei der Wahl der Methoden in der Aufgabenbewältigung ein wichtiger Motivationsfaktor. Autonomie bedeutet, sich sozialem Druck widersetzen zu können, selbstbestimmt handeln zu können und sich in Entscheidungen unabhängig zu erleben oder wenigstens eigene Maßstäbe bei der Urteilsbildung anlegen zu können. Mehr über Autonomie, insbesondere darüber, wie diese bei der Selbststeuerung im Homeoffice genutzt werden kann und bei virtueller Mitarbeiterführung zu thematisieren ist, lesen Sie im Kapitel über virtuelle Gespräche (siehe Seite 153 ff.).

Und so kann Autonomie im Jahresgespräch thematisiert werden:
- Wo erlebt die Mitarbeiterin/der Mitarbeiter zu wenig oder zu viel Freiraum?
- Wie bewertet die Mitarbeiterin/der Mitarbeiter ihre/seine Entscheidungen im vergangenen Jahr?
- Wenn die Mitarbeiterin/der Mitarbeiter Freiraum hätte: Was würde sie im kommenden Jahr unbedingt in der Firma, der Abteilung, dem eigenen Aufgabenbereich verändern oder anpacken?
- Was möchte und was sollte die Mitarbeiterin/der Mitarbeiter noch lernen, um mehr Autonomie erlangen zu können?
- Welche äußeren Bedingungen haben die Autonomie von Führungskraft und Mitarbeiter(in) im vergangenen Jahr beeinträchtigt und wie können beide damit nun umgehen?
- Wie viel Autonomie wünsche und erwarte ich als Führungskraft von meiner Mitarbeiterin/meinem Mitarbeiter?

Persönlichkeitsentwicklung

Langeweile und erlebte Stagnation können unser Wohlbefinden beeinträchtigen. Das Gefühl, persönlich wachsen zu können, zu lernen, neue Erfahrungen machen zu können und zu dürfen, leistet hingegen einen wichtigen Beitrag und sollten daher auch in der Begleitung von Mitarbeitenden thematisiert werden.

Diese Fragen können im Jahresgespräch hilfreich sein:
- Wie wichtig ist persönliches Wachstum für diese Mitarbeiterin?
- In welchen (überfachlichen) Kompetenzbereichen hat die Mitarbeiterin Stärken oder Interesse an einer Weiterentwicklung?
- Wie oft hat die Mitarbeiterin im vergangenen Jahr ihre Komfortzone verlassen?
- Was ist ein gutes Maß an Herausforderung und Wachstum?
- Gibt es in diesem Aufgabenbereich in der Firma Möglichkeiten, aus Routinen auszubrechen?
- Welche Personalentwicklungsmaßnahmen haben in der Vergangenheit zum persönlichen Wachstum des Mitarbeiters beigetragen oder können dies in naher Zukunft tun?

Selbstwirksamkeit und Alltagsbewältigung
Hierbei geht es im Kontext von Ryffs Modell des psychologischen Wohlbefindens insbesondere um das Gefühl, sein Umfeld beeinflussen und kontrollieren zu können. Überforderung in meinem Aufgabenbereich wäre hier genauso kontraproduktiv wie das Fehlen der Fähigkeit und Motivation, die Chancen zur Veränderung in meinem Bereich zu nutzen.

Diese Aspekte können für das Jahresgespräch relevant sein:
- Wo brilliert der Mitarbeiter bei der Bewältigung des Tagesgeschäfts?
- Wo erlebe ich den Mitarbeiter in der Überforderung?
- Welche Ergebnisse hat der Mitarbeiter erzielt?
- Welche Ziele erreicht?
- Welche Stärken kann ich bei der Mitarbeiterin hervorheben?
- Wo nimmt die Mitarbeiterin Einfluss auf ihren Aufgabenbereich, die Zusammenarbeit im Team oder die Arbeitsbedingungen?
- Welchen Freiraum lässt der Mitarbeiter ungenutzt?

Ziele und Sinn
Bezogen auf die Mitarbeitertätigkeit wäre es allerdings ungünstig, wenn diese als sinnentleert empfunden wird. Einige Studien deuten darauf hin, dass etwa ein Drittel der arbeitenden Bevölkerung ihre Tätigkeit als Berufung betrachtet, ein weiteres Drittel als Mittel zum Zweck – etwa um in absehbarer Zeit die Karriereleiter aufzusteigen und ein Drittel als Brot und Butter-Job. Doch auch als Mitarbeiterin in der dritten Gruppe, besteht die Möglichkeit, Sinn in anderen Lebensbereichen zu empfinden. Auch die Beschäftigung mit persönlich bedeutsamen Zielen zählt hierzu.

Fragen für das Jahresgespräch, die diese Aspekte betreffen, können sein:
- Welche Ziele haben wir vor einem Jahr vereinbart und wo stehen wir heute?
- Welche Ziele nehmen wir uns vor?
- Wie können diese Ziele persönlich bedeutsamer für den Mitarbeiter ausgestaltet werden?
- Wofür leistet der Mitarbeiter aktuell seinen Beitrag? (Achtung: Die Frage »Wofür?« kann ein sehr kraftvoller Weg sein, um die persönliche Bedeutsamkeit der Tätigkeit eines Mitarbeiters zu beleuchten. Sei gespannt auf die Antwort, und stelle die Frage dann erneut. Nach fünf bis sieben Und-wofür?-Nachfragen gelangt man häufig an einen Kern, der eine übergeordnete Bedeutsamkeit hat.
- Wie zahlen die Teilziele der Mitarbeiterin, der Abteilung auf die Gesamtziele ein?
- Welche Mission verfolgen wir?
- Welche Kundengeschichten haben uns erreicht, die zeigen, dass wir für andere einen Unterschied machen?

Mit der Umerzählungsfrage punkten
Ein Tipp, insbesondere für Jahresgespräche nach besonders herausfordernden Zeiten: Wenn die Herausforderungen und Veränderungen noch sehr frisch sind, kann diese Frage manche Mitarbeiter überfordern oder Sarkasmus hervorrufen. Anderen bietet sie, möglicherweise mit etwas zeitlichem Abstand, jedoch eine gute Möglichkeit, eine neue Perspektive zu gewinnen:

Die Umerzählungsfrage: Wenn wir diese Herausforderung [...] gemeistert haben, wofür wird das einmal gut gewesen sein? Diese Frage eröffnet die Möglichkeit, dem aktuellen Geschehen einen Sinn abzugewinnen oder eine Lernperspektive einzunehmen.

Selbstakzeptanz
Die Akzeptanz der eigenen Stärken und Schwächen sowie die Zufriedenheit mit dem bisherigen Leben und dem Erreichten können als günstig für das eigene Wohlbefinden betrachtet werden. Dazu zählt auch eine insgesamt positive Selbstbewertung. Mit Blick auf das Jahresgespräch können diese Aspekte relevant sein:
- Wie fällt die Leistungsbewertung der Mitarbeiterin/des Mitarbeiters in den relevanten Kompetenzfeldern gemäß Anforderungsprofil aus?
- Wie schätzt die Mitarbeiterin/der Mitarbeiter ihre/seine Leistungen ein?
- Wo gibt es Differenzen und Gemeinsamkeiten zwischen Selbstbild und Fremdbild der Mitarbeiterin/des Mitarbeiters?
- Ist die Mitarbeiterin/der Mitarbeiter auf der richtigen Position eingesetzt? Traue ich Ihr eine weitere Karriere zu? Möchte Sie das?
- Wie fallen Feedbacks anderer relevanter Kolleg(inn)en, Projektpartner(innen) und (internen) Kund(inn)en aus?
- Wo gibt es eine geteilte Sicht auf Potenziale der Mitarbeiter, wo nicht?
- Wie bewertet der Mitarbeiter seine bisherigen Leistungen?

Beziehungen
»Gute Beziehungen schützen vor den Enttäuschungen des Lebens. sie verlangsamen physischen und mentalen Verfall und sind bessere Indikatoren für ein langes und glücklicheres Leben als soziale Klasse, IQ oder die Gene.« (Professor Robert Waldinger – Harvard Study on Adult Development, 1938 bis heute)

Im Kontext positiver Beziehungen im Arbeitsumfeld, sind Empathie, gegenseitige Unterstützung und Vertrauen wesentliche Faktoren für das psychologische Wohlbefinden.

Diese Fragen und Aspekte können als Fahrplan für das Jahresgespräch genutzt werden:
- Wie gut ist der Mitarbeiter sozial in der Abteilung, dem Unternehmen angebunden?
- Wie sind seine Beziehungen zu relevanten Stakeholdern?
- Wo hat der Mitarbeiter große Hilfsbereitschaft gegenüber Kollegen bewiesen?
- Welche Beiträge leistet er zur erfolgreichen Teamarbeit?
- Fühle ich mich als Führungskraft energetisiert nach einem Gespräch mit dieser Mitarbeiterin?
- Fühle ich mich bei dem Gedanken an das bevorstehende Mitarbeitergespräch mit dieser Person (de-)energetisiert?
- Wie energetisierend erleben andere im Team die Interaktion mit dieser Mitarbeiterin?
- Wer hat die Mitarbeiterin im vergangenen Jahr besonders unterstützt?
- Was erleichtert, was erschwert es mir, Vertrauen zu dieser Mitarbeiterin zu fassen?
- Wie viel Persönliches weiß ich über diesen Mitarbeiter?
- Wie bedeutsam ist auf der betreffenden Stelle die Fähigkeit, gelingende Beziehungen zu gestalten?
- Wie überwindet die Mitarbeiterin Isolation bei räumlich verteilter Arbeit, etwa im Homeoffice?

Insgesamt wird bei Betrachtung des psychologischen Wohlbefindens deutlich, dass einige der Fragen zwar möglicherweise eine ungewohnte Tiefe für manche haben, aber ihre Relevanz gegeben ist. Zusätzlich sind Aspekte wie Selbstwirksamkeit und -akzeptanz mit Blick auf die Bewertung der vergangenen Leistung wichtig, während Persönlichkeitsentwicklung, Autonomie und Ziele eher den Gesprächsteil über das nächste Jahr betreffen. Somit lassen sich diese Themen gut in das Jahresgespräch integrieren.

Das Jahresgespräch positiv nachbereiten

Bei der Nachbereitung des Jahresgesprächs geht es vor allem darum, Wichtiges nicht aus dem Blick zu verlieren und sich das Leben als Führungskraft nicht schwerer als nötig zu machen. Für eine wirksame und eine im besten Sinne der Positiven Psychologie folgenden Nachbereitung können folgende Punkte helfen:

Wesentliche Punkte einer positiven Nachbereitung:
1. Dokumentation und Wiedervorlage,
2. Manöverkritik und Toolreflexion: die Adlerperspektive,
3. Abgleichen des Verstandenen,
4. bequeme Notizen,
5. Konsequenz,
6. Ergebnisverantwortung aufteilen,
7. die Stärkenbrille scharf stellen.

1. Dokumentation und Wiedervorlage
Sie wissen ja, nach dem Spiel ist vor dem Spiel. In diesem Sinne ist eine gute Dokumentation bereits die halbe Miete bei der Vorbereitung nachfolgender Gespräche. Eine unmittelbare Vereinbarung mit dem Mitarbeitenden, wann das Folgegespräch geplant ist, sorgt zusätzlich für Verbindlichkeit. Vereinbarungen einzuhalten und deren Umsetzung zu überwachen, fällt damit auch leichter und erhöht somit die Glaubwürdigkeit und Effektivität des Gesprächs.

Die Dokumentation der Ergebnisse der Mitarbeitergespräche erfolgt darüber hinaus in der Personalakte. Die Bandbreite an Dokumentationspflichten und -software ist dabei recht groß. Daher sollte das Vorgehen mit der Personalabteilung abgestimmt werden.

2. Manöverkritik und Toolreflexion: Die Adlerperspektive

Die Manöverkritik gehört bereits zum Gesprächsabschluss, in dem Sinne, dass sich Führungskraft und Mitarbeitende über

- die Themen,
- die Art und Weise wie gesprochen wurde,
- die Beziehungsebene,
- die eigenen Gedanken und Gefühle nach dem Gespräch und
- einflussnehmende Rahmenbedingungen

austauschen.

Ihre persönliche Manöverkritik kann sich auf Ihre Eindrücke, Ihr eigenes Gesprächsverhalten, die Belegschaft und die Reflexion über das weitere Vorgehen erstrecken. Außerdem können Sie in Ihrer persönlichen Nachbereitung nochmal zurück zum Anfang gehen:

- Wie gut war Ihre Vorbereitung? Haben Sie die wichtigsten Botschaften gesendet und waren Sie zielsicher?
- Haben Sie also Ihre wesentlichen Gesprächsziele erreicht?
- Wie gut funktioniert der Gesprächsleitfaden für Sie?
- Welche Fragen haben interessante und gehaltvolle Antworten zu Tage gefördert?
- Wo bestand (Un-)Einigkeit und welche Folgen hat dies?
- Welche Vorgaben der Organisation sind hilfreich?
- Ist das im Unternehmen eingesetzte Tool hilfreich? Wem könnten Sie dazu Rückmeldung geben?

3. Abgleich des Verstandenen

Jede Form von Dokumentation hilft bereits, Missverständnisse zu vermeiden. Manchmal ist es hilfreich, den Mitarbeitenden zu bitten, die für ihn wesentlichen Gesprächsergebnisse in einer E-Mail zusammenzufassen. So stellen Sie sicher, dass alle auf der gleichen Wissensbasis aufbauen und schaffen eine Grundlage für folgende Gespräche.

4. Bequeme Notizen
Legen Sie sich eine digitale oder analoge Vorgehensweise zurecht, Beobachtungen aus dem Gespräch und der Folgezeit quasi en passant zu notieren, um auf diese Weise eine Grundlage für zukünftige Dialoge aufzubauen und wesentliche Eindrücke festzuhalten.

5. Konsequenz
Wenn Sie in einem Kompetenzbereich negatives Feedback geben und Vereinbarungen getroffen haben, bis wann bestimmte Verbesserungen erfolgen sollen, dann ist jetzt vor allem eines wichtig: Dran bleiben. Bis wann sollen diese Maßnahmen oder Verbesserungen erfolgen? Haben Sie diesen Zeitpunkt kommuniziert? Es sollte dann unbedingt ein erneuter Austausch stattfinden. Haben Sie die Initiative für ein Folgegespräch an den Mitarbeitenden delegiert, so sollten Sie sich den Zeitpunkt dennoch auf Wiedervorlage legen, um am Ball zu bleiben. Dies gilt im Übrigen auch, wenn Maßnahmen aus positiven Feedbacks oder Gesprächen über Personalentwicklungsmaßnahmen abgeleitet werden. Verlässlichkeit schafft Vertrauen.

6. Ergebnisverantwortung aufteilen
Klären Sie bereits am Gesprächsende, welche Folgearbeiten Sie als Führungskraft übernehmen und welche der Mitarbeitende. Wenn es beispielsweise notwendig ist, verschiedene infrage kommende Fortbildungen zu recherchieren, kann dies gut vom interessierten Mitarbeiter erledigt werden. Bei der Weiterentwicklung der Kompetenzen kann vereinbart werden, dass die Mitarbeitern sich Zwischenfeedbacks oder Unterstützung von der Führungskraft oder anderen Kollegen aktiv einfordern muss und auch für die Vereinbarung von Folgeterminen Verantwortung übernimmt.

7. Die Stärkenbrille scharf stellen
Insbesondere, wenn Mitarbeitende neue Aufgaben übernehmen oder für sie neue Themen und Ziele in Angriff nehmen, gilt es, die Stärkenbrille besonders scharf zu stellen. So stellen Führungskräfte sicher, dass Sie erste Erfolge beobachten sowie Motivation und Optimismus fördern. Wenn Mit-

arbeitende neue Aufgaben unter Einsatz bestimmter Stärken bewältigen, dann sind ihnen diese Fähigkeiten möglicherweise besonders vertraut, besonders wichtig und somit für sie sehr typische Eigenschaften. Die genaue Beobachtung, wie Mitarbeitende hier vorgehen, birgt also die Chance, den Menschen besser kennenzulernen.

Interview 2: »Es gibt keinen Standard, kein Raster. Sorge für Kommunikation!«

Sven Hantel über das Jahresgespräch im Großkonzern – und den Sinn von Formalismen.

Was sind deine ersten Erinnerungen an Mitarbeitergespräche?
Es ist wirklich so, dass die klassischen Mitarbeitergespräche in meiner Vergangenheit oft genauso abliefen: Jetzt nehmen wir mal eine Stunde Zeit und holen einmal im Jahr den Bogen raus. So ein wenig nach dem Motto »Hefte raus, Klassenarbeit«. Da hatte ich nie richtig Lust drauf.

Ich selbst habe mir meistens mehr Zeit genommen und auf den Gesprächsbogen sind wir dann manchmal in den letzten fünf Minuten gekommen. Dieses Klassische – das ist so nicht meins.

Kannst du dich an dein erstes Mitarbeitergespräch als Opfer erinnern?
Es bleibt ein Gefühl, mit dem ich aus dem Gespräch gegangen bin, in Erinnerung. Das war in einer Zeit, in der es normal war, dass man auch mal im Büro vom Chef gefaltet wurde. Natürlich hatte ich auch Chefs, die sehr wertschätzend waren. Aber es gab Chefs, die hatten da auch keine Lust drauf, aber es musste sein und am Ende sollten zwei Unterschriften auf dem Bogen sein und man musste ankreuzen, wenn man Einwände gegen das Besprochene erheben wollte. Das Gespräch war ein notwendiges Übel – und mit dem entsprechenden Gefühl bist du dann auch aus dem Gespräch rausgegangen. Trotzdem, als Opfer habe ich mich nie gefühlt.

Dein erstes Mitarbeitergespräch als Führungskraft: Wie warst du darauf vorbereitet?
Das war so Anfang der 2000er-Jahre. Da hatte sich Führung schon weiterentwickelt, aber wir haben uns noch nicht die Fragen gestellt, die man sich heute stellt oder die ihr in diesem Buch besprecht. Ich war noch eine ganz junge Führungskraft, die teilweise sehr erfahrenen Mitarbeitern gegenüber saß.

Das war auch von Unsicherheit geprägt. Diese Kreuze, die man setzt, die sind natürlich wichtig für den Mitarbeiter, weil da ein Rattenschwanz an Dingen dranhängt, die für die berufliche Zukunft der Mitarbeiter Bedeutung haben können. Deshalb spürte ich eine Verantwortung dem Mitarbeiter gegenüber. Ich hatte das große Glück, dass ich eine kleine Gruppe von etwa fünf Mitarbeitern hatte, die ich gut einschätzen konnte. Wenn ich mir anschaue, welche Führungsspannen es teilweise gibt; da sitzt dir jemand gegenüber, den du das ganze Jahr kaum gesehen hast und als Mitarbeiter denkst du: »Und der soll deine Leistung einschätzen?« Da hatte ich es leichter.

Sprich: Die Form und Formalität des Gesprächs nicht so ernst nehmen, aber inhaltlich das Gespräch ernst nehmen?
Solange es das Formular gibt, ist es meines Erachtens unbedingt ernstzunehmen. Eine fundierte Potenzial- und Leistungseinschätzung sollte aber das Ergebnis von vielen Gesprächen und Kontakten sein, die sich über das ganze Jahr ziehen. Was das Thema Führungsspanne betrifft, dann will ich keiner Führungskraft ein schlechtes Gewissen machen. Wenn du beispielsweise der Chef von Lokführern bist, die in Schichten auf dem Bock sitzen, dann kann die Führungskraft nicht so wie ich sagen: »Komm, wir gehen mal einen Kaffee trinken«. Wenn es aber richtig gut läuft, dann sitzt du einmal im Jahr zu Dokumentationszwecken zusammen und kannst als Führungskraft sagen: »Weißt du noch, da haben wir über das Thema x gesprochen und ich habe dir das Feedback dazu gegeben.« – und der Mitarbeiter weiß, wovon die Rede ist. Dann gibt es keinen großen Überraschungseffekt mehr, sondern wir fassen das ganze Jahr in eine Bewertung zusammen. Dann gibt es kann aber keine große Differenz zwischen Selbst- und Fremdbild mehr, höchstens in Nuancen. Das wäre aus meiner Sicht das Zielbild, wenn die Umstände den regelmäßigen Austausch im Alltag zulassen. Das Mitarbeitergespräch ist also insgesamt nur noch der Punkt oben drauf.

Was sind denn gute Führungsspannen oder Zeitansätze für Mitarbeitergespräche?
Dafür müssen wir erst mal definieren, was das klassische Mitarbeitergespräch ist. Wir (bei der Deutschen Bahn), haben verschiedene Formate, auch digital, beispielsweise das MyPerformance-Management eingeführt. Es sollte aber diese kleinen Zwischenfeedbacks geben, etwa wenn man aus einem Termin rausgeht und sich die Zeit nimmt und kurz eine Rückmeldung gibt, wie »Die Präsentation war klasse!« oder »Bei der Präsentation hätte ich mir das und das anders gewünscht.«. Die Anzahl ist nicht wichtig – Ziel muss sein, dass beide unterjährig ein Gefühl für die gegenseitige Einschätzung haben. Das bedeutet natürlich auch, dass Feedback keine Einbahnstraße ist. Es gibt aus meiner Sicht keinen Standard, kein Raster. Wichtig ist nur: Gib den Leuten Feedback. Sprich mit den Leuten, kurz und knackig, schreib mal eine SMS, sorge für Kommunikation! Und: Schaffe eine Kultur, in der du als Führungskraft auch selbst Feedback bekommst.

Es gibt ja immer wieder Kritik an der Institution des Mitarbeitergesprächs: »Wir kennen uns gegenseitig, wir wissen, was wir übereinander denken – und müssen jetzt dieser starren Form folgen ...«
Ich finde es schon wichtig, dass das Gespräch ein- bis zweimal im Jahr in einer echten Einschätzung mündet. Ich möchte auch strukturiert nach gewissen Punkten Rückmeldung von meinem Chef bekommen. Das muss nicht mit Häkchen passieren, aber das ist wichtig, weil oft noch das die Grundlage für meine weitere Entwicklung im Unternehmen ist. Deswegen ist es aus meiner Sicht okay, dass das dokumentiert wird.

In deinem Buch wird in einem Gespräch die spannende Eröffnungsfrage gestellt: »Wer bin ich und warum bin ich auf der Welt?«
Ja, diese Frage spielt auch im Zusammenhang mit Mitarbeitergesprächen eine zentrale Rolle. Was damit gemeint ist, ist der Mensch hinter dem im beruflichen Kontext bekannten Menschen. Auf diese Ebene sollten wir mit unseren Mitarbeitern kommen. Wenn ich frage »Wer bist du?«, kommt in neunundneunzig Prozent der Fälle Name, Studium, Platz im Organigramm,

Hemdengröße, Erfolge, Erfahrungen. Aber was die Frage eigentlich will, ist, dass sich Leute Gedanken machen und Raum geschaffen wird, um über Persönliches zu sprechen. Darum auch der Zusatz »und warum bin ich auf der Welt?«. Dann kommst du ins Gespräch über Haltung, Werte, über das, was einen antreibt, bewegt. Ich habe Meetings gern damit begonnen, bevor ich in eine Agenda gesprungen bin, in der es auch manchmal kritisch wird. So kann man sich über persönliche Geschichten miteinander verbinden. Das ist ganz wichtig, um zu öffnen, dann kommst du auf den Menschen hinter der Stellenbeschreibung.

Die Verknüpfung der Institution des Mitarbeitergesprächs mit Gehalts- und Bonuszahlungen oder weiteren Incentives: sinnvoll, unvermeidbar oder falsch?
Alles, was mit Gehaltszahlungen und Boni zusammenhängt, sollten wir mit harten Kennzahlen verknüpfen können. Was ich nicht gut finde, wenn man das an so weichen Faktoren wie etwa einer Einschätzung der Kommunikationsfähigkeit festmacht. Wenn es aber um Potenziale geht, etwa um Führungsfähigkeit, dann kommt es auf andere Faktoren an. Da spielen Haltung, Werte und das Menschenbild eine Rolle und es wird mitunter auch emotional. Als Führungskraft projiziert man dabei gerne auch sein eigenes Bild von Führung.

Also, der Blick nach vorn und auf Potenziale ist für dich wichtiger als der Blick zurück auf die Zielerreichung?
In Bezug auf das Mitarbeitergespräch: Ja, kann man so sagen. Das nach vorne gerichtete Gespräch ist tiefgehender. Denn wenn man Ziele vereinbart hat und die Erreichung bewertet, gibt es ja nicht viel Spielraum. Da diskutierst du vielleicht noch über Faktoren, die die Zielerreichung beeinflusst haben, die beide am Anfang nicht vorhersehen konnten. Ansonsten ist dieser Gesprächsteil sehr zahlen-, daten- und faktenbasiert. Der nach vorn gerichtete Gesprächsteil ist der, bei dem es dann spannend wird.

Es gibt aber auch Ziele, bei denen das Messen und Wiegen schwieriger ist als bei einem Vertriebler, der ein bestimmtes Umsatzziel erreichen soll.
Stimmt, aber diese Diskussion, wie du in weniger konkreten Bereichen Ziele definierst, musst du am Anfang des Jahres führen. Deswegen heißt es ja schließlich Ziel-Vereinbarung! Das ist der Zeitpunkt, um über die Messbarkeit zu sprechen.

Ist das Runterbrechen auf den einzelnen Mitarbeiter immer auf sinnvolle Art und Weise möglich, obwohl es Störfaktoren oder Abhängigkeiten von Kollegen gibt? Sollte man solche Ziele nicht dem Team geben?
So machten wir es auch. Wir definierten beispielsweise Ziele, die für Teams oder sogar die gesamte Produktion galten. Dabei musst du im Vorfeld aber klären, wie viel Prozent deines persönlichen Ziels und wie viel des Bereichszieles, beispielsweise der Kundenzufriedenheit, in eine Bonusberechnung einfließen. Du kannst schließlich bei verpassten Unternehmenszielen nicht einen vollen Bonus ausschütten, weil die persönlichen Ziele erreicht wurden. Dann entsteht eine Kaskade aus Geschäfts-, Team- und Einzelzielen. Die Teamziele werden in Perfomance-Dialogen im Team betrachtet und diskutiert.

Es braucht also unterschiedliche Formate, wie das Jahresgespräch, Teamdialoge, kurze regelmäßige Vier-Augen-Gespräche zu Leistung und Feedback?
Ja, genau. Da sind wir an dem Punkt, dass ich mich als Führungskraft fragen muss, warum ich diese Ziele vereinbare. Wenn Sie mir wichtig sind, dass sie erreicht werden, weil sie auch den Erfolg einer Firma ausmachen, dann musst du sie unterjährig auch sichtbar machen. Dann müssen Gespräche auch mal in der Kaffeeküche stattfinden, bei denen Führungskraft und Mitarbeiter darüber sprechen, was vereinbart wurde und wie es um die Zielerreichung steht. Dafür braucht es keine Formate. Es gilt, einfach dranzubleiben und im Gespräch zu sein.

Als erfahrene Führungskraft in einem großen Konzern, dem man möglicherweise eine gewisse Starrheit und Struktur unterstellen kann: Was könnte ein solcher Konzern gerade in puncto Mitarbeitergespräche von kleinen, wendigen Start-ups lernen? Und andersherum, was könnte ein Start-up ruhig mal von einem solide aufgesetzten Prozess zum Thema Mitarbeitergespräch in einem Konzern lernen?

Ich finde gut, dass die Frage in beide Richtungen gestellt ist. Denn sonst landet man schnell in diesem Stereotypendenken von dem großen schwerfälligen Konzerntanker und dem kleinen wendigen Schnellboot – die Welt ist aber nicht mehr so schwarz-weiß. Natürlich ist es aber so, dass der Konzern eher dem Tanker gleicht und Richtungsänderungen sind schwieriger als im Schnellboot. Was allerdings das Spannende an unserem Konzern ist, ist, dass wir unheimlich viele Schnellboote zulassen. Wir versuchen jetzt nicht jedes Mal, den ganzen Tanker zu bewegen, sondern wir haben um den Tanker herum Schnellboote zu Autonomie, Agilität und vielen anderen Themen umherschwirren und probieren sehr viel aus. Irgendwann werden dann manche dieser Themen sichtbar, auch im Personalbereich. Beispielsweise beim Thema Feedback mit unserem MyPerformance-Management. Hier kannst du einem Kollegen über eine App ein Lob für eine tolle Performance schreiben oder einen Hinweis geben, was noch besser gemacht werden kann. Diese Dinge sind in unseren eigenen Schnellbooten entstanden. Wenn du diese Initiativen auf den Tanker überträgst, dann hast du natürlich eine immense Reichweite von über dreihunderttausend Menschen in einem Konzern. Auch wenn die Einführung manchmal eines längeren Prozesses bedarf. Das hast du in einem Start-up nicht, wo einer sagt »Hey Mädels, Jungs, machen wir es?«

Und was könnten die Schnellboote von den Tankern lernen in Sachen Mitarbeitergespräch?

Ich komm gleich dazu. Im Jahr 2015 habe ich einen neuen Bereich übernommen und war voller Euphorie für das New Leadership und Führen mit Autonomie unterwegs. Ich dachte, ich gehe da rein und wir bewegen das gemeinsam. Ein Jahr später kam dann die Quittung, als ich in einer Mitarbeiterbefragung das für mich schlechteste Ergebnis bislang als Führungskraft überhaupt bekam. Ich habe dann nachgefragt, weil ich das verstehen wollte. Ich wollte dann verstehen warum. Die Mitarbeiter haben mir dann gesagt, dass ich sie überfahren habe mit meinen Ideen, dass ich sie zu wenig mitgenommen habe. Da waren Leute im Team, die brauchten Struktur und Organisation und eine eher transaktionale Führung. Und das ist vielleicht auch manchmal das Thema in Start-ups. Die Aufgabe als Chef ist es, auf die Bedürfnisse der Mitarbeiter einzugehen, sie überhaupt erst mal zu kennen. »Wie viel Struktur brauchen die Mitarbeiter von uns?« Ein großes Unternehmen gibt vielleicht die Struktur und Verlässlichkeit, die den Mitarbeitern wichtig ist.

Wie sieht das Mitarbeitergespräch in zehn Jahren aus?
In solchen Zeiträumen denke ich nicht mehr. Sag mir, wie diese Welt in zehn Jahren aussieht.

Anders gefragt: Wenn wir mobiler und digitaler zusammenarbeiten: Wie verändert das das Mitarbeitergespräch?
Das verändert die Möglichkeiten für den Zeitraum vor dem alles entscheidenden Jahresgespräch. Du kannst trotz großer Führungsspanne näher dran sein. Ich mache virtuelle Kaffeezeiten. Meine Sekretärin hat meine Mitarbeiter dazu eingeladen und am Anfang saßen die dort mit ihren Aktenordnern und wussten nicht, was ich will. Ich wollte aber einfach nur bei einem Kaffee eine Viertelstunde plaudern. Warum ich das nicht schon früher genutzt habe, weiß ich nicht, aber es bietet die Möglichkeit, näher an dem Menschen hinter der Stellenbeschreibung dran zu sein. Denn das ist es, was es ausmacht, auch wenn du dann mit den Leuten über Schalke oder Dortmund oder was auch immer diskutierst. Darin liegen die Chancen der digitalen Kommunikation – auch ohne, dass ich dafür durch die Republik reisen muss.

Sven Hantel ist Diplom-Bauingenieur und seit über fünfundzwanzig Jahren bei der Deutschen Bahn tätig. Er begann seine Laufbahn mit einer Ausbildung als Gleisbauer und hat sich nach dem Studium auf dem klassischen Weg vom Mitarbeiter über das mittlere Management bis in das Top-Management bei der Deutschen Bahn weiterentwickelt. Bis 2021 war er Vorstand in Berlin und heute ist er Leadership Coach. In seiner eigenen Führungsrolle suchte er immer nach neuen Wegen. Wie der Protagonist seines Leadership-Romans »Fang an zu führen« (Metropolitan 2019) hat Sven Hantel gelernt, loszulassen, Verantwortung abzugeben, Fehler einzugestehen und Neues – wie im Buch – auszuprobieren.

5.
Stärken stärken: Ressourcenfokus im positiven Mitarbeitergespräch

Stärken nutzbar zu machen, ist der einzige Zweck einer Organisation. So können natürlich die Schwächen, mit denen jeder von uns ausreichend gesegnet ist, nicht getilgt werden. Aber so werden sie irrelevant.

Peter Drucker, The Effective Executive

Die Orientierung an und die Erforschung von Stärken ist ein Kernbestandteil der Positiven Psychologie und des Positiven Führens. Für bessere Mitarbeitergespräche sollten Sie Ihre eigenen Stärken und die der Mitarbeitenden kennen und anerkennen.

Zum Einstieg in dieses Thema und Kapitel zunächst eine kleine Übung. Machen Sie sich gerne, wenn Sie mögen, ein paar Notizen – in Ihrem Smartphone, auf einem Block oder wie auch immer.

- Wenn Sie an Ihre Kindheit oder Jugend zurückdenken: Welche Heldin, welchen Held haben Sie bewundert? Das mag eine reale Person gewesen sein, in der Familie, in der Öffentlichkeit, oder eine fiktive Figur, aus der Literatur, aus einem Film?
- Welche drei, vier Zauberkräfte bewundern Sie oder haben Sie an dieser Person bewundert?
- Wenn Sie nun an die letzten zwei, drei Wochen in Ihrem Führungsalltag zurückdenken:
- Welche drei, vier Erfolge, und wenn es auch nur kleine Fortschritte oder Zwischenerfolge waren, sind Ihnen da gelungen?
- Welche Fähigkeiten, welche Tugenden, welche für Sie typischen Muster des Handelns, der Kommunikation, des Denkens haben zu diesen Erfolgen beigetragen? Vielleicht haben die mit den Stärken Ihres Idols zu tun – vielleicht auch nicht ...
- Wie könnten Sie diese Ihre so wertvollen Stärken in den kommenden Aufgaben zum Vorschein bringen und nutzen?

Führung, die Stärken erkennt und anerkennt, eigene und die anderer, ist erfolgreiche Führung. Und daher soll es in diesem Kapitel um das Stärken von Stärken gehen: Was sind eigentlich Stärken (und was nicht)? Wozu Stärken stärken? Wieso tun wir uns häufig so schwer damit, Stärken zu sehen, zu verstehen, zu würdigen? Wie und bei welchen Gelegenheiten könnten Sie eine stärker stärkenfokussierte Führungskommunikation anwenden? Und wie könnten Sie konstruktiv mit Schwächen umgehen – eigenen und denen anderer?

Lesetipp: In der digitalen Playbox zu diesem Buch finden Sie Zusatzinhalte, um Stärken besser erkennen und anerkennen zu können, die eigenen und die anderer.

Wozu Stärken stärken?

Wie genau kommt es eigentlich, dass Bergsteiger(innen), Künstler(innen) und andere Menschen, die eine Tätigkeit mit großer Hingabe erledigen, in dieser völlig versinken, aufgehen, und darüber Zeit, Raum, Hunger, Durst vergessen? Dieser Frage ist der Psychologe mit dem vielleicht weltweit kompliziertesten Namen nachgegangen: Mihály Csíkszentmihályi (gesprochen: Mi-hai Tschik-sent-mi-hai). Er nennt dieses Phänomen das »Flow-Phänomen« und spricht von »autotelischer Aktivität«, die also um ihrer selbst willen getan und als belohnend erlebt wird, unabhängig von Zweck.

Flow erleben Menschen bei Aufgaben, die sie von den Anforderungen her als nicht zu anspruchsvoll, aber auch nicht zu leicht empfinden – und für die eigenen Kompetenzen als weder zu niedrig noch zu hoch empfinden. Dieser Raum zwischen Unter- und Überforderung, zwischen Langeweile und Panik, ist Flow.

Wer im Flow arbeitet, ist leistungsfähig, zufrieden und engagiert. Das Hervorrufen und Stärken von Flow-Zuständen ist die zweite von fünf Strategien des PERMA-Lead-Konzepts positiven Führens. Positive Leader tun gegenüber ihrer Belegschaft daher vor allem fünf Dinge:

- Sie machen Interesse, Neugier, Gelassenheit und andere positive Emotionen (P) erlebbar.
- Sie fördern das Bewusstsein von Flow und Engagement (E).
- Sie sorgen dafür, dass in der Arbeit positive Beziehungen verstärkt und vertieft werden (Relationships, R).
- Sie fördern das Sinnerleben von Mitarbeitenden (Meaning, M).
- Sie machen immer wieder Erfolg erreichbar und erlebbar (Accomplishment, A).

Forschende wie Markus Ebner, Kim Cameron und andere haben unter anderem nachweisen können, dass Positive Leadership in diesem Sinne viele unterschiedliche günstige Einflüsse hat. Sowohl auf harte betriebswirtschaftliche Kennzahlen wie Umsätze, Gewinne und sogar Aktienerträge. Als auch auf weichere Faktoren wie das Burn-out-Risiko von Mitarbeitenden, ihre Zufriedenheit im Job, ihre Loyalität zum Unternehmen, aber auch den Krankenstand. Stärkenfokus spielt hier eine besonders wichtige Rolle.

Wer die eigenen Stärken kennt – etwa durch Rückmeldung durch Vorgesetzte, ist zufriedener, vitaler, erlebt mehr Freude, Interesse und andere positive Emotionen. Menschen mit stärkerem Bewusstsein für die eigenen Stärken erreichen mit größerer Wahrscheinlichkeit die selbst gesteckten Ziele. Sie sind weniger gestresst von der, leisten mehr in der und sind zufriedener mit der Arbeit.

Diese Ergebnisse stammen ausschließlich aus wissenschaftlichen Untersuchungen, die in renommierten, peer-reviewten Zeitschriften veröffentlicht wurden. Sie werden Jahr für Jahr in durchschnittlich mehr als hundert neuen Studien bestätigt und präzisiert.

Und der Nutzen für Firmen? Das US-amerikanische Umfrage- und Forschungsinstitut Gallup hat in einer großen Studie ermittelt, dass
- bis zu neunzehn Prozent mehr Umsatz,
- bis zu neunundzwanzig Prozent höhere Gewinne,
- bis sieben Prozent höhere Kundenzufriedenheit,
- bis neunundfünfzig Prozent (!) weniger Arbeitsunfälle in Organisationen vorherrschen, deren Führungskräfte Wert auf Stärken legen.

In meiner Arbeit als Coach und Teamentwickler erlebe ich (cth) außerdem: Wo Führende die Talente, Fähigkeiten, Kompetenzen ihrer Belegschaft würdigen, findet weniger Krach und mehr Kooperation statt. Denn wenn etwa die Kreative ihren Beitrag als Ideenbrunnen genauso rückgemeldet bekommt wie der Präzisionsarbeiter für seine genaue und zuverlässige Arbeit gelobt wird – dann können beide ihre eigenen Stärken und die des jeweiligen Gegenübers besser erkennen und anerkennen. Empfinden diese weniger als einschränkende oder störende Polaritäten. Und können ihre Stärken besser zum Wohl des Miteinanders einbringen.

Was Stärken eigentlich sind – und was nicht

Talente? Begabungen? Kompetenzen? Interessen? Ressourcen? Erfahrungen? Wovon reden wir eigentlich, wenn wir von »Stärken« reden?

Salopp formuliert könnten Stärken definiert werden als
- Muster des Verhaltens, Denkens, Fühlens,
- die optimales Funktionieren ermöglichen.

Oder noch einfacher: als Dinge, die man gut, häufig, leicht und gerne tut. Die Stärken sind nicht zu verwechseln mit einigen Begriffen und Konzepten, die Ähnliches, aber eben nicht das Gleiche meinen:

- Fähigkeiten: Was ich gelernt habe.
- Kompetenzen: Was ich gut kann.
- Interessen: Was mich faszinier.t
- Ressourcen: Wer oder was mich stützt.
- Werte: Was ich wichtig und richtig finde.

Laut Robert Biswas-Diener, einem der wichtigsten Forscher auf dem Gebiet, verschaffen Stärken Energie, Motivation und Anregung. Als Teil der Persönlichkeit sind sie über die Zeit und in unterschiedlichen Situationen relativ gleichbleibend. Sie zeigen sich in der Regel mehr im Außen als etwa Werte, die quasi noch eine Etage tiefer liegen. Eine neue Lebenssituation oder neue Aufgaben können allerdings dazu führen, dass Stärken sich (weiter-) entwickeln oder ändern, dass verborgene oder schlafende Stärken (stärker) zum Vorschein kommen.

Werte hingegen sind da träger und sind über die Lebensspanne stabiler. Das Konzept des CliftonStrengthfinders definiert Stärken eher als Talente, Martin Seligman und Chris Peterson schreiben – eher grundsätzlicher – von »moralisch wertvollen Tugenden, die zu einem guten Leben führen«. Andere Stärkenansätze beziehen Interessen und Leidenschaften noch in ihr Verständnis von Stärken ein. Überlegen Sie doch mal kurz:

- Was verstehen Sie unter Stärken?
- Welche Begriffe, welches Vokabular haben Sie für Qualitäten, Ressourcen, Stärken?
- In welchen Situationen sprechen Sie von und über Stärken – eigene, die der Kinder, des Partners, die der Mitarbeitenden?

Stärken können laut sein (zum Beispiel Mut oder Tatkraft) oder leise (Rücksicht, Genauigkeit). Sie können mit dem Denken zu tun haben (Zuversicht, Kreativität), mit dem Fühlen (Bescheidenheit, Dankbarkeit) oder mit dem Handeln (Elan, Mut). Sie können eher auf mich selbst bezogen sein (Durchhaltevermögen) oder auf den Austausch mit anderen (Humor, Empathie).

Sie können zur Kultur, dem Kontext, in dem ich mich bewege, eher passen – oder eher quer liegen.

Von Martin Seligman und seinem Kollegen Christopher Peterson stammt das Konzept der Signaturstärken. Es sind jene Stärken, die besonders stabil sind, als Kern der Persönlichkeit zum Selbstbild gehören (»Das bin wirklich ich.«, »Das macht mich aus.«). Wer seine Signaturstärken nützt, kann quasi gar nicht anders, zieht daraus Energie, ist damit sehr erfolgreich (High Performance, High Energy, High Use). Die Signaturstärken können über einen eigenen Test abgefragt werden – nähere Infos dazu weiter unten.

Woher die Schwäche bei den Stärken kommt

Was würden Sie sagen: Wann hat Ihre Führungskraft Sie zuletzt für den Einsatz Ihrer Kompetenzen und Fähigkeiten gelobt? Kennt sie oder er überhaupt Ihre Stärken? Weiß er um deren Wert für das Team oder die Abteilung?

Wenn Ihnen das nicht so geht, wenn Sie in Ihren Qualitäten nicht oder selten gesehen werden, sind Sie leider nicht allein. Studien besagen, dass rund ein Drittel der Befragten von sich sagen würde, dass sie die eigenen Stärken kennen und benennen können. Den Zahlen einer renommierten Beratungsfirma zufolge glaubt nicht einmal jeder vierte Beschäftigte, sie oder er könne im Job das auf die Straße bringen, was sie oder er am besten kann. Wie schade, oder?

Wenn wir es doch schwarz auf weiß haben, wie wirksam es ist, wenn Menschen um ihre Stärken wissen – wieso rückmelden die Führenden ihnen diese so selten?

Ein paar Möglichkeiten, um die häufige Schwäche im Umgang mit den Stärken zu verstehen:
Wir haben uns – durch Schule, Erziehung, aber auch durch defizitorientierte Berater und Beraterinnen – häufig einen sehr genauen Blick für Mängel und Macken antrainiert. Ein Vokabular, ein Verständnis für Qualitäten fehlt da in der Regel.

Aufgrund unserer evolutionär bedingten Negativitätsverzerrung kommt Schlechtes, Bedrohliches, Abzulehnendes schneller in unserem Gehirn an, wird dort intensiver registriert und braucht länger, bis es neutralisiert wird als gleichstarke positive Reize.

Führung wird in vielen Kontexten als das Managen von Problemen verstanden, das Ausbügeln von Fehlern – und nicht als die Förderung von Aufblühen. Mit Personal- und Organisationsentwicklung ist es häufig nicht so viel anders.

Wir sind in der Regel blind für unsere eigenen Stärken, sie liegen in unserem toten Winkel. Außer, wir bekommen spezifisches Stärkenfeedback. Erst dann realisieren wir: Unsere Kreativität, unser Einfühlungsvermögen, unsere Zuversicht oder was auch immer besondere Qualitäten sein mögen, sind gar nicht so allgegenwärtig und selbstverständlich.

Viele Führungskräfte sehen ihre eigenen Fähigkeiten und Qualitäten, die sie in ihre aktuelle Position gebracht haben, als grundsätzlich notwendige Attribute. Sie können dabei übersehen, dass auch ganz andere Wege in gleiche Verantwortlichkeiten führen können – und übersehen daher möglicherweise andere, ihnen fremde Stärken.

»Der ist immer so ...«, »Ich werde es nie schaffen ...«: Viele Führungskräfte neigen eher zu starren Annahmen über Eigenschaften und Qualitäten. Sie pflegen ein sogenanntes Fixed Mindset, wie das die Forscherin Carol Dweck formulieren würde. Nur wer über ein Wachstums-Mindset verfügt, glaubt wirklich an die Entwicklungsfähigkeit von Verhaltensweisen, Fähigkeiten und Eigenschaften.

Der weit verbreitete Diskurs über den Fachkräftemangel (»Find mal einen guten Buchhalter, IT-Menschen, Krankenpfleger ...«) lenkt den Blick eher auf die Knappheit von Talent als auf die Fülle von Potenzialen.

Apropos Potenzial: Viele Menschen glauben, ihr größtes Potenzial für Veränderung liege in der Reduzierung oder Vermeidung von problematischen Denk- und Verhaltensweisen. Allerdings ist dies ein Irrtum. Denn es fällt uns viel leichter und ist weitaus vielversprechender, schlafende oder selten eingesetzte Stärken mehr auszuspielen, als an bestehenden Schwächen herumzudoktern.

Stärken der Mitarbeiter ansprechen – wie und wann?

Wer die Stärken von Mitarbeitenden benennen und anerkennen will, sollte sich immer wieder auch und vor allem mit den eigenen Qualitäten auseinandersetzen. Weil uns aber – aus oben genannten Gründen – häufig das Vokabular fehlt, um Herausragendes, Hervorstechendes, Lobenswertes zu benennen, können Hilfsmittel Sinn ergeben. Hierzu einige Ideen:

Der VIA-Charakterstärkentest, kostenlos abrufbar etwa unter »www.gluecksforscher.de«, ist der am besten wissenschaftlich validierte Stärkentest überhaupt. Alternativ könnten Sie auch den Clifton Strengths absolvieren – seine Stärkenbegrifflichkeiten sind etwas näher dran an der Arbeitswelt, dafür ist er kostenpflichtig und wissenschaftlich weniger gut beforscht. Jünger, von hervorragender Forschung begleitet, ist das Strengths Profile von Alex Linley. Es zeigt auch schlafende Stärken und Schwächen auf, ist allerdings nur über zertifizierte Berater und bisher nur auf Englisch verfügbar.

Wer die Stärken von Mitarbeitenden benennen und anerkennen will, sollte sich immer wieder auch und vor allem mit den eigenen Qualitäten auseinandersetzen.

Mit Stärkenkarten wie jenen von Marcus Schweighart, bestellbar unter »www.staerkenstaerken.online«, können Sie Ihren eigenen besonderen Fähigkeiten auf die Spur kommen – alternativ oder in Ergänzung zu einem formellen Stärkentest. (Zu Anwendungsmöglichkeiten in Mitarbeitergesprächen Weiteres im nächsten Abschnitt.)

Auch der Audiokurs »Stärken stärken« von Christian Thiele, abrufbar unter »www.positiv-fuehren.com/audiokurs«), kann dabei helfen, das sichtbar zu machen, was Sie außergewöhnlich gut können, was Sie im Besonderen ausmacht.

Möglicherweise gönnen Sie sich ja sogar ein Stärkencoaching, um die eigenen Ressourcen zu entdecken und mit den Anforderungen in Ihrem Job noch besser in Passung zu bringen.

Gelegenheiten für Stärken-Feedback

Welche Gelegenheiten, welche Anlässe gibt es, um als Führungskraft Stärken zu benennen und zu würdigen? Hier ein paar Anregungen:

Immer und überall: Denn von Kündigungen aufgrund zu häufiger Anerkennung und zu häufigen Lobes ist uns noch nichts bekannt …

Im formellen Jahresgespräch: Sprechen Sie nicht nur darüber, welche Ziele zu wie viel Prozent erreicht oder nicht erreicht wurden. Reflektieren Sie mit den Mitarbeitenden auch darüber, wie diese Ziele erreicht wurden, welche besonderen Einstellungen, Qualitäten, Verhaltensmuster dabei hilfreich waren. Die bereits erwähnten Stärkenkarten können da ein nützliches Starthilfekabel sein, um die besonderen Ressourcen und Fähigkeiten eines jeden Einzelnen vor oder im Gespräch auf den Punkt zu bringen.

In/nach/trotz Fehlern, Misserfolgen, Rückschlägen: »Du hast mit großer analytischer Schärfe und Ehrlichkeit sehr schnell die Ursachen für diese Panne benennen können und scheinst gleichzeitig mit viel Optimismus nach vorn zu blicken.«: So in etwa könnten Sie als Führungskraft auch in schwierigen Momenten aufmunternde, stärkenorientierte Rückmeldung geben.

In Konfliktsituationen: Wenn Sie es schaffen, der zielstrebigen, schnellen, Kreativ-Frau den Wert ihrer High-Speed-Arbeitsweise klarzumachen und gleichzeitig dem abwägenden, besonders gründlichen Umsichtigen deutlich zu machen, wie sehr auch er Anteil am Team-Erfolg hat, dann liegen die beiden vielleicht schon gleich ein Stück weniger über Kreuz miteinander. Und können sowohl den Beitrag der eigenen Stärken als auch jenen des Gegenübers zum Miteinander besser anerkennen.

Bei der Delegation von Aufgaben und Zuständigkeiten: Machen Sie nicht nur das Was, das Wie, das Wann klar. Sondern erklären Sie auch, warum gerade Maria oder Max dies oder jenes erledigen mögen, was genau Karl oder Karla an Kompetenzen und Erfahrungen mitbringen für diese oder jene Aufgabe.

Bei (Zwischen-)Erfolgen oder am Schluss von Projekten: Teams und ihre Führenden können häufig sehr gut und ausgiebig analysieren, wer wieso wann welchen Fehler gemacht hat, was genau beim nächsten Mal besser zu machen ist und so weiter. Das darf auch sein, denn so lassen sich wiederholte Irrtümer oder Versäumnisse vermeiden. Aber damit sich Fortschritte auch verstetigen und replizieren lassen, sollten Sie auch immer wieder genaue Fortschrittsanalyse betreiben – mit Impulsen wie Folgenden:

- »Welche Stärken haben dabei geholfen, dass du ...«
- »Dass wir das unter Budget und unter Zeitplan hinbekommen haben, liegt daran, dass ihr ...«
- »Nur durch unsere [Genauigkeit], [Geduld mit dem Kunden], [Kreativität – oder was auch immer Sie hier einsetzen mögen], haben wir es hingekriegt, dass ...«

Auch zu Beginn oder am Ende von Zusammenarbeit könnten Sie mit Ihrer Belegschaft in Gespräche gehen mit Impulsen wie: »Welche Stärken bringen Sie mit für diese Aufgabe?« oder »Für die bei uns anfallenden Tätigkeiten ist es hilfreich, Leute zu haben, die besonders gut ...« oder eben: »Schade, dass Sie uns verlassen, denn wir haben hier sehr geschätzt, wie toll Sie immer ...« Vielleicht kommt sie oder er ja mal wieder; vielleicht empfiehlt er Sie oder Ihren Arbeitgeber; und vielleicht erinnert sie oder er sich auch einfach nur an einen guten Dialog zum Abschied!

Team-Events wie Workshops, Weihnachtsfeiern oder Kick-offs sind wunderbare Gelegenheiten, um Einzelnen Stärken rückzumelden. Ich (cth) durfte etwa einmal eine virtuelle Weihnachtsfeier für eine Abteilung wie folgt gestalten: Abwechselnd gab es Inputs von mir zum Thema Stärken – und wurden von einer Somelière und Winzerstochter an die Teilnehmenden verschickte Weinproben verkostet und erklärt. Auf einem digitalen Notizboard war für jeden Teilnehmer und jede Teilnehmerin ein digitales Weihnachtspäckchen gestaltet, das die Teammitglieder mit kleinen Stärkenbotschaften zu füllen hatten. Am Ende wurde jedes Weihnachtspäckchen geöffnet und es wurden die Stärkenbotschaften verlesen. Ein sehr rührendes und stärkendes Event, wie mir zurückgemeldet wurde.

So gelingt wirksame Stärken-Rückmeldung

Wozu Sie Stärken rückmelden sollten, wissen Sie nun. Wann und bei welchen Gelegenheiten ebenfalls. Wie und nach welchen Kriterien Sie das am besten machen – dazu hier einige Anregungen:

- authentisch statt gewollt und künstlich;
- freundlich statt als Pflichtübung;
- persönlich, wo möglich;
- nutzenorientiert (»Deine Stärke X trägt dazu bei, dass ...«);
- konkret statt vage (»Mir hat gestern beim Kunden gut gefallen, wie du ...«);
- zeitnah statt irgendwann, wenn sich niemand mehr so wirklich dran erinnern kann;

- wertorientiert (»Mir ist das besonders wichtig, weil ...«).
- Mit für Sie und den Kontext passenden Etiketten versehen statt formelhaft. Die VIA-Stärke »Vergebungsbereitschaft« empfinde ich öfter als zu parfümiert für den Unternehmenskontext – »fehlerverzeihend« oder »Schwammdrüber-Mentalität« passt häufig besser.
- Schriftlich? Kann eine besondere Form der Wertschätzung, gerade gegenüber introvertierteren Mitarbeitenden sein.
- Vor anderen? Öffentliche Anerkennung, etwa über Social Media, mag die Wirkung von Lob für manche enorm steigern – für manche ist es ein Stressfaktor.
- Verbunden mit einem Geschenk, Gutschein oder Ähnlichem?

Grundsätzlich ist es auch günstig, wenn Sie Stärken in Verbindung mit Entwicklungswegen rückmelden, also etwa aufzeigen, wie Stärken sich entwickelt haben, schlafende Kompetenzen sichtbar geworden sind oder Kompetenzen auf eine neue Weise, in einem neuen Kontext zum Vorschein kamen. Das unterstützt die Entwicklung von Stärken. Und es mindert die Gefahr, in Schubladendenken und -reden zu verfallen (»Ich als blauer Typ ...« oder »Für Sie als Empathikerin ist es ja immer leicht ...«).

In Anlehnung an Alexander Hunzikers lesenswertes Buch (2018) schlage ich folgenden Dreischritt für Stärkenrückmeldung vor: Rückblick, Ausblick, Wege.

Rückblick: Welche Stärken konnten Sie in letzter Zeit einbringen? Welche Erfolge haben Ihre Stärken möglich gemacht?

Ausblick: Welche Ihrer Diamanten kommen hier noch zu wenig zum Tragen? Welche Stärken wollen Sie künftig mehr auf die Straße bringen?

Wege: Was und wer könnte hilfreich sein, damit Sie Ihre Stärken mehr ausleben können?

Konstruktiv mit Schwächen umgehen

»Entwicklungspotenzial.« »Delta.« »Noch-nicht-Stärken.« »Förderbereiche.« Und! So! Weiter! Ich (cth) finde es lebensfremd und dysfunktional mit welchem Vokabular manchmal um Schwächen herumgeredet wird.

Schwächen sind für mich Schwächen. Und jeder hat, finde ich, ein Recht auf ihre oder seine Schwächen. Sie gehören zum Menschsein dazu, genauso wie unsere Stärken. Bestreiten oder verleugnen Sie die Dinge nicht, die Ihnen oder anderen schwer fallen, Energie ziehen und selten zu Erfolg führen. Kein Schönreden von Schwächen bitte!

Und gleichzeitig: Betrachten Sie Schwächen realistisch und genau, die eigenen und die anderer. Ist der Mangel, das Defizit in allen Bereichen gleich schlimm – oder in manchen Kontexten weniger relevant? Ich etwa, falls Sie das interessiert, bin nicht immer besonders warmherzig und freundlich, man könnte auch sagen: ein Mangel an Empathie ist in manchen Situationen eine Schwäche von mir – vor allem unter Druck und im Stress. Keine gute Eigenschaft für einen Trainer, Coach und Vater, das gebe ich zu. Weniger davon wäre besser. Gleichzeitig weiß ich, dass ich nicht immer gleich unfreundlich und distanziert bin. Und ich kann mich – in besonders guten Momenten – für diese meine Schwäche auch entschuldigen.

Haben und zeigen Sie Verständnis für Schwächen – am besten in drei Schritten:

Schritt 1: Schwächen erst mal möglichst bewertungsfrei und genau umschreiben und bewusst machen;

Schritt 2: Defizite einordnen, in einen Kontext setzen (»andere haben/machen/sind auch immer wieder ...«);

Schritt 3: In zugewandter (Selbst-)Freundlichkeit anderen oder sich selbst die Hand auf die Schulter legen, wie wenn man das bei einer angeschlagenen Freundin oder einem Kollegen nach einem dicken Fehler machen würde, und sagen: »Macken und Fehler haben wir alle.«

Das sind die drei Elemente von innerer Komplizenschaft, die Kristin Neff mit ihrem Konzept des »Selbstmitgefühls« (englisch: Self-Compassion) meint. Es wirkt sich erwiesenermaßen günstig auf Leistungsfähigkeit und Wohlbefinden aus, es ist auch eine funktionalere Haltung als Selbstwert – denn diese Form des Selbstbildes setzt immer einen Vergleich mit anderen, und der kann schnell unglücklich machen.

Aus Schwächen eine Stärke machen wollen? Schwächen auf Star-Niveau bringen, durch Schulungen, Coachings, schlaue Bücher? Verbranntes Geld, verschwendete Energie, vertane Zeit. Und: versaute Stimmung. Wenn allerdings eine Schwäche die Leistungsfähigkeit, das Funktionieren signifikant behindert, wenn andere davon betroffen sind, so wie das Leck in einem Bootsrumpf verhindern kann, dass der stärkste Wind und die größten Segel das Schiff überhaupt noch in Fahrt bringen: Dann sollten Sie eine Schwäche angehen und ansprechen. Aber eben so, wie man mit einem Leck umgeht: Abdichten, auf ein Passt-schon-Niveau bringen, wie wir in Bayern sagen. Aber auch nicht mehr.

Wenn der Pinguin in den Löwenkäfig gesteckt wird und dort nie zum erfolgreichen Landraubtier wird – ist dann der Pinguin schuld? Oder nicht eher der Zoo-Direktor? Nirgends wird so gelogen wie bei Partnerschaftsanzeigen und bei Stellenbeschreibungen. Machen Sie also Job Crafting (siehe Kapitel über die Gesprächsvorbereitung, Seite 57 ff.), schnitzen Sie bei Stellenbeschreibungen das weg, was die Schwächen zu stark betont, und basteln Sie dazu, was gut, gerne und erfolgreich von der Hand geht, bei sich und anderen! Wir bewegen uns alle auf ein neues hybrides Miteinander zu, mit viel individuelleren Vereinbarkeiten von Job, Familie und Freizeit, da muss eh vieles von links auf rechts gezogen werden. Nutzen Sie diese Veränderungen dafür, Stärken zu stärken und Schwächen irrelevanter zu machen, bei der Zuschreibung von Aufgaben, beim Delegieren et cetera!

Ich (cth) habe zwei dermaßen linke Hände, dass jede klappernde Gangschaltung noch lauter klappert, wenn ich mich nur zur genaueren Betrachtung niederbeuge! Zum Glück habe ich ein, zwei kompetent-freundlich-fix-günstige Radl-Geschäfte um die Ecke für den Fall, dass Stefan keine Zeit hat. Und zum Glück habe ich meinen äußerst schraubbegabten und -motivierten Freund Stefan, der Zeit hat, wenn der Radl-Laden zu hat. Schwächen wegdelegieren, am besten an wen, der in dem betreffenden Bereich seine Stärken hat – für mich ist es ein Erfolgsrezept im Umgang mit meinem Fahrrad. Vielleicht funktioniert es auch in Ihrem Team?

Schwächen mit Stärken kompensieren würde zum Beispiel heißen: Sie sind sehr, sehr schnell, überrollen Ihre Truppe manchmal in Ihren Vorträgen. Wenn Sie aber empathisch sind und das immer mal wieder mitbekommen; und wenn Sie mit Humor über sich selbst lachen können, dann könnten Sie zum Beispiel in einer solchen Situation sagen: »Autsch, jetzt habe ich euch aber auf links ohne Blinker überholt, oder? Entschuldigt, ich mach's noch mal Schritt für Schritt.« Nur als Beispiel.

Versuchen Sie, Schwächen als überdrehte Stärken zu sehen – die vielleicht in einen Kontext passen und in der anderen Situation zu viel sind. Der eigentlich wertvolle Mut kann zum Leichtsinn werden, die grundsätzlich wichtige Vorsicht zur Zaghaftigkeit, die Empathie zur entmündigenden Übergriffigkeit, der Humor zur verletzenden Taktlosigkeit – und so weiter. Und häufig schauen wir aus unserer eigenen Perspektive auf die Eigenschaften anderer: dem Sparsamen erscheint die Großzügigkeit schnell als Verschwendung, der Großzügigen kommt die Sparsamkeit leicht als Geizhalsigkeit vor. Das ist bei der Wortwahl zu beachten.

Und wenn Sie mit all diesen Schritten erfolgreich sind: Vergessen Sie nicht, den Fortschritt bei den Schwächen festzuhalten! Schriftlich oder mündlich, egal. Wobei: Eigentlich ist es ja dann ein Rückschritt ... Aber Sie wissen schon, was ich meine, oder?

Letzter und wichtigster Tipp: Immer wieder bewusst die Optik wechseln! Schauen Sie stärker auf die Stärken als auf die Schwächen. Dann fallen letztere weniger ins Gewicht und kommen erstere mehr zum Vorschein.

6.
Bessere Mitarbeitergespräche im agilen Umfeld

In vielen Organisationen – vom Konzern bis zum Start-up – gehören agile Arbeitsweisen und Haltungen zunehmend zum Alltag. Das Interview mit Sven Hantel gibt dabei Einblicke in den Umgang mit agilen Initiativen innerhalb eines Konzerns. Daher gehen wir im Folgenden darauf ein, wie agile Ansätze für Mitarbeitergespräche genutzt werden können.

»Bei uns hat niemand Erfahrungen mit klassischen Mitarbeitergesprächen und bei uns gibt es auch keine.« Das war die Antwort, die wir von einem streng selbstorganisiert arbeitenden Unternehmen im Rahmen unserer Recherche für dieses Buch erhielten. Auch andere berichteten, dass Sie zwar die Möglichkeit für Peer-Feedbacks erlebt hatten, dass es jedoch keine klassischen Gespräche gab und schon gar nicht mit einer quantitativen Bewertung. In größeren Organisationen in denen agile Experimente stattfinden, sind die typischen Gespräche teilweise etabliert, allerdings unter Einbeziehung der Linienvorgesetzten.

In agilen Organisationen wird grundsätzlich die Entwicklung von der Führungskraft hin zu Führungsarbeit angestrebt. Führungsaufgaben werden also nicht mehr von einer Führungskraft qua Amt wahrgenommen, sondern aus der Gruppe heraus erkannt, in die Aufmerksamkeit gebracht und dann an jemanden (vorübergehend) übertragen, der in dieser Thematik ermächtigt wird. Für wiederkehrende Führungsaufgaben können Rollen vergeben werden. So erleben wir in agilen Teams häufig Rollen wie »People Lead« oder die Rolle »Potenzialentfaltung«. Dabei ist es wichtig, hervorzuheben, dass diese Rollennamen Beispiele sind, die uns in der Praxis begegnen, aber keine Standardrollen darstellen. Unsere Erfahrung ist, dass beispielsweise Scrum ein stark standardisiertes Vorgehen und Rollenset vorsieht, in der Praxis jedoch eine Vielzahl von agilen Experimenten stattfinden, die unterschiedliche Aufgabenverteilungen zur Folge haben. Es handelt sich also nicht um Standardrollen. Die Vielfalt der Rollen und Gesprächsformate in größeren (Linien-)Organisationen, in denen nur begrenzt agil gearbeitet wird, ist groß. Dort können Rolleninhaber als Ansprechpartner in das Gespräch zwischen Führungskraft und Mitarbeitenden eingeladen werden.

In welchem Ausmaß agile Prinzipien und Methoden in einem Unternehmen umgesetzt werden, beeinflusst dabei stark, welche Anforderungen an welche Rolleninhaber entstehen.

Wenn Rollen wie Lernbegleiter oder Product Owner und weitere nebeneinander bestehen, wird nicht nur die Verantwortung für diverse anlassbezogene Mitarbeitergespräche verteilt, sondern auch die Notwendigkeit größer, dass mehrere oder alle Teammitglieder Gesprächstechniken und mindestens in Ansätzen Führungskompetenzen erlernen.

Wir halten hier den Fokus bewusst auf Mitarbeitergespräche. Dem Trend zur Verteilung der Führungsaufgaben auf mehrere Köpfe folgend, agieren Führungskräfte in agilen Kontexten eher als Teambefähiger. Damit geht der Fokus der agilen Führungskraft eher über unsere für dieses Buch selbst gewählte Hervorhebung der Eins-zu-eins-Beziehung und Kommunikation hinaus. Doch auch im Kontakt mit dem einzelnen Mitarbeiter, lassen sich agile Prinzipien adaptieren. Daher stellen wir exemplarisch in der Folge drei Gesprächsformate, die Führungskräfte in die Mitarbeiterkommunikation einbinden können, vor. Anschließend stellen wir drei ausgewählte Fragetechniken vor und schließen mit Chancen und Risiken für das Mitarbeitergespräch im agilen Kontext.

Günstige Gesprächsformate für agile Führung

Die Haltung in der agilen Führung ist in der Regel eher fragend als direktiv, daraus ergeben sich oft kürzere, zweckmäßige Gesprächsformate.

Daily und weekly
Ursprünglich als Teamsynchronisation gedacht: Das Primärziel ist es, Transparenz herzustellen: Wo sehen wir Hindernisse? Wie können wir Risiken erkennen und ihnen begegnen? Welche Priorisierungen müssen wir daraus folgend vornehmen. Es handelt sich um kurze, regelmäßige Formate, die in

Wenn Rollen wie Lernbegleiter oder Product Owner und weitere nebeneinander bestehen, wird nicht nur die Verantwortung für diverse anlassbezogene Mitarbeitergespräche verteilt, sondern auch die Notwendigkeit größer, dass mehrere oder alle Teammitglieder Gesprächstechniken und mindestens in Ansätzen Führungskompetenzen erlernen.

Teams stattfinden und auch von der Führungskraft genutzt werden können, um aktuelle Themen, Projektstände, Sorgen und Fragen zu erkunden und in die Aufmerksamkeit zu bringen. Vielleicht probieren Sie ein Eins-zu-eins-Weekly, um auf individueller Ebene auf dem Laufenden zu bleiben und den Mitarbeiter ein wenig arbeitsfähiger zu machen?

Check-in
Check-ins auf regelmäßiger Basis oder als Auftakt von Teammeetings oder Projekten dienen vor allem der Vertrauensbildung und Gestaltung einer offenen Atmosphäre. Hilfreich sind dazu Check-in-Fragen, die nicht fachlich sind, sondern stattdessen persönliche Stimmungen oder Wissenswertes über die Personen abfragen. Mögliche Fragen sind: »Was gerade gut bei mir läuft ...«, »Was mich gerade fordert, stresst, nervt ...«, »Worauf ich mich in nächster Zeit freue ...« Darüber hinaus geht es darum, einen Eindruck davon zu bekommen, welches Energielevel der Mitarbeitende heute einbringen kann. Die Einflüsse auf ein gesteigertes oder gemindertes Energielevel zu kennen, ist hier von besonderer Bedeutung, um darauf reagieren zu können.

Retrospektive
Die Retrospektive stellt eine Art Metakommunikation und Prozessrückschau dar. Was war gut und ist beizubehalten, was können wir weglassen, was bräuchte es neu oder zusätzlich, wie bewerten wir den Prozess? Dies lässt sich von Führungskräften sowohl am Ende von allen Mitarbeitergesprächen, im Jahres-(Rückschau-)gespräch im speziellen und nach Projektabschluss nutzen.

360°-Führungsfeedback
Sie haben recht, das waren bereits drei Formate. Hier Nummer vier nur in aller Kürze. Wir gehen auf 360°- und andere Führungsfeedbacks in diesem Buch nicht ein, weil wir uns auf die Kommunikation zwischen Führungskraft und dem einzelnen Mitarbeiter fokussiert haben. Doch im agilen Kontext gehören die transparente Kommunikation in der Gruppe, eine gelebte Feed-

backkultur und Lernhaltung zur Grundhaltung. Daher möchten wir Sie bei allen empfundenen Risiken zu Führungsfeedbacks ermutigen, auch wenn Sie noch keine Erfahrungen gesammelt haben. Aus der Forschung zu positiver Führung bietet das PERMA-Lead 360°-Feedback ein evidenzbasiertes und praxiserprobtes Tool, um diesen Prozess zu gestalten und insbesondere wachstumsorientierte Führungsverhaltensweisen in den Fokus zu setzen. (Mehr dazu unter www.perma-lead.com – oder auf Anfrage bei den Autoren).

Gesprächstechniken in agilen Führungskontexten

Eine neugierige Haltung des Ausprobierens legen wir Ihnen in diesem Buch ohnehin ans Herz und Sie finden in allen Kapiteln Impulse und Fragen, die Sie experimentell in Ihre Mitarbeiterinnengespräche einbinden können. Hier drei weitere Fragetechniken, die nützlich sein können:

Paradoxe Frage
Durch Ideen wie der Methodensammlung aus den Liberating Structures bekannt, aber für systemtheoretisch Geschulte bereits bekannt, können Sie sogenannte paradoxe Fragen (»Was müssten wir tun, um unser Ziel auf keinen Fall zu erreichen?«) oder Wicked Questions (»Wenn wir ... A erreichen wollen, wie gelingt es uns, gleichzeitig B zu erreichen?«) nutzen, wenn Sie vor einem Problem stehen. Diese Frageformen regen im Jahresgespräch zur gemeinsamen kreativen Lösungsfindung ein, ob es nun um den Ausbau von Kompetenzen der Mitarbeiterin/des Mitarbeiters geht oder ein besonders herausforderndes Ziel.

Was brauchst du?
Diese Frage zeigt sich in der Zusammenarbeit als besonders hilfreich, weil sie schnell Klarheit schaffen kann, beispielsweise, wenn ein Mitarbeiter im Jahresgespräch von den Herausforderungen in seiner Arbeit berichtet. Mögliche Antworten könnten in diese fünf Kategorien fallen, die Sie zur Auswahl stellen können:

1. Informationen teilen (ich brauche ein offenes Ohr)
2. Informationen erhalten (neues Wissen, Rat)
3. To-dos anfordern
4. Komplexes Ergebnis anfordern (Projekt)
5. Neue Erwartung festhalten (Regel/Rolle?)

Wertschätzendes Interview – Appreciative Inquiry (Discover, Dream, Design, Deliver)

Diese Technik, die auf David Cooperrider zurückgeht, lässt sich auch für Großgruppen einsetzen, funktioniert aber auch als Interviewformat, wenn es um die Generierung von Lösungsansätzen geht. Passend zum Ansatz positiver Führung wird hier jedoch nicht nach dem Defizit und dem, was noch fehlt, gefragt, sondern auf das bereits Vorhandene geblickt, um daraus Möglichkeiten für die Zukunft zu erschaffen.

1. Sie beginnen mit der Erforschung des Bisherigen. Welche (passende) Erfahrung erfüllt Sie mit Energie und Freude? Was haben Sie zu der vergangenen Situation beigetragen, dass diese so positiv verlaufen ist?
2. Mal angenommen, das attraktive Zukunftsbild ist bereits Realität? Wodurch zeichnet es sich aus? Woran bemerken wir es? Wie sieht es aus? Wie erträumen Sie sich die das Zukunftsbild?
3. Was können Sie tun, um dieses Bild zu erreichen? Wer kann Ihnen helfen?
4. Was sind die nächsten Schritte?

Chance und Gefahr

In agilen Teams muss zunächst ein Bedarf für Gespräche bei den Mitgliedern aus der Gruppe heraus entstehen und thematisiert werden. Alternativ gibt es Rolleninhaber, die die fachlichen Leistungen oder persönlichen Entwicklungen der Mitarbeiterinnen im Blick haben. Wir blicken daher auf die aus unserer Sicht wesentlichen Chancen und Gefahren:

Chancen
- Von allen als unnötige oder als leere Hülsen empfundene Gespräche und Formularschlachten werden eher vermieden.
- (Soziales) Lernen und Entwicklung geschieht durch die Ermächtigung und gemeinsame Bewältigung aktueller Herausforderungen besser als durch persönliche Entwicklungspläne, die mit dem Personalreferenten aus HR abgestimmt sind.
- Die Hürde, einen Ansprechpartner für relevante Themen zu haben, ist gering.
- Viele Augen sehen mehr und bringen Themen wie Zielabweichungen in die Aufmerksamkeit der Gruppe, sodass keine Probleme verschleppt werden.
- Peer-Feedbacks tragen zur Entwicklung bei.
- Eine gemeinsam ausgewählte Aufgabenpriorisierung sorgt für sinnstiftende Arbeit an relevanten Themen statt sinnlose »Ist zwar Quatsch, steht aber in meiner Zielvereinbarung«-Tätigkeiten zu fördern.

Gefahren
- Die gezielte Kompetenzentwicklung von Mitarbeiter(inne)n gerät aus dem Fokus.
- Potenziale bleiben ungenutzt.
- Es entsteht eine Art Verantwortungsdiffusion für Themen der Entwicklungsplanung. – Keiner ist zuständig.
- Peers vermeiden es, kritische Themen anzusprechen.
- Mitarbeitern fehlt ein fester Anlaufpunkt oder die Institution des Mitarbeitergesprächs, um Relevantes auf den Tisch zu bringen.

7.
Innerer Dialog vor äußerem Dialog: Persönlichkeitsentwicklung und Klarheit durch Selbstklärung stärken

In diesem Kapitel möchten wir Ihnen eine vertiefte Selbstklärung ans Herz legen. Daher gehen wir zunächst auf den Nutzen der Selbstklärung ein. Darauf folgend stellen wir die zur Gesprächsvorbereitung notwendige Selbstklärung in drei Ebenen vor. Von rudimentär bis zu einem Prozess der Persönlichkeitsentwicklung.

> **Click- und Lesetipp:** Auch zu den Inhalten dieses Kapitels finden Sie weitere Anregungen und Inhalte in der digitalen Playbox zu diesem Buch.

Der Nutzen: Warum der Blick nach innen lohnt

Klarheit wird laut dem Wörterbuch der deutschen Sprache nach mit Ungetrübtheit oder Deutlichkeit beschrieben. Wobei zur Ungetrübtheit das Beispiel passt, das ich (MS) zuerst bei Rene Borbonus, einem deutschen Rhetoriktrainer, hörte. Er verglich den Prozess der Klärung mit einer Schneekugel, die gerade geschüttelt worden ist und in deren Innerem es nun intensiv schneit: Möchte man das Bild in der Schneekugel erkennen, so muss man selbige einige Zeit in Ruhe stehen lassen und das Bild ist wieder klar zu erkennen. Nun ist es so, dass die Vielzahl der Reize, die heute auf uns einwirken und unsere Neigung, jeden Augenblick neuen Reize, neuen Impulse, neuen Ablenkungen zu folgen, uns davon abhält, Klarheit durch Nachdenken zu erlangen. Unsere Gedanken und unsere Wahrnehmung gleichen einer Schneekugel, die ständig in Bewegung ist.

Klarheit im Sinne von Eindeutigkeit, Einfachheit, Verständlichkeit und Ordnung geht also der Prozess der Selbstklärung voraus. Ein bekanntes Zitat, das mal Voltaire, mal Goethe, mal Mark Twain und manchmal Blaise Pascal zugeschrieben wird, lautet:

»Entschuldigen Sie, dass ich einen langen Brief schreibe, für einen kurzen hatte ich keine Zeit.«

Möchte ich mich kurz und klar ausdrücken, bedarf es Zeit. Beobachtungen, Wirkzusammenhänge, Dynamiken, Komplexitäten aller Art wollen erfasst sein. Kommunikation bedarf des Vordenkens und vor allem des Abschätzen von Wirkungen der eigenen Worte und Handlungen. So könnte man die Haltung hinter dem bekannten Zitat beschreiben und eine solche Haltung ist für die eigene Kommunikation sehr empfehlenswert. Leider handeln wir nicht immer verantwortungsbewusst in diesem Sinne, sei es aus Zeitgründen, als Vermeidungsstrategie, um sich nicht selbstmitfühlend mit den eigenen Emotionen zu beschäftigen oder aus fehlender Klarheit darüber, wie man sich dem Kern nähert. Dabei bedeutet das Verantwortungsbewusstsein für die eigene Kommunikation, dass ein Mitarbeiter(innen)gespräch, ein Feedbackgespräch, eine E-Mail an mein Team, gut vorzubereiten sind, aus Respekt dem Empfänger gegenüber.

Wir sehen noch zwei weitere Gründe:
- Effizienzgewinn: Wenn ich gut vorbereitet und klar bin, steigen die Chancen, dass wir die gemeinsamen Gesprächsziele erreichen.
- Präsenzgewinn: Wenn ich klar bin, kann ich besser in dem Moment bei dem anderen sein, improvisieren und echten Kontakt im Gespräch aufbauen.

Ein weiterer sehr grundlegender Aspekt ist, dass vertiefte Selbstklärung einen fortwährenden Prozess der Persönlichkeitsentwicklung darstellt, bis hin zu der Frage nach den eigenen Werten, Zielen, Motiven. Auch die Frage nach dem Sinn stellt sich schließlich. Dabei können selbstgestellte Fragen, die Reflexion von eigenen Erfahrungen aber auch Gespräche helfen. Selbstklärung muss kein innerer Prozess sein. Er kann auch im Dialog stattfinden mit einem Sparringspartner oder einem Coach.

Besteht Klarheit über die eigene Position, die Aufgabe der eigenen Rolle als Führungskraft, der Erwartungen an sich selbst und das eigene Umfeld, so kann ich auf andere besser wirken. Es hilft vor Gesprächen mit Mitarbeitern, dass ich mir klar darüber bin, in welchem Bereich das Thema des Gesprächs liegt. Ist es in der Verantwortung des Mitarbeiters? Ist es in meiner Verantwortung? Ist es in beider Verantwortung (in der Regel wird es etwas Gemischtes geben)? Es gilt, zu klären: Was ist mein eigener Anteil, wenn ich Kritik üben muss, dass der Mitarbeiter auch die Möglichkeit hatte, die Leistung zu erbringen? Diese eigenen Anteile vorher zu beleuchten, um möglicherweise auch auf Vorwürfe und Gegenargumente vorbereitet zu sein, das ist ein weiterer wichtiger Punkt, warum ich Selbstklärung betreiben sollte. Also, eigene Anteile prüfen, hinterfragen und sich noch einmal bewusst werden, warum ich in einer Vorgeschichte bestimmte Entscheidungen oder Aussagen getätigt habe.

Darüber hinaus ist es hilfreich, eine Wachstumsperspektive einzunehmen und zu prüfen:
- Vor welcher Herausforderung stehe ich hier?
- Welche Erfahrungen und Fähigkeiten können mir helfen, das Gespräch jetzt gut und zielführend zu führen und wo will ich auch Grenzen setzen? Das passt wieder zu Punkt eins.
- Wie entwickle ich mich auch als Führungsperson weiter?

Selbstklärung hilft mir, bewusst zu werden, welche Schmerzpunkte ich persönlich habe und zu vermeiden, dass jemand anderes diese trifft und ungewollte Reaktionen auslöst ohne, dass ich das mitbekomme. Es ist eine kurzfristige Investition an Zeit und Energie.

Muss ich mir jetzt vor jedem schwierigen Mitarbeitergespräch über meine Identität klar werden? Dann müsste ich ein Teamleiter vor jedem Kritikgespräch erst einmal den Jakobsweg wandern, um eine Klarheit zu erlangen und das erscheint nicht realistisch. Doch welche Optionen bieten sich an? Es bietet sich eine auf die Situation abgestimmte Reflektion oder Selbstklärung an.

Die Selbstklärung auf drei Ebenen

Ich spreche in diesem Zusammenhang gern von der Selbstklärung auf drei Ebenen. Ein fast immer mögliches Minimum ist eine auf das jeweilige Gespräch bezogenen Positionsbestimmung. Das ist die erste Ebene einer erfolgreichen Selbstklärung.

Die zweite Ebene benötigt etwas mehr an Zeit und geistigen Ressourcen und bezeichnet eine Klärung des Gesprächs aus der Adlerperspektive, also unter Bezugnahme auf das größere Bild, die Geschichte und Rahmenbedingungen der jeweiligen Situation.

Die dritte Ebene steht für eine fundamentale Selbstklärung unter Einbeziehung von Aspekten meiner eigenen Persönlichkeit. Insgesamt und insbesondere auf den Ebenen 2 und 3 kann die Selbstklärung auch durchaus schmerzhaft sein, doch es lohnt sich.

> **Die drei Ebenen der Selbstklärung**
> Ebene 1: Positionsbestimmung
> Ebene 2: Blick aus der Adlerperspektive
> Ebene 3: Klarheit über eigene Person

Ebene 1 – Die anlassbezogene Minimalklärung

Manchmal springt man als Führungskraft natürlich ad hoc in ein Mitarbeitergespräch: Dann hat man eigentlich gar keine Zeit für eine Selbstklärung, doch ein Minimum sollte immer passieren. Auch Selbstklärung der Ebene 1 in der Gesprächsvorbereitung bedeutet dabei, wenigstens kurz die höheren Ebenen zu berücksichtigen.

Als ich (MS) einmal morgens ins Büro kam, fingen mich mein Teamleiter und unser Revisor an der Tür ab. Sie begrüßten mich mit den Worten: »Wir führen jetzt gleich ein Gespräch mit Frau A.« Sie kamen zu mir, denn ich hatte die Personalverantwortung für Frau A. Sie war neu im Unternehmen und ich hatte ihr wenige Wochen zuvor aufgrund hervorragender Leistungen einen unbefristeten Arbeitsvertrag vorgelegt. Der zweite Satz, den ich hörte: »In diesem Gespräch werden wir ihr heute kündigen.« Die mir sodann vorgelegten Beweise für ein nicht tolerierbares Fehlverhalten waren eindeutig und so saß ich wenige Minuten später in einem Kündigungsgespräch mit Frau A.

Wie sieht nun die Klärung auf Ebene 1 konkret aus? Günstig wäre es, wenn ich als Führungskraft in ein Gespräch gehe und mir vorab überlege:
1. Was ist das Thema und (mein) Ziel?
2. Was ist die Situation und Vorgeschichte?
3. Was sind die daraus folgenden Themen, Aufgaben, Fragen?
4. Wie steht es um die Beziehung zu meinem Gesprächspartner?

Zusätzlich eignen sich zwei Kontrollfragen, um die Ebenen 2 und 3 einmal abzuklopfen:
- Welche Rolle spielen die (Umwelt-)Bedingungen, der Kontext unserer Organisation oder unseres Teams? (Kontrollfrage für Ebene 2)
- Welche Rolle spielen meine Emotionen, Ziele oder Werte bei diesem Gespräch? (Kontrollfrage für Ebene 3)

Ebene 2 – Die Klärung aus der Adlerperspektive

Dieser höhere distanzierte Blick auf eine Situation erfordert es, dass wir aus der Situation herauszoomen und den Blick erweitern, beziehungsweise Zusammenhänge und Rahmenbedingungen betrachten. Dazu ist manchmal nicht die Zeit oder die Dringlichkeit vorhanden.

1. In welcher Verantwortung liegt das Thema des Gesprächs?
2. Was ist mein Anteil an der Istsituation?
3. Welches sind die wichtigsten (ein bis) drei Ziele, die ich erreichen möchte?
4. Worauf möchte ich im Bezug auf Atmosphäre und Beziehungsgestaltung im Gespräch achten?
5. Welche Rollenkonflikte bewegen mich?
6. Wer ist noch betroffen (Kolleg(inn)en, Kundschaft, Stakeholder?)
7. Perspektivenwechsel: Welchen Standpunkt, Motive und Ziele vermute ich bei meinem Gegenüber? Wofür macht der Mitarbeiter das eigentlich? Wie zentral erlebt der Mitarbeiter diese Kritik an sich, weil er sich in seiner Identität angegriffen fühlt?

In Coachings und Trainings wird immer wieder deutlich, dass sich insbesondere junge Führungskräfte vor dem Führen von Gesprächen Sorgen machen. Sie fürchten oft unangemessene oder unangenehme Reaktionen des Mitarbeiters und möglicherweise dessen Emotionalität. In einer Interviewstudie, die ich (MS) in Zusammenarbeit mit der Hochschule Fresenius in Hamburg durchgeführt habe, wurden als größte Stolpersteine in der ersten Führungsaufgabe unter anderem genannt:

- Kündigungsgespräche,
- Umgang mit Kritik,
- unerwartete Gesprächsanlässe.

In der Praxis zeigt sich immer wieder, dass es mehr braucht als ein Buch, um mit Emotionen von Menschen in bedeutsamen Gesprächen souverän, gelassen, reif und achtsam umzugehen. Das bezieht sich auf eigene wie fremde Emotionen gleichermaßen.

Checkbox: Wie mit (fremden) Emotionen umgehen?

Schnelle Tipps:
- Geben Sie Emotionen Raum, wenn Sie sich zeigen. Zuhören zu können, zahlt sich hier aus.
- Benennen Sie, was Sie wahrnehmen.
- Stellen Sie möglicherweise eine Gesprächspause zur Wahl.
- Setzen Sie Grenzen, wenn es im Konflikt persönlich wird.
- Wenn Sie nicht wissen, was Sie erwidern sollen, sagen sie genau das; fassen Sie Ihre Sprachlosigkeit in Worte!

In der Vorbereitung auf ein Gespräch, in dem Sie stärkere Emotionen erwarten, empfehle ich Führungskräften, die noch wenig Erfahrung mit solchen Situationen haben, die Frage nach der vermuteten Reaktion des Gesprächspartners zu erweitern:

1. Was kann im schlimmsten Fall passieren?
2. Was kann im besten Fall passieren?
3. Was wird wahrscheinlich passieren?
4. Was kann ich tun, damit der schlimmste Fall nicht und möglichst der beste Fall eintritt?

Durch die explizite Beschreibung des schlimmsten Falls, verliert dieser in der Regel einen Teil seiner Bedrohlichkeit und durch die Vorbereitung der eigenen Handlung erhöht sich das Gefühl, die Situation beeinflussen zu können.

Ebene 3 – Klarheit für das eigene Selbst

Während die ersten beiden Ebenen die Situation und das (emotionale) Umfeld des Gesprächs im Blick haben, geht die dritte Ebene der Selbstklärung an den Kern, das eigene Selbst. Denn wirkliche Klarheit gewinne ich als Führungskraft nicht im Außen sondern im Innen. Wenn ich mich mit meinen Emotionen, Zielen, Werten und meinem Sinn beschäftige, dann ist das ein Prozess, der Prozess der Persönlichkeitsentwicklung, denn so kristallisiert sich meine eigene positive Identität heraus. Ich werde mir wirklich bewusst, wer und wie ich sein will und somit auch, wie ich auf meine Mitarbeitenden wirken möchte. Hier geht es darum, die Zeit zu investieren, um das Bewusstsein über die eigene Person zu erweitern. So manches, was uns wichtig ist, schlummert in unserem Unbewussten. Eine aktive Persönlichkeitsentwicklung und eine echte Identifikation mit dem eigenen Selbst erfordern aber eine Verlagerung ins Bewusstsein.

Einige Fragen, die ich mir bei der Klärung der Ebene 3 stelle, führen zu sehr grundsätzlichen Antworten, etwa im Bezug auf meine persönlichen Werte. Wenn ich meine persönliche Wertehierarchie geklärt habe, führt dies dazu, dass ich in zukünftigen Situationen schneller zu mehr Klarheit kommen kann. Die Herausforderung, vor wichtigen Gesprächen auf der Suche nach eigenen Anteilen oder möglichen Auslösern für innere Konflikte zu gehen, bleibt jedoch bestehen.

Tipp: Selbstklärung auf der Ebene 3 vor jedem Gespräch oder unabhängig von Mitarbeitergesprächen
Die Klärung des eigenen Selbst und damit ein Hineinwachsen in die Führungsrolle oder eine Weiterentwicklung der eigenen Persönlichkeit stellt einen längeren Prozess dar. Dieser endet nicht mit dem nächsten Mitarbeitergespräch. Im Gegenteil, eine gute Selbstklärung bedeutet immer wieder, auch mit fortschreitender Erfahrung Reflexionsschleifen einzubauen.

Andererseits braucht es vor jedem Gespräch einen kurzen Kontakt zu den eigenen Emotionen, Werten und Zielen. Somit sollten Sie als Führungskraft die Ebene 3 einerseits als langfristigen Prozess unabhängig vom einzelnen Gespräch und andererseits als relevanten Punkt in Ihrer Gesprächsvorbereitung betrachten.

Im Folgenden greifen wir nun Themenfelder auf, die Teil der Selbstklärung auf der Ebene 3, also Klarheit für das eigene Selbst: vor Mitarbeitergesprächen sein können. Die wesentlichen Aspekte sind:

- Emotionen,
- Ziele,
- Werte.

Eigene Emotionen als Datenträger

Sie denken nun möglicherweise »Moment mal, wir wollen doch immer schön sachlich bleiben, was soll da ein Abschnitt über Emotionen?«. Emotionen sind von großer Bedeutung im menschlichen Erleben, das Leugnen oder Tabuisieren in der Businesswelt verursacht unseres Erachtens eher Schaden als Nutzen.

»Ich will nicht so emotional an die Sache herangehen.« Oder: »Lasst uns das Thema schön bearbeiten statt immer so emotional.« So oder ähnlich sprechen vielen Menschen über Emotionen im Beruf – als etwas per se Negatives, Störendes, zu beseitigendes. Das mag vielleicht häufig an der Firmenkultur oder an der eigenen Sozialisation liegen – aber dieser Blick auf Emotionen ist unvollständig und vielleicht sogar destruktiv. Denn Emotionen geben uns Informationen darüber, wie wir bestimmte Situationen bewerten. Sie können sich hinsichtlich der Stärke und der Richtung unterscheiden. Bei einem anstehenden Kritikgespräch bin ich möglicherweise besonders wütend, bei einem wöchentlichen Regelgespräch eventuell leicht positiv gestimmt. Die Auseinandersetzung mit den eigenen Emotionen im Bezug auf Mitarbeitergespräche hat mehrere Phasen:

1. Die Wahrnehmung eigener positiver und negativer Emotionen vor dem Gespräch. Welche Vorbilder und Erfahrungen im Umgang mit Emotionen im Beruf haben Sie? Von wem haben Sie gelernt? Wie ist Ihre Haltung dazu? Wie steht es in der Unternehmenskultur im Umgang mit Emotionen – und wie steht es um Ihre Passung zu dieser Kultur?
2. Die Regulierung von Emotionen vor dem Gespräch (Fokussierung auf positive Emotionen, Moderation negativer Emotionen).
3. Moderation der eigenen Emotionen während des Gesprächs.
4. Selbstfürsorge nach dem Gespräch.

Vor einem Gespräch können diese Fragen interessant sein

So können eigene Emotionen erspürt werden:
- Freue ich mich auf das anstehende Gespräch?
- Welche Emotionen löst das anstehende Gespräch darüber hinaus in mir aus?
- Welche anderen Emotionen sind für mich gerade wahrnehmbar und sind diese in dem Gespräch begründet?
- Worüber mache ich mir Sorgen im Hinblick auf das Gespräch?
- In welcher Stimmung bin ich gerade? Wie könnte das das Gespräch positiv oder negativ beeinflussen?

Emotionen geben uns nicht nur Informationen über die Bewertung einer Situation, sondern sie bereiten auch unsere Reaktionen vor. Angenommen, ich ärgere mich über den Mitarbeiter oder ich bin gestresst, weil ich mir Sorgen mache, ob das Gespräch gut gelingen kann (Haben wir noch die Möglichkeit gemeinsam hinterher weiterzuarbeiten? Oder nicht?), dann führen diese negativen Emotionen wie Ärger über Mitarbeitende dazu, dass sich mein Fokus verengt. Das führt gegebenenfalls zu einer rigorosen Art gegenüber den Gesprächspartnern (»Der stiehlt mir meine Zeit und ich habe ein Recht darauf, den niederzumachen ...«) und/oder gegenüber mir selbst.

Der beginnenden Abwertung des Gegenübers lässt sich möglicherweise mithilfe der folgenden Fragen eine andere Perspektive hinzufügen:
- Welche gute Absicht kann ich dem Mitarbeiter unterstellen?
- Wie kann ich erst mal meine Emotionen regulieren, bevor ich in das Gespräch gehe?

Das Ausmaß, in dem ich meine Emotionen nach außen trage, sollte ich in schwierigen Gesprächen dosieren. Das gelingt nur, wenn ich nicht von meinen Emotionen übermannt werde, sondern darauf vorbereitet bin.

> **Tipp: Emotionen transparent machen, statt ihnen freien Lauf zu lassen**
> Versuchen Sie zu formulieren, was sie ärgert, wundert, bewegt: »Ich empfinde es als persönliche Beleidigung und Missachtung, dass Sie meine Anweisungen wiederholt missachten ...«

Oder möglicherweise: »Die Situation ist für mich schwierig, weil ...« statt aus der Haut zu fahren oder einfach Dampf abzulassen.

Manchmal kann es sinnvoll sein, Transparenz darüber zu schaffen, manchmal kontraproduktiv. Insbesondere bei der Verkündung schwieriger Nachrichten, kann es besser sein, weniger Emotionen zu zeigen, weil es in erster Linie darum geht, aus der Rolle der Führungskraft heraus eine Botschaft zu überbringen. Deute ich in diesem Moment beispielsweise an, dass ich mich selbst schwer damit tue, löst dies möglicherweise Reaktionen aus, die unerwünscht sind (»Der steht ja selbst nicht dahinter!«, »Der meint es nicht ernst.«).

Sollte ich in der Innenschau eher positive Reaktionen bemerken, kann dies sehr nützlich sein. Wir wissen heute, dank der Forschung von Barbara Fredrickson und anderen, dass wir durch positive Emotionen Ressourcen aufbauen.

Positive Emotionen wie Dankbarkeit, Gelassenheit, Freude, Bewunderung ermöglichen ungewöhnliche Gedankengänge, ermöglichen eine höhere kognitivere Flexibilität und Kreativität, das Denken in größeren Zusammenhängen, führen zu einer Offenheit gegenüber neuen Impulsen und begünstigen die Akzeptanz von Verschiedenheit und Andersartigkeit.

Negative Emotionen wie Ärger, Neid oder Schuldgefühle hingegen machen unser Denken eher enger, vermindern unsere Handlungsoptionen, fokussieren uns tendenziell auf eine zu vermeidende Gefahr. Insofern bieten auch negative Emotionen wertvolle Informationen. Sie sind wie Wegweiser auf das, was uns eigentlich gerade wichtig wäre und offenbar nicht oder zu wenig da ist.

Undoing-Effekt
Natürlich ist nach dem Gespräch wieder vor dem Gespräch oder vor der nächsten Begegnung. Legen Sie sich doch ein positives Portfolio an Gegenständen, Musikstücken in der Playlist, Erinnerungen, Fotos, Lieblingskaffees oder -tees oder Lieblingsgesprächspartnern in der Kurzwahlliste zurecht, die Ihnen helfen, auch nach Mitarbeitergesprächen positive Emotionen zu verstärken und sich emotional zu regulieren, damit Sie sich in einen guten Zustand für anstehende Gespräche bringen können.

Hin zu statt weg von: konstruktive Ziele finden und verfolgen

Welche Ziele verfolgen Sie derzeit? Welches Ziel ist für Sie gerade besonders bedeutsam? Aus den drei wichtigsten Rollen (Führungskraft, Mitarbeiter, Teammitglied, oder andere), die Sie innehaben, welches sind jeweils die wichtigsten Ziele? Wie stehen diese Ziele zueinander in Beziehung oder in einer Spannung?

Wir verfolgen unbewusst oder bewusst ständig irgendwelche Ziele. Wie können gar nicht anders. Unsere Psyche und unser Streben nach Selbstwirksamkeit sind so angelegt. Doch sind wir uns auch wirklich immer bewusst, welche Agenda wir verfolgen? Klarheit hilft uns und unseren Gesprächspartnern. Ziele sind alle Anliegen und Vorhaben, die wir in unserem Alltag und Arbeitsleben verfolgen und nach deren Verwirklichung wir streben. Sie reichen von situationsspezifischen Zielen (Ich möchte der Mitarbeiterin A ein Feedback geben.) bis zu übergreifenden Lebens- (Haus am See) und Arbeitszielen (Einen Beitrag leisten für ...). Die Ziele, die wir verfolgen, leiten unser Handeln und geben dem Leben Struktur und Sinn. Selbstklärung bedeutet in diesem Zusammenhang, sich die eigenen Ziele bewusst zu machen, sie gegebenenfalls erstmals explizit zu formulieren und eine Hierarchie der Ziele zu klären. Außerdem gilt es, mögliche Spannungsfelder zwischen den Zielen, die Sie und andere verfolgen in der Vorbereitung auf Gespräche zu identifizieren. Eine hilfreiche Formel zur Definition von Zielen ist die p.o.s.i.t.i.v.-Formel von Daniela Blickhahn. Demnach sind gute Ziele **p**ositiv, **ö**kologisch, **s**ensorisch konkret, **i**ndividuell, **t**estbar, **i**nteressant und **v**isionär. Sie hilft dabei, aus vagen Wünschen klare Ziele zu machen, die handlungsleitend und motivierend sein können.

1. Positiv
Formulieren Sie Ihr Ziel in einem Satz, als ob das Ziel bereits erreicht ist. Nutzen Sie ein positives Ziel statt Verneinungen oder Vermeidungsziele, dabei kann die Frage »Wenn ich das nicht will, was möchte ich stattdessen?«

helfen. Nutzen Sie eine konkrete Beschreibung absoluten Ziels ohne Konjunktive.

2. Ökologisch
Ökologische Zielsetzungen beachten die Rahmenbedingungen, das Umfeld und die Menschen, mit denen wir zusammenarbeiten und -leben. Welchen Nutzen stiftet das Ziel für Sie und andere? Welche Einwände und Hindernisse können sich aus dem Umfeld ergeben? Worauf müssen Sie möglicherweise verzichten? Welche Kraftquellen wie Unterstützung aus dem Umfeld, Wissen oder finanzielle Mittel können Sie nutzen?

3. Sensorisch konkret
Beziehen Sie in die Zielformulierung möglichst viele Sinne mit ein. Welches Bild haben Sie vor Augen? Was sagen Sie und was sagen andere, wenn das Ziel erreicht ist? Wie fühlen Sie sich dann?

4. Individuell
Wir sprechen hier über Ihr Ziel. Sie sollten es aus eigener Kraft erreichen können und die volle Verantwortung dafür übernehmen. Wenn zunächst andere sich verändern müssen, damit Sie Ihr Ziel erreichen können, dann verlieren Sie den Einfluss auf die Zielerreichung.

5. Testbar
Woran werden Sie merken, dass das Ziel erreicht ist? Suchen Sie nach Messgrößen, nach Schlüsselindikatoren für die Zielerreichung, damit sich später eindeutig feststellen lässt, ob das Ziel erreicht ist.

6. Interessant
Das Ziel sollte natürlich Ihr Interesse wecken. Wenn Sie noch nicht begeistert an den Zielzustand denken können, fragen Sie sich, wie das Ziel sein müsste, damit es für Sie attraktiver wird.

7. Visionär

Worauf freuen Sie sich, wenn dieses Ziel erreicht ist? Wofür wird es einmal gut sein? Welche persönliche Bedeutsamkeit hat das Ziel für Sie? Für welches größere, grundsätzlichere Bestreben steht es?

In unterschiedlichen Lebensbereichen und aus den Rollen, die wir ausfüllen, heraus verfolgen wir Ziele, die miteinander harmonieren oder in Widerspruch stehen können. Es beginnt damit, sich seiner persönlichen Ziele bewusst zu werden, frei nach dem Zitat aus »Alice im Wunderland«: »Wenn du nicht weißt, wo du hinwillst, ist es auch egal, wo du lang gehst.« In Bezug auf unser Thema der Mitarbeitergespräche gilt es, sich über aufkommende Zielkonflikte bewusst zu werden und diese handzuhaben. Dabei sind die Ziele auf unterschiedlichen Ebenen zu beachten. Vom Ziel für dieses Gespräch, den Zielen für dieses Jahr, die nächsten Jahre und dies jeweils im Bezug zu meinen und den Zielen des Mitarbeiters. Auch die Ziele für das Gespräch lassen sich noch etwas ganzheitlicher betrachten und können so zu einer Selbstklärung einen wertvollen Beitrag leisten.

Zielkonflikte betrachten

Aus der oben genannten Frage nach den eigenen Rollen und der Zielvielfalt, die sich ergeben kann, resultieren möglicherweise unterschiedliche Handlungsimpulse und es ergeben sich somit Spannungsfelder oder Zielkonflikte. Diese zu klären und zu balancieren, ist eine immer wiederkehrende Herausforderung. Im Coaching mit Führungskräften begegnen mir ständig Dilemmata. So kann sich die Frage stellen, ob ich die Mitarbeiterin zu einer Fortbildung schicke, weil ich Talente entwickeln will, aber andererseits Geld einsparen möchte und den Zeitaufwand, der für eine adäquate Begleitung der Fortbildung entsteht, gern vermeiden möchte. Im Folgenden stelle ich ein Vorgehen vor, dass ich »Erkunden und Verbinden« nenne und letztlich auf Matthias Varga von Kibéd und Insa Sparrer zurückgeht. Wenn Sie also vor einem Zielkonflikt stehen:

Erkunden und Verbinden: Ein Ansatz zur Klärung von Konflikten

Erkundung:
- Welches sind die beiden in einer Spannung stehenden Positionen? Geben Sie den Positionen A und B Rufnamen!
- Was spricht alles für A?
- Was spricht alles für B? (Wenn Ihnen Nachteile für B einfallen, notieren Sie es besser als Vorteil für A!)
- Was wird dadurch klarer?

Verbindung:
- Welche Möglichkeiten der Verbindung von A und B fallen Ihnen ein?
- Findet sich ein akzeptabler Kompromiss (ein bisschen A und ein bisschen B)?
- Können Sie einen zeitlichen Aspekt hinzufügen?
- Können Sie Unterschiede machen, in welchem Kontext Sie gerade agieren (etwa als Vorgesetzte oder als Kollege)?
- Welche Annahmen oder Glaubenssätze, die den Positionen zugrunde liegen, können Sie infrage stellen?
- Lässt sich für den Moment entscheiden, dass A (oder das B) etwas stärker zu betonen?

Was heißt das konkret? Für die Frage nach der Genehmigung der Fortbildung ließen sich auf diese Weise möglicherweise folgende Lösungen erarbeiten:
- Die Fortbildung erlauben Sie nicht jetzt, aber nächstes Quartal.
- Die Kollegin besucht erst mal einen Impulsvortrag zu dem Thema, statt eine Jahresausbildung zu buchen.
- Die Mitarbeiterin übernimmt einen finanziellen Eigenanteil.
- Die Personalabteilung berät und unterstützt bei der Erstellung und Begleitung des persönlichen Entwicklungsplans.
- »Was ist, wenn ich Geld investiere und die Mitarbeiterin verlässt uns?« verwandelt sich in »Was ist, wenn ihre Entwicklung stagniert und sie bleibt?«.

- Fortbildungen und Lernen müssen nicht immer formalisiert an einer Akademie stattfinden, sondern können auch sozial und kollaborativ in den Arbeitsalltag integriert werden.

Auf diese Weise können Spannungen reduziert und Verbindungen erzeugt werden, wohlwissend, dass Sie auf diese Weise nicht alle inneren und äußeren Konflikte kurzfristig und endgültig klären können.

Gesprächsziele ganzheitlich betrachten

Die Klärung der Ziele des Gesprächs haben wir bereits der Ebene 1 zugeordnet. Doch die vordergründige Betrachtung des Ziels für das anstehende Mitarbeitergespräch ist möglicherweise schnell abgeschlossen, aber ungenügend. Vor einem Jahresgespräch fokussiere ich mich möglicherweise auf folgende Ziele:

- Ich möchte, dass wir Selbst- und Fremdbild abgleichen und zu einer geteilten Sichtweise kommen.
- Ich möchte, daraufhin mit der Mitarbeiterin über die Übernahme zusätzlicher Aufgaben und Verantwortung sprechen.

Eine Fragenkette, die Matthias Varga von Kibéd und Insa Sparrer beschrieben haben, ermöglicht nun eine differenzierte Auseinandersetzung mit diesen Zielen sowie eine Annäherung an den erwünschten Zustand: 1. Zielformulierung ➲ 2. Hindernisse ➲ 3. Kompetenzen ➲ 4. Zukünftige Aufgabe ➲ 5. Gewinn des heutigen Zustands.

Betrachten wir unser Beispiel:

1. Zielformulierung

a. Ich möchte, dass wir Selbst- und Fremdbild abgleichen und zu einer geteilten Sichtweise kommen.
b. Ich möchte daraufhin mit der Mitarbeiterin über die Übernahme zusätzlicher Aufgaben und Verantwortung sprechen.

2. Welche Hindernisse vermuten Sie auf dem Weg zum Ziel?
a. Die Mitarbeiterin könnte in der Eigenwahrnehmung von meiner abweichen.
b. Die Mitarbeiterin könnte sich mit der Selbstreflexion grundsätzlich schwer tun, weil sie darin ungeübt ist.
c. Die Mitarbeiterin möchte keine oder andere Aufgaben übernehmen, als ich vorgesehen habe.

3. Welche Kompetenzen, Erfahrungen oder Unterstützer können Ihnen helfen, das Ziel trotz der möglicherweise auftretenden Hindernisse zu erreichen?
a. Viel Erfahrung in Gesprächen dieser Art.
b. Sparring mit einem Kollegen in der Gesprächsvorbereitung ...

4. Welche zukünftige Aufgabe könnte die Zielerreichung verhindern? Was wartet auf Sie nach dem Ziel?
a. Sie müssten in den nächsten Wochen mehr Zeit für die Befähigung der Mitarbeiterin im Bezug auf die neue Aufgabe investieren.
b. Die Mitarbeitern könnte befürchten, dass Sie schwierige Fortbildungen zu absolvieren hat oder mehr Überstunden machen wird.

5. Was ist der Gewinn des heutigen Zustands?
a. Die Mitarbeiterin/der Mitarbeiter beherrscht ihre/seine aktuellen Aufgaben gut, fühlt sich damit wohl.
b. Sie können sich auf die Arbeitsqualität bei den jetzigen Aufgaben verlassen.
c. Sie können Ihre Zeit für andere Projekte verwenden.

In der vertieften Selbstklärung gilt es aber auch, sich der eigenen Ziele bewusst zu werden. Ich hatte mal eine Führungskraft, der man nachsagte, sie hätte im heimischen Keller alle Wände voller Flipcharts und Whiteboards, auf denen die strategischen Ziele und Schritte dorthin visualisiert waren. Die Auseinandersetzung mit den eigenen (situationsübergreifenden) Zielen verschafft Klarheit und Fokussierung. Vor wichtigen Gesprächen können wir so leichter die Bedeutsamkeit des Gesprächs einordnen und andererseits besser einordnen, warum wir besonders angespannt sind.

Ziele mit Zug – ein paar mögliche Fragen
- Welche Ziele verfolge ich aktuell kurzfristig (in den nächsten Monaten)?
- Welche Ziele verfolge ich aktuell mittelfristig (in den nächsten zwei bis drei Jahren)?
- Welche Ziele verfolge ich aktuelle langfristig (länger als drei Jahre)?
- Wie möchte ich in meiner Rolle wahrgenommen werden?
- Was möchte ich aus meiner Rolle heraus anderen vermitteln?
- Wenn ich diese Position einmal nicht mehr auskleide, was sollen die Menschen über mein Wirken im Nachhinein sagen?
- Und wenn ich die oben genannten Ziele einmal erreicht habe, wofür wird das gut sein? (Sie können ein relevantes Ziel als einen Schritt, eine Stufe auf einer langen Treppe sehen und sich Fragen, wenn diese Treppe zehn oder hundert Stufen hätte, was wäre dann Stufe hundert?)
- Welche Rollen habe ich über meine Führungsrolle hinaus inne?
- Welche Ziele habe ich aus den anderen Rollen heraus? Welche Zielkonflikte ergeben sich daraus aktuell?

Was uns wichtig und richtig erscheint: Werte

Wertvorstellung repräsentieren, was Menschen als gut oder schlecht, anstrebenswert oder nicht erstrebenswert einschätzen. Sie beschreiben Überzeugungen, die situationsübergreifend bedeutsam sind und lenken die Auswahl und Beurteilung von Verhaltensweisen. Sie können in eine relative Rangfolge gebracht werden. Auch wenn Werte nicht immer unmittelbar handlungsauslösend sind, ist ein dauerhaftes Handeln gegen die eigenen Werte keine Option. In der Selbstklärung ist es also wichtig, sich darüber im Klaren zu sein, wo die eigenen Werte berührt werden. Wenn ich mir wichtige Werte nicht ausleben kann, führt das möglicherweise dazu, dass ich emotional werde oder dass ich rücksichtsloser im Bezug auf die Positionen des anderen werde. Oder mir stellt sich ein diffuses Unwohlsein ein. Wenn ich meine Werte jedoch in meinem Handeln realisieren kann, dann entsteht daraus Zufriedenheit, Flow und letztlich Performance. Die wahrhaftige Auseinandersetzung mit den eigenen Werten ist ein andauernder Prozess.

Tipp: Eigene Werte erkunden

Werte haben per se etwas Wolkiges, schwer Fassbares – zunächst. Mit folgenden Fragen können Sie Ihre Werte handhabbarer und greifbarer machen: Für welche Werte steht unser Unternehmen und mit welchen dieser Werte identifiziere ich mich besonders?

Vervollständigen Sie die folgenden Sätze. Welche Werte stehen hinter diesen Antworten?

- Ich gehe sofort auf Distanz zu Menschen, die ...
- Ich schätze Menschen in meiner Umgebung, die ...
- Ich habe diesen Job ergriffen, um ...
- Ich finde es wirklich wichtig im Leben/im Job, dass ...
- Ich respektiere andere, die ...
- Ich lege im Miteinander Wert auf ...
- Ich finde in der Familie ist es besonders wichtig, dass ...
- Ich möchte mit meiner Arbeit dazu beitragen, dass ...

Reduzieren Sie die Liste der gefundenen Werte auf drei bis sieben Punkte! Bringen Sie die gefundenen Werte in eine Reihenfolge: Welchen Wert würden Sie als erstes oder als letztes aufgeben?

Wertvorstellungen unterscheiden sich zwischen Kulturen und zwischen Generationen. In unserer Gesellschaft spricht man auch von einem Wertewandel, wenn sich kollektiv geteilte Werte mit der Zeit verändern oder in der allgemeinen Wertehierarchie auf- und absteigen. Die geteilten Erfahrungen einer Generation, die Erziehung und die soziale Prägung beeinflussen unsere Wertvorstellungen und begegnen ständig anders gerichteten Wertvorstellungen, wenn unser persönliches Wertesystem auf das gesellschaftlich betonte Wertegefüge oder die Wertehierarchie eines Unternehmens trifft. Das bedeutet für die Auseinandersetzung miteinander, ob nun in Mitarbeitergesprächen oder in anderen Kontexten, dass sich Wertekonflikte zwangsläufig immer wieder ergeben werden und eine Verabsolutierung von Werten zu vermeiden ist. Jeder Wert steht zu vielen anderen Werten in Konflikten. Zum Beispiel Klarheit versus Wertschätzung, Leistung versus Solidarität, Performance versus ökologische Nachhaltigkeit. Damit Sie gut aufgestellt in ein Gespräch gehen, sollten Sie sich fragen:

- Wo werden meine Werte hier berührt?
- Wo vermute ich Unterschiede und Gemeinsamkeiten im Hinblick auf die Wertehierarchien des Mitarbeitenden und mir?
- Welche meiner Werte stehen hier in einem Konflikt zueinander?
- Was lösen die daraus resultierenden Wertekonflikte in mir aus?

Auf diese Weise gewinnen Sie Klarheit darüber, warum Ihnen ein Gespräch so schwer fällt. Eine hilfreiche Herangehensweise in der Auseinandersetzung mit Werten geht auf Aristoteles zurück. Hier eine Anleitung für die Betrachtung von Werten in einem Wertequadrat in wenigen Schritten. Wertequadrat wird dieses Schema übrigens deswegen genannt, weil man in der grafischen Darstellung Wert 1 und Wert 2 als obere und Übertreibung 1 und Übertreibung 2 als untere Eckpunkte eines Vierecks darstellen kann:

1. Welcher Wert ist mir gerade besonders wichtig? Warum ist das für mich so wichtig? (Wert 1)
2. Wenn jemand diesen Wert in zu starkem Maße betont, kompromisslos über alle anderen Werte stellt, was würde sich dann ergeben? (Übertreibung 1)

3. Woran müsste ich mich erinnern, was ebenfalls eine andere wertvolle Eigenschaft oder Verhaltensweise ist? Was ist also wichtig neben dem Wert unter 1., was es auch zu beachten gilt? (Wert 2)
4. Was wäre das Gegenteil von meinem Wert 1, das ich auch zu vermeiden versuche? (Übertreibung 2)
5. Wie kann mir eine gute Balance gelingen zwischen Wert 1 und Wert 2? Was kann mich daran erinnern, dass ich diese Balance finden möchte? Welche Erfahrungen aus bisherigen Situationen können mir Anhaltspunkte geben, wann ich zu einer Übertreibung neige, um diese zu vermeiden? (Balancierung)

Betrachten wir einmal eine wertvolle Eigenschaft von Führungskräften, die in der Vorbereitung auf Mitarbeitergespräche relevant werden kann, um das Wertequadrat beispielhaft zu betrachten. Eine frühere Kollegin, die ich sehr schätze, litt in schwierigen Gesprächen immer mit den Gefühlen der Mitarbeitenden mit. Dieses Einfühlungsvermögen ist eine wertvolle Eigenschaft für Führungskräfte (Wert 1). Mitunter bestand dabei die Gefahr, dass die Kollegin Schwierigkeiten hatte, sich abzugrenzen und von ihren Emotionen überwältigt war (Übertreibung 1). Insbesondere bei der Überbringung schwieriger Botschaften, etwa, wenn einem Auszubildenden mitzuteilen war, dass er nicht über die Probezeit hinaus übernommen wird, ist es wichtig, zwischen Person und Verhalten sowie zwischen Rolle und eigener Persönlichkeit zu unterscheiden und sich abzugrenzen (Wert 2). Eine gefühlskalte oder abwertende Einstellung gegenüber den Mitarbeitenden ist jedoch auch nicht erstrebenswert (Übertreibung 2). Für meine frühere Kollegin war es also wichtig, es nicht aus Sorge davor, in die Übertreibung 2 abzurutschen, mit dem Einfühlungsvermögen zu übertreiben und stattdessen eine »beharrliche Empathie« oder vielleicht eine »wertschätzende Härte« anzustreben.

Welcher Ihrer Werte könnte einer zielförderlichen Gesprächsführung im Wege stehen und wie gelingt Ihnen die Balance zwischen diesem Wert und einem anderen ebenfalls wichtigen Wert?

Unsere grundsätzlichen Wertehaltungen fordern uns erfahrungsgemäß immer wieder heraus. Eine zusätzliche Qualität erhält die Beschäftigung mit Wertespannungen, wenn mein Gegenüber ganz andere Wertvorstellungen transportiert. Herausfordernd wird es immer dann, wenn die bevorzugten Werte sehr weit auseinanderliegen. Wenn etwa Selbstbestimmungswerte mit Traditionswerten oder universalistische Werte mit egozentrischen Werten kollidieren. Die oben vorgestellte Fragenliste zur Herleitung eines Wertequadrats können Sie auch nutzen, um sich Klarheit über das Verhalten des Mitarbeiters zu verschaffen. Alternativ können Sie in manchen Situation sogar einen offenen Dialog anhand dieser Fragen führen:

1. Welche wertvollen Aspekte finden sich in dem Verhalten (Nutzen für den Handelnden/für andere?)?
2. Welche Gefahren im Sinne von Übertreibungen beinhaltet das Verhalten? Was könnte man weniger wohlwollend unterstellen?
3. Was wäre das Gegenteil (welches wir auch vermeiden wollen)?
4. Welcher andere Wert sollte stattdessen ebenfalls beachtet werden? Was ist also wichtig, um nicht in (2.) Übertreibung abzurutschen, beziehungsweise was ist der wertvolle Aspekt an (3.)?
5. Wie kann es gelingen, die Balance zu halten? Was ist wertvoll daran, diese Balance zu schaffen?
6. Was sind konkrete Schritte und Vereinbarungen, um die Balance zu halten?
7. Woran merken wir, dass uns die Balance gelingt? Wann bewerten wir das wieder gemeinsam (nächster Gesprächstermin)?

Dieser Leitfaden kann sowohl in der Vorbereitung als auch für den Gesprächsablauf genutzt werden. Im Gespräch gilt es allerdings, abzuwägen, wo ich durch offene Fragen die Perspektive des Gesprächspartners erfragen kann und ihm so dabei helfen kann, die Konsequenzen seines Handelns besser abzuwägen, statt ihn direkt mit meiner Einschätzung zu konfrontieren.

Selbstklärung vor, nach und während des Mitarbeitergesprächs

Abschließend lässt sich die Selbstklärung auf drei Ebenen einerseits als eine sehr grundlegende Selbstklärung, eine Haltungsfrage, die anlassunabhängig ist, betrachten. Andererseits geht es um Selbstklärung vor, nach und während des Mitarbeitergesprächs. Wobei die drei Ebenen jeweils berührt werden, wenn ich meine innere Mannschaftsaufstellung vor dem Gespräch wähle, wenn ich während des Gesprächs Emotionen oder neue Werte- oder Zielkonflikte bemerke und wenn ich nach dem Gespräch versuche, das Gespräch zu reflektieren. Dabei reichen die Ziele der Selbstklärung von der Demonstration von Souveränität und Klarheit im Gespräch über die Beziehungsgestaltung bis hin zur eigenen Identitätsklärung und Persönlichkeitsentwicklung. Immer mit der Erlaubnis, auf der ein oder anderen Ebene noch unklar oder von einer Gesprächssituation überrascht zu sein und dem Anspruch, es in Zukunft ein bisschen besser zu machen, weil innere Klarheit zu äußerer Klarheit führt und weil Klarheit eine wichtige Form von Wertschätzung dem anderen gegenüber ist.

8.
Virtuelle Mitarbeitergespräche wachstumsorientiert führen

In diesem Kapitel thematisieren wir die heute alltäglichen Herausforderungen virtueller Mitarbeitergespräche. Dabei betrachten wir die Frage, wie Führungskräfte über räumliche Distanz wirksam werden können, indem Sie zentrale Bedürfnisse der Mitarbeiter berücksichtigen. Darüber hinaus schauen wir uns Formate und deren Chancen und Risiken an und werfen einen Blick in die Praxis.

Click- und Lesetipp: In der digitalen Playbox zu diesem (elektronischen) Buch finden Sie auch einige Anregungen für wirkungsvollere virtuelle Kommunikationssituationen.

Führen auf Distanz – Situationsbeschreibung

Im Jahr 2016 habe ich (MS) in einem IT-Systemhaus angeheuert, um in meiner Rolle direkt dem Vorstandsvorsitzenden zu berichten und mit seiner Unterstützung, Prinzipien der Positiven Psychologie und Positiven Führung in der Personalauswahl und -entwicklung zu etablieren. Das Besondere: Die Vertriebsmitarbeiter, habe ich – mit Ausnahme einer Firmenveranstaltung in einem etwas in die Jahre gekommenen Gasthof im »Alten Land« südlich von Hamburg (auf dem Zimmer hatte das Telefon noch Wählscheibe, welch ein Kontrast für ein IT-Unternehmen!) – selten getroffen. Sie hatten Firmenfahrzeuge und waren viel unterwegs. Die Projektmitarbeiter waren teilweise monatelang in Projekten beschäftigt, die verlangten, dass sie auf dem Firmengelände des Kunden tätig waren. Diese Mitarbeiter waren im Alltag mit den internen IT-Kollegen der Kundenfirmen in Kontakt und telefonierten – wenn es hoch kam – wöchentlich mit ihrem Chef – meist während dieser auf der Autobahn unterwegs war. Aus den Zeiten der Lockdowns in 2020 während der Corona-Pandemie hat nun eine breite Masse die räumliche Trennung von den Kollegen erlebt. Mit dieser Erfahrung; was glauben Sie mit wem sich diese Mitarbeiter stärker identifizierten? Mit ihrem Arbeitgeber oder der Kundenfirma? ... Richtig!

Unabhängig von der Häufigkeit von Dienstreisen, ergibt sich bereits bei einer Tätigkeit im Homeoffice oder einfach räumlich getrennt von den Kollegen die gleiche Problematik: Das Gefühl der emotionalen Zugehörigkeit, kann sich nicht mehr ständig erneuern und fehlende informelle Kommunikation mit den Kollegen führt zu einer zunehmenden Distanzierung. Forschungserkenntnisse zeigen auf, dass das Ausmaß der gefühlten Bindung an das Team von zahlreichen Faktoren – etwa der räumlichen Verteilung insgesamt oder der Existenz von Cliquen abhängt. In einer im kürzlich durchgeführten Umfrage unter knapp neunhundert Führungskräften sahen mehr als die Hälfte den Umgang mit Führen auf Distanz als die größte Herausforderung in der Arbeitswelt des New Normal an und sechsundvierzig Prozent sorgten sich um die Mitarbeiterbindung. In der Praxis erreichen mich schon seit einiger Zeit sowohl von Mitarbeitern als auch von Führungskräften zahlreiche positive Stimmen bezüglich der hybriden oder räumlich verteilten Arbeitssituation. So werden die gewonnene Freiheit in der Tages- und Ablaufgestaltung, die hinzugewonnene Autonomie und auch die Diskretion von Personalgesprächen in einem virtuellen geschützten Raum unter anderen Vorteilen gewürdigt. Diese Stärken gilt es zu nutzen und auszubauen und andererseits, den Herausforderungen hinsichtlich der Mitarbeiterbindung zu begegnen. Es geht also darum, auch und gerade digital die Mitarbeiter an das Unternehmen zu binden und eine gute Beziehung aufzubauen und zu pflegen.

Mitarbeiterbindung als Herausforderung

Mitarbeiterbindung (englisch: Commitment) wird im Wesentlichen als Verbundenheit, Verpflichtung, Identifikation und Loyalität gegenüber der Organisation verstanden. Sie wird auch als das psychologische Band zwischen Mitarbeiter und Unternehmen bezeichnet. Eine höhere Bindung soll verhindern, dass Mitarbeiter bereit sind, die Firma zu verlassen und ermöglichen, dass eine höhere Leistungsbereitschaft entsteht.

Das Drei-Komponenten-Modell von Allen und Meyer (1990) unterscheidet dabei das
- affektive Commtment (Wollen),
- kalkulatorische Commitment (Brauchen) und
- das normative Commitment (Sollen).

Wollen, Brauchen und Sollen beziehen sich dabei auf das Erleben des Mitarbeiters, der etwa aufgrund von positiven Emotionen Teil der Organisation bleiben will. Das affektive Commitment kann in gemeinsamen Werten und Zielen begründet sein und entsteht durch die Arbeitsbedingungen und Ausgestaltung der Rolle. Kalkulatorisches Commitment geht mit der Angst oder Sorge vor Kosten/Verlusten einher. Aus der Kosten-Nutzen-Abwägung entsteht ein Gefühl, die Beziehung zur Organisation zu brauchen. Diese Form der Verbundenheit kann aus bisherigen Investitionen wie einer längeren Zugehörigkeit oder den aktuellen Alternativen herrühren. Normatives Commitment ist davon geprägt, dass der Mitarbeiter meint, er sollte aus Schuld- oder Dankbarkeitsgefühlen Teil der Organisation bleiben, was in der Norm des Gebens und Nehmens und der grundsätzlichen sozialen Prägung begründet sein kann. Aus dieser Betrachtung wird deutlich, dass die Mitarbeiterbindung nicht nur unterschiedlich stark, sondern auch in ihrer Qualität variabel sein kann. Dabei hat neben der Organisation und den Arbeitsbedingungen auch die Teamzugehörigkeit oder die Beziehungsqualität zur Führungskraft eine Bedeutung für das Commitment.

Formale Mitarbeitergespräche sowie kurze informelle Austausche haben das Potenzial, das affektive Erleben der Mitarbeiter zu beeinflussen. In einer gewissen Regelmäßigkeit transportieren sie jedoch die Bedeutung von Werten wie Würde, Vertrauen, Fairness, Wertschätzung, (Mit-)Menschlichkeit und gegenseitiges Interesse. Kosten-Nutzen-Abwägungen und Zufriedenheit mit den Arbeitsbedingungen von Mitarbeitern können vor allem solche Mitarbeitergespräche beeinflussen, die Entscheidungen kommunizieren. Wie Ihr bisheriges Kommunikationsverhalten bereits die Bindung der Mitarbeiter beeinflusst und wie Sie zukünftige Gespräche noch besser nutzen können, ist das Thema des nächsten Abschnitts. Vorher sollten Sie jedoch eine Standortbestimmung machen. Mit Blick auf die IT-Berater aus dem oben beschriebenen Beispiel können die Fragen unserer Commitment-Analyse hilfreich sein.

Tool Commitment-Analyse
- Wie schätzen Sie den Mitarbeiter und sein Commitment ein?
- Welche Werte sind für diesen Mitarbeiter besonders wichtig? Wo wurden diese Werte in der letzten Zeit verletzt? Wo wurden sie besonders gewürdigt?
- Wie sehr fühlt er sich Ihnen, dem Team oder der Firma verbunden?
- Wie schätzen das andere Personen ein?
- Wie ist die Beziehungsqualität (affektiv, kalkulatorisch oder normativ)?
- Warum wird die Beziehung aufrechterhalten?

Wie Mitarbeitergespräche im Online-Setting wirken (können)

In manchen Phasen der Zusammenarbeit oder in der Kooperation mit bestimmten Kolleg(inn)en gewinnt Kommunikation über Telefon und Videokonferenz oder Textnachrichten die Oberhand. Dies kann zu dem Gefühl beitragen, dass im Austausch etwas verloren geht. Andererseits haben diese Kommunikationsmedien, die unsere moderne Arbeitswelt an vielen Stellen prägen auch viele Vorteile. Wie ist Ihre Einschätzung, wenn Sie auf die letzten virtuellen Gespräche zurückblicken:

- Wann ist es Ihnen in der letzten Zeit gut gelungen, die Beziehung zu einem Mitarbeiter zu stärken? Was war ein Moment der Verbundenheit?
- Welche Tricks und Kniffe haben Sie sich möglicherweise angeeignet, um den Kontakt zu den Mitarbeitern zu halten?
- Wie sieht Ihr persönlicher Lackmustest für die Stimmung im Team aus?

- Wo haben Sie das Gefühl, Sie müssten eigentlich näher dran sein, weil die Mitarbeiter sich eventuell unterinformiert oder allein gelassen fühlen?

Da Commitment und Bindung, wie in der Einleitung des Kapitels dargelegt wird, oft als besonders gefährdet bei räumlich verteilter Arbeit und virtueller Kommunikation eingeschätzt werden, legen wir in diesem Kapitel das Augenmerk darauf, wie diese beiden zentralen Aspekte gestärkt werden können. Wenn die Mitarbeiterbindung in ihren verschiedenen Facetten in Gesprächen gestärkt werden soll, dann lohnt es sich zu prüfen.

Auf die Punkte ist in virtuellen Meetings zu achten:
- Wie das Erleben positiver Emotionen gestärkt werden kann.
- Wie die Zufriedenheit der Mitarbeiter in Gesprächen erhöht werden können.
- Wie Dankbarkeit ausgedrückt und erfragt werden kann.
- Wie Verbundenheit über digitale Grenzen hinweg transportiert werden kann.
- Wie Entscheidungen auf eine Weise im digitalen Raum kommuniziert werden können, die Kollateralschäden vermeidet.
- Wie zentrale psychologische Bedürfnisse wie Autonomie, Zugehörigkeit und Kompetenzerleben befriedigt werden können.

Im Detail:

1. Wie das Erleben positiver Emotionen gesteigert werden kann
Die Selbstkundgabe über das eigene emotionale Befinden und das Registrieren von Stimmungen ist bei digitaler Zusammenarbeit schwieriger. Thematisieren Sie Ihr eigenes Befinden gegenüber Ihren Mitarbeitern? Oder haben »Emotionen im Business nichts zu suchen«? Vor Kurzem formulierte es eine Gruppe von Führungskräften in einem meiner Workshops so: Ist Freude am Arbeitsplatz nicht fehl am Platz? Meine Beratungspraxis zeigt leider, dass Emotionen sehr häufig eher tabuisiert werden und noch viel zu

wenig in den Fokus genommen werden. Manchmal aus dem alten Glaubenssatz »Wenn es Freude bereitet, ist es nicht seriös genug.«. Das stammt noch aus einer Phase, in der mein Bankberater noch dreiteilige Nadelstreifenanzüge trug statt Chinos ...

Der Nutzen davon, den eigenen Emotionen Ausdruck zu verleihen, ist vielfältig. Als Hinweis auf die Risiken und Nebenwirkungen sei gesagt, dass es in Krisensituationen ebenso wichtig ist, welche Emotionen die Führungskraft zeigt und ein echter Hit des Misserfolgs wäre es, wenn Sie jede Sorge, die Sie sich machen, ungefiltert und nicht validiert kommunizieren. Doch wenn wir auf die ganz alltäglichen Kommunikationssituationen schauen, dann kann das Sprechen über die eigenen Emotionen die Führungsperson verstehbarer und nahbarer werden lassen – wie Julien C. Mirivel es in seiner »Kunst der positiven Kommunikation« beschreibt – öffnen Sie sich, um die Beziehung und das Vertrauen zum gegenüber zu stärken und zu vertiefen auch in digitalen Gesprächen. Denn Ihr Mitarbeiter stellt genauso Vermutungen darüber an, wie es Ihnen geht, wie Sie es andersherum auch machen. Allerdings ergibt sich dabei eine Schwierigkeit: Bereits in den letzten fünfundzwanzig Jahren haben sozialpsychologische Untersuchungen ergeben, dass wir die Genauigkeit überschätzen, mit der Stimmungen, in denen eine Botschaft versendet wurde, entschlüsselt werden können. Je weniger Sinneskanäle dabei zur Verfügung stehen (Videochat, Sprachnachricht, Textnachricht), desto schwieriger wird es. Damit bleibt Führungskräften nichts anderes übrig, als Vermutungen zu hinterfragen.

Tipp: Fragen Sie Emotionen zu Beginn von Telefonaten, Online-Meetings und digitalen Mitarbeitergesprächen ab.

Die zehn wichtigsten positiven Emotionen sind Freude, Dankbarkeit, Gelassenheit, Interesse, Hoffnung, Stolz, Heiterkeit, Inspiration, Erstaunen und Liebe. Daraus lassen sich für Mitarbeitergespräche relevante Fragen ableiten.

Fragen zur Ermittlung emotionaler Zustände
- Worauf waren Sie in der Vergangenheit/letzten Zeit stolz?
- Welche aktuelle Aufgabe begeistert Sie oder bereitet Ihnen Freude?
- Welches aktuelle berufliche Thema hat Ihr Interesse geweckt?
- Auf welches kommende Projekt freuen Sie sich derzeit?
- Welche der oben genannten Emotionen haben für Sie in der letzten Zeit eine Rolle gespielt?
- In welcher Stimmung sind Sie heute?
- Worüber ärgern Sie sich? Was nervt?

Bei der letzten Frage stutzen Sie vielleicht. Meiner Erfahrung nach, brauchen wir nach den negativen Erlebnissen seltener zu fragen, weil wir diese ohnehin bereitwilliger teilen, um Dampf abzulassen. Zwar bestünde das Risiko in eine nicht enden wollende Jammerschleife zu verfallen, wenn wir nach negativen Emotionen fragen, allerdings biete ich diese Frage aus drei Gründen an: Erstens sollte in Mitarbeitergesprächen nicht um den heißen Brei herum geredet werden und zweitens gilt es, Stimmungen ganzheitlich wahrzunehmen ohne negative Emotionen zu verleugnen. Drittens entsteht häufig bereits Erleichterung durch das konkrete Benennen und Formulieren von Ärger oder Sorgen (name it to tame it).

Abschließend sei zum Thema der positiven Emotionen auf die Forschung der letzten Jahre verwiesen. Wie die Untersuchungen von Barbara Fredrickson zeigen, sind positive Emotionen bevorzugt in der Lage, unseren Fokus zu erweitern. Sie können Kreativität anregen, die Wahrnehmung erweitern und Offenheit fördern. So gestimmt, gelingt es uns auch in der Zusammenarbeit besser zu lernen, Neues zu entwickeln und damit wichtige Ressourcen für die Zukunft aufzubauen.

2. Wie die Zufriedenheit der Mitarbeiter in Gesprächen erhöht werden kann
Natürlich dreht sich nicht jedes Mitarbeitergespräch darum, die Mitarbeiterzufriedenheit zu erhöhen. Aber warum eigentlich nicht? Sie sollen ja nicht in jedem Gespräch Versprechungen machen oder Belohnungen ver-

teilen. Es würde sich auch abnutzen, wenn Sie in jedem Gespräch die Zufriedenheit des Mitarbeiters abfragen. In einer Ehe bespricht man ja auch nicht täglich am Frühstückstisch, ob man auch heute wieder mit dem Zusammenleben insgesamt bewertet sehr zufrieden ist. Jedoch bietet es sich an, diese Frage in formalen Gesprächsformaten wie Jahresrückblicks-, Beurteilungs- oder Projektabschlussgesprächen zu stellen, auch wenn diese Gespräche im digitalen Raum stattfinden. Folgende Aspekte leisten nach Carol Ryff einen Beitrag zu unserem übergreifenden psychologischen Wohlbefinden (dieses Konzept stellen wir Ihnen im Abschnitt »Das Jahresgespräch konstruktiver durchführen« ab Seite 76 mit weiteren Fragen auch für analoge Gespräche vor) und haben damit das Potenzial, die Mitarbeiterbindung auf hohem Niveau zu stabilisieren. Prüfen Sie im Gespräch, wie wichtig diese Aspekte für den jeweiligen Mitarbeiter sind: Die Aspekte sind: Autonomie, Selbstwirksamkeit/Alltagsbewältigung, Persönliches Wachstum, Positive Beziehungen, Selbstakzeptanz, Sinn.

3. Wie Dankbarkeit ausgedrückt und erfragt werden kann

»Dankbarkeit gegenüber den Mitarbeitern auszudrücken, ist etwas für vierzigjährige Dienstjubiläen.« Falsch! Jedenfalls nicht ausschließlich.

Auf einer meiner unzähligen Bahnfahrten hatte ich einen älteren Sitznachbarn, der vierzig Jahre als Einkäufer in einem großen Konzern gearbeitet hatte und er berichtete mir davon, wie er vor Kurzem eine Mitarbeiterin wieder getroffen hatte, die er über fünfzehn Jahre nicht gesehen hatte, da beide mittlerweile pensioniert waren. Er berichtete, wie diese Mitarbeiterin beim Wiedersehen auf ihn zukam und sagte: »Sie waren der einzige aus der Führungsetage, der einmal vor versammelter Mannschaft zu mir gesagt hat: ›Danke, Frau ..., dass Sie hier so unermüdlichen Einsatz zeigen, mit Ihrer Tätigkeit in der Assistenz halten Sie den Laden hier überhaupt am Laufen!‹« Augenscheinlich war es ein denkwürdiger Moment für die Mitarbeiterin, während der Vorgesetzte sich nur begrenzt erinnern konnte. Diese Episode zeigt beispielhaft, welche Wirkung ausgedrückte Dankbarkeit auf das normative Commitment von Mitarbeitern haben kann. Wie oft sagen

Sie »Danke« zu Ihren Mitarbeitern? Dankbarkeit löst in uns regelmäßig das Bedürfnis aus, etwas zurückgeben zu wollen. Damit kann sie nicht nur die Bindung an das Unternehmen und das Team stärken, sondern auch die Beziehungsebene zwischen Mitarbeiter und Führungskraft. Der folgende Kasten gibt Ihnen Impulse, wie Sie Dankbarkeit ausdrücken können.

Fünf Dankbarkeitsimpulse für Führungskräfte
- Sagen Sie einfach mal »Danke!«
- Eröffnen Sie der Mitarbeiterin in virtuellen Arbeitstandgesprächen, wem Sie in der Organisation besonders dankbar für den Projektfortschritt sind!
- Nutzen Sie Abschlussbesprechungen kleinerer Projekte, um Dankbarkeit auszudrücken.
- Formulieren Sie in Danksagungen für welchen Einsatz oder übergreifende Fähigkeiten Sie besonders dankbar sind. (Statt Allgemeinplätzen wie »Danke, dass Sie das Projekt X pünktlich fertig gestellt haben.«, lieber »Danke, dass Sie in den letzten Wochen so ausdauernd und hartnäckig am Ball geblieben sind. Ohne diesen Einsatz, wäre der Projektabschluss heute nicht möglich gewesen!«)
- Lassen Sie die Mitarbeiter Zeuge werden, wie Sie sich gegenüber Vorgesetzten dankbar über den Einsatz Ihres Teams äußern, etwa in Online-Bereichsbesprechungen oder Gesamtprojekttreffen.

Die Vielfalt der Möglichkeiten virtuell Dankbarkeit auszudrücken, rückt in der heutigen Zeit immer stärker in den Fokus von Mitarbeitenden und Führungskräften.

Hier einige Ideen, die wir für mehr Dankbarkeit zusammengetragen haben:
- Kudo box (es gibt im Internet Möglichkeiten, relativ niedrigschwellig Danke-Postkarten zu erstellen und zu versenden),
- LinkedIn-Post,
- Mail, Nachricht im Messenger/Team-Slack-Kanal,
- Sprachnachricht,
- witziges Bild im Teamkanal,
- am Anfang oder Ende eines Telefonats,
- Post-it oder Postkarte in die Post (insbesondere der haptische Aspekt kann bei sonst rein virtueller Zusammenarbeit zu einer Aufwertung der Danksagung beitragen!),
- Check-in-Frage im virtuellen Teammeeting: Wem bist du in der letzten Woche dankbar? Wofür?,
- Während Sie auf den Zug, den Flieger warten, oder gerade ein Termin ausgefallen ist, füllen Sie die Zeit, indem Sie versuchen, jemanden aus Ihrem Team telefonisch zu erreichen, um Ihre Botschaft zu überbringen.

5. Impulse für den Ausdruck von Verbundenheit im digitalem Rahmen

Zwischenmenschliche Verbundenheit kann auch im digitalen Raum entstehen, wachsen und erlebt werden. Die kleinste Einheit von Verbundenheit sind kleine Mikromomente. Wenn wir im Gespräch einen solchen Moment qualitativer Verbindung zu einem Kollegen erleben, dann wissen wir darum intuitiv. Jede Form von Blickkontakt im virtuellen Meeting und aktivem Zuhören signalisiert eine freundliche und wertschätzende Haltung, die zu emotionaler Resonanz beiträgt und die Verbundenheit fördern kann. Komplimente, gemeinsames Lachen, das Sprechen über gemeinsame Interessen und das Teilen persönlicher Informationen tragen zu diesem Gefühl der Verbundenheit bei. In virtuellen Gruppen sollten Sie insbesondere Abschlusstermine, wie etwa Projektabschlüsse, Retrospektiven, Jahresabschlüsse, Verabschiedungen von Kollegen, nutzen, damit das Gefühl der Verbundenheit entstehen kann. Wie? Stellen Sie die Frage, was der Einzelne an der gemeinsamen Zeit geschätzt hat: Nutzen Sie Kollaborationstools, damit jeder auf einem Bord teilen kann, was er an der gemeinsamen Zeit geschätzt hat oder koordinieren Sie kurze Breakout-sessions, in denen darüber in Kleingruppen gesprochen werden kann. Auch die Frage nach Erinnerungen oder positiven Gefühlen, die die Mitarbeiter(innen) aus der gemeinsamen Zeit mitnehmen führt hier zum Ziel (Tipp: Teilen Sie die Antworten im Chat und lesen Sie die Nennungen vor oder bilden Sie über Abfragetools Cluster mit den häufigsten Nennungen). Außerdem ist auch im digitalen Raum die Chance, sich persönlich zu verabschieden, etwa in Vier-Augen-Gesprächen, eine gute Möglichkeit, um das Gefühl der Verbundenheit zu stärken.

6. Wie Entscheidungen digital kommuniziert werden, ohne Kollateralschäden anzurichten

Es steht eine Umstrukturierung in einer großen deutschen Bank an. Dazu hat man die Führungskräfte einer Potenzialanalyse unterzogen. Jede Führungskraft musste sich auf eine Position im neuen Organigramm bewerben, im Zweifelsfall auch auf die eigene derzeit ausgefüllte Stelle. Der Tag der Entscheidung. In dreiminütigen Calls werden durch die oberen Führungskräfte die Entscheidungen verkündet. Auch im Nachhinein werden wenig Kontextinformationen zu der Entscheidung nachgereicht. Es ist, wie es ist. In so großen Transformationsprozessen entstehen immer zahlreiche Gefahren, für Irritation zu sorgen. Entscheidungen, insbesondere solche, die mit Spannung erwartet werden oder die schlechte Nachrichten beinhalten und möglicherweise gefühlte Gewinner und Verlierer produzieren, sind ein sensibles Feld. Die Kommunikation solcher Entscheidungen über digitale Kommunikationsmittel stellt eine zusätzliche Herausforderung dar, weil auf beiden Seiten Eindrücke darüber verloren gehen, ob es dem anderen leicht oder schwer fällt, die Entscheidung zu verkünden oder wie die Botschaft aufgenommen wird. Das Feld der unternehmensweiten Change-Kommunikation ist ein wichtiges, relevantes und tiefgreifendes Thema. Für ein anderes Buch. Doch was können Sie als einzelne Führungskraft besser machen, wenn Sie Entscheidungen, die möglicherweise einen Bad-news-Anteil haben, verkünden?

Wichtig ist und bleibt, nicht nur zu kommunizieren, dass eine Entscheidung zustande gekommen ist. Viel wichtiger, im Sinne der Wertschätzung und der Bindung ist es, zu kommunizieren, wie die Entscheidungen zustande gekommen sind. Das hilft, auch unliebsame Nachrichten zu akzeptieren. Es gilt auf die prozedurale Fairness zu achten. Dazu sollte kommuniziert werden, welche objektiven Kriterien als Entscheidungsgrundlage gedient haben, was alles über den Entscheidungsweg transparent gemacht werden kann, wie und wer beteiligt wurde, beziehungsweise wo es Raum und Zeit gibt, um Gegenstimmen Gehör zu schenken.

7. So lassen sich psychologische Grundbedürfnisse wie Autonomie, Zugehörigkeit und Erleben der eigenen Kompetenz im digitalen Raum befriedigen

Die Möglichkeit zur freien Entfaltung sind im Homeoffice erst einmal geschaffen. So entfallen mögliche Debatten mit dem Büronachbarn über das richtige Lüftungs- oder Heizverhalten. Doch Mitarbeiter können einerseits von dieser Autonomie überfordert sein und den Fokus in der Arbeit verlieren oder andererseits Einschränkungen in der Aufgabengestaltung oder Arbeitsüberwachung als störend erleben. Sue Ashford von der University of Michigan berichtet von vier hilfreichen Strategien, die viele Freiberufler bereits jahrelang anwenden, die helfen können, den Fokus zu setzen und die gewonnene Autonomie zielführend zu nutzen. Ich kürze diese vier Aspekte gern mit M.A.R.S. ab. Das steht für

- **M**enschen
- **A**nker
- **R**outinen
- und **S**inn.

Vielen Menschen hilft der Austausch mit Kollegen, sich auf eine Aufgabe zu fokussieren. In Mitarbeitergesprächen mit Homeoffice-Angestellten lässt sich diese Strategie nutzen, indem morgendliche Gespräche mit der Führungskraft (oder einer anderen Kollegin) genutzt werden, um den Fokus für den Tag zu finden. Ich merke beispielsweise an meinen Bürotagen, in denen ich nicht in Coachings oder Kundenworkshops gebunden bin, dass Gespräche mit Kollegen oder Projektpartnern meine Kreativität für neue Ideen und den Tatendrang für den Tag erst richtig aufwecken. Daher lohnt es sich, aufgabenspezifisch den Austausch mit Kollegen zu planen.

Das Arbeitsumfeld im eigenen Zuhause bietet recht unterschiedliche Ausstattung und der eigene Küchentisch gegebenenfalls nicht die optimale Inspiration für die aktuellen Aufgaben. Daher lohnt es sich, sein Arbeitsumfeld mit Ankern auszustatten. Das sind Gegenstände, mit denen Assoziationen oder Erinnerungen verbunden sind, die das Potenzial haben, die Mitarbeiter zu inspirieren und zu bestätigen. Die Erfahrungsberichte, die Sue Ashford erreichten, betreffen außerdem Routinen. Damit ist vor allem der Einstieg und der Ausstieg aus der Arbeit im Homeoffice gemeint. Ein gutes Thema für das nächste digitale Mitarbeitergespräch oder Teammeeting könnte der Austausch über eben solche Routinen sein. Was hilft dem Mitarbeiter, was hilft mir, um den Übergang vom Privatleben in die Homeoffice-Arbeit zu gestalten? Diese Frage eröffnet gleichzeitig den Raum, um persönliche Informationen zu teilen, wodurch das Vertrauen und die Bindung zwischen den Kollegen gestärkt wird.

Als letzten Aspekt nennt Sue Ashford Sinn. Die Bedeutung der eigenen Aufgabe bewusst vor Augen zu haben, hilft Mitarbeitern, den Fokus zu setzen. Außerdem könnte sich so zeigen, wenn Mitarbeitern die Aufgabenbedeutung nicht vollumfänglich bewusst ist. Somit ergibt sich die Notwendigkeit für Führungskräfte, zu überprüfen, ob sie das Wofür einer Aufgabe bei der Delegation ausreichend thematisiert haben.

Die M.A.R.S.-Aspekte helfen Mitarbeiterinnen im Homeoffice, die hinzugewonnene Autonomie als Gewinn zu erleben und zielgerichtet einzusetzen. Zusätzlich bietet das Sprechen über diese Aspekte die Gelegenheit, die Beziehung zur Führungskraft zu stärken.

Zugehörigkeit als zentrales Bedürfnis
Hierbei geht es um das zentrale Bedürfnis danach, sich als Teil einer Gemeinschaft zu erleben, das, wenn auch individuell unterschiedlich stark ausgeprägt, alle Mitarbeiter haben. Slack-Kanäle, Signal- und WhatsApp-Gruppen, können hier möglicherweise Ersatz bieten für Gruppenmomente in Präsenz. Als Führungskraft definieren Sie die Grenzen eines Teams und damit, wer sich zugehörig fühlen darf und wer nicht. Die Frage, die sich hier stellt ist einmal mehr nicht die der guten Absicht, sondern die der Wirkung. Neben der unterschiedlichen Ausprägung von Persönlichkeitsmerkmalen wie Ängstlichkeit oder Introversion, können auch einzelne Handlungen das Gefühl der Zugehörigkeit beeinträchtigen. Wenn beispielsweise ein Mitarbeitergespräch zu einem neuen Projekt damit eröffnet wird, dass die Führungskraft berichtet, dass sie das gestern schon einmal mit der Mitarbeiterin B und dem Kollegen C vorbesprochen hat, dann kann das Gefühl von Ausgrenzung entstehen. Nun werden sich eben solche Momente in Zeiten, in denen man selten bis nie alle Mitarbeiter an einem Ort hat, nicht gänzlich vermeiden lassen, jedoch braucht es dafür ein geteiltes Verständnis darüber, wann wie kommuniziert wird und auf welche Weise andere Kollegen ins Boot zu holen sind.

J. Richard Hackman, Soziologe in Harvard, meinte, dass der Erfolg virtueller Teamarbeit zu dreißig Prozent von der Qualität der Kickoff-Gespräche abhängt. Die Harvard-Dozentin Tsedal Neeley führt dabei auf, dass es in der Kommunikation darum geht, ein geteiltes Verständnis in vier elementaren Bereichen zu erzeugen. Zusätzlich empfiehlt sie, bei rein virtueller Zusammenarbeit alle sechs bis acht Wochen eine Überprüfung anzusetzen, bei der die Vereinbarungen infrage gestellt, überprüft und bestätigt werden können. Unabhängig davon, ob diese Kommunikation in einem ganzen Team erfolgen muss oder ich lediglich die Zusammenarbeit mit einer neuen Mitarbeiterin koordiniere, zeigt auch meine Beratungs- und Unternehmerpraxis, dass die folgenden vier Aspekte wesentlich sind:

Es braucht ein geteiltes Verständnis
1. ... über die Ziele, die wir verfolgen,
2. ... über die Rollen und Aufgaben des Mitarbeiters,
3. ... über die Ressourcen, die uns zur Bearbeitung (nicht) zur Verfügung stehen sowie,
4. ... geteilte Normen darüber, wie wir miteinander mithilfe welcher Medien kommunizieren wollen und wie wir auch schwierige Themen, Fehler und Kritik äußern.

Eben dieses geteilte Verständnis hat das Potenzial, als kollektiv akzeptierter Gruppenvertrag die Bindung und das Gefühl der Zugehörigkeit zu stärken.

Hochqualitative Verbindungen zwischen Menschen

Das Zugehörigkeitsgefühl speist sich aus tragfähigen Beziehungen. Die Pflege und der Aufbau langfristiger Beziehungen mag durch die räumliche Distanz beeinträchtigt sein. Die Forschung zu hochqualitativen Verbindungen (High-quality-Connections) zeigt jedoch, dass diese nicht nur langfristig entstehen können, sondern bereits in kleinen Momenten der zwischenmenschlichen Verbundenheit entstehen können und zahlreiche positive Auswirkungen haben.

High-Quality-Connections – Was ist das? Wie erlebt man diese?

Es handelt sich um kurze Interaktionen zwischen zwei Personen, die sich auszeichnen durch
- gegenseitige Anerkennung und Bereitschaft, sich gegenseitig zu beeinflussen,
- Lebendigkeit und hoher positiver Energie sowie
- positive Wertschätzung und Resonanz.

Dies äußert sich darin, dass wir dem anderen fokussiert zuhören, Fragen stellen, eine erhöhte Vitalität verspüren und gegenseitige respektvolle Anerkennung offensichtlich werden.

Wie lassen sich diese fördern und Herstellen? Welche Hebel gibt es?
Solche Verbindungen lassen sich fördern über den Ausdruck von:
1. Vertrauen: Indem man etwa über eigene Schwächen und Ängste spricht oder den anderen spüren lässt, dass man auf seine Verlässlichkeit zählt.
2. Spiel: Interaktionen, die nicht unmittelbar zweckgebunden sind, ermöglichen Beziehungsaufbau und das erlebte Nähe.
3. Helfen: Alles was Sie tun, damit andere erfolgreich sind. Meetings können mit einer Gesprächsrunde starten, in der jeder berichtet, wobei er gerade Unterstützung benötigt und das Team überlegt, ob es diese Hilfe organisieren kann.
4. Respekt: Wenn Sie die Namen der Mitarbeiter und ihrer Familien kennen oder Höflichkeiten wie ungeteilte Aufmerksamkeit im Gespräch beachten, sind dies Mikromaßnahmen zum Ausdruck von Respekt.

Es gibt fünf Hebel in Unternehmen, an denen Sie mit den obigen vier Strategien ansetzen können. Diese sind Anerkennung und Belohnung, Führung, Kultur, Rollen, Routinen. So erhalten bei dem Beratungsunternehmen Motley Fool aus Virginia Mitarbeitende Boni, wenn sie die Namen aller Leute im Unternehmen kennen. Die oben unter Punkt 3 beschriebene Strategie könnte zu einer Routine werden. Oder Sie überlegen, wie Sie Ihre Führungsrolle stärker nach diesen vier Strategien ausrichten können, um mehr effektive Hilfe zu leisten, häufiger respektvoll zu sein, mehr Vertrauen zu schaffen und mehr Spiel zu erlauben:

Wie können diese Strategien bei virtuellen Mitarbeitergesprächen Anwendung finden?

Hier einige Anregungen:
1. Vertrauen: Sie teilen in einem virtuellen Gespräch Probleme, mit denen Sie in dieser Arbeitswoche konfrontiert sind.
2. Spiel: Sie etablieren lustige Check-in-Fragen zu Beginn Ihrer Calls (Was ist dein Lieblingsinstrument? Was hast du auf deinem Schreibtisch in der Farbe blau stehen? Jeder erzählt einen Witz.).

3. Helfen: Setzen Sie sich für jedes Gespräch das Ziel, der Mitarbeiterin/ dem Mitarbeiter einen Tipp, einen Kontakt oder andere Hilfe für ein aktuelles Projekt zu bieten.
4. Respekt: Seien Sie pünktlich in Calls und unterbrechen Sie diese nicht.

Was sind Vorteile für Individuen, Teams und Unternehmen?
Für Individuen belegen Studien höhere Zufriedenheit und Commitment, höhere Resilienz, gesteigertes Lernen, weniger Stresserleben und weniger erlebte Rollenkonflikte.

Auf Teamebene zeigen sich bei regelmäßigem Erleben hochqualitativer Verbindungen schnellere Anpassungsreaktionen auf veränderte Anforderungen, besseres Lernen und höhere Kreativität.

Auf Unternehmensebene ergeben sich Vorteile wie höhere Mitarbeiterbindung, Folgegeschäfte mit Bestandskunden und ein höheres Maß an Kooperation.

Erleben der eigenen Kompetenz

Auch das Erleben der eigenen Kompetenz oder Selbstwirksamkeit wird von Psychologen als wichtiges emotionales Grundbedürfnis angesehen. Fehlt es am Erleben der eigenen Selbstwirksamkeit im Job, so besteht die Gefahr von Demotivation und Unzufriedenheit. Wie sehr erleben sich daher Ihre Mitarbeiter? Spüren sie die Kompetenz und Wirksamkeit in ihren Tätigkeitsfeldern?

Zunächst einige Reflexionsfragen:
- Fragen Sie Ihre Mitarbeiter regelmäßig, ob diese sich in ihrer Tätigkeit als wirksam erleben?
- Gleichen Sie Ihre Einschätzung des Kompetenzerlebens des Mitarbeiters mit dessen Sichtweise ab?
- Wie begleiten Sie Mitarbeiter, die erstmals mit neuen Tools im Homeoffice oder an neuen Aufgaben arbeiten? Nehmen Sie sich Zeit?

- Kommen Ihre Mitarbeiter aus dem Gefühl der Überforderung oder Unterforderung im Homeoffice regelmäßig heraus?
- Beziehungsweise: Wie gut passen aus Ihrer Sicht/aus Sicht der Mitarbeiterin/des Mitarbeiters die Kompetenzen zu den situativen Anforderungen, sodass die Chance auf ein Flowerlebnis besteht?
- Geben Sie regelmäßig zeitnahes Feedback über beobachtete Stärken?
- Bewerten Sie bewusst die Passung zwischen dem Stärkenprofil des Mitarbeiters und den Aufgaben, wenn Sie Tätigkeiten delegieren?

Kompetenzerleben der Mitarbeiter ist kein Thema, dass exklusiv Remote-Arbeit betrifft. Individuell kann das Kompetenzerleben hier vor allem durch die Charakteristika der räumlich verteilten Arbeit beeinträchtigt werden. Methodische Kompetenzen im Umgang mit der Technik oder in der Selbstführung können hier jedoch besonders relevant sein. Außerdem könnte das Ausleben von Stärken im Bereich der Hilfsbereitschaft anderen gegenüber besonders beeinträchtigt sein, weil die Anwendungschancen für soziale Kompetenzen durch eingeschränkte Interaktion gering sind. Grundsätzlich ergibt sich außerdem die Schwierigkeit, das Kompetenzerleben des Mitarbeiters zu beobachten, wenn ich als Führungskraft keine Eindrücke mehr im Alltag sammeln kann. Daher empfiehlt es sich, wenigstens diese drei Tipps zu berücksichtigen.

Drei Tipps zur besseren Kompetenzwahrnehmung:
- Nutzen Sie die oben genannten Reflexionsfragen und überprüfen Sie Ihre Vermutungen.
- Machen Sie eine Frustrationsrisikoeinschätzung bei den Mitarbeiter(inne)n, bezüglich der im Homeoffice besonders eingeschränkten oder geforderten Kompetenzen! Soziale Kompetenzen und Stärken in der Interaktion, Selbstmanagementfähigkeiten, fachlich/methodisch-technische Kompetenzen bezüglich der Aufgaben und Tools im Homeoffice, situationsspezifisch geforderte weitere Kompetenzen.
- Thematisieren Sie kleine und große Erfolge, wenn Sie Kontakt zu den Mitarbeiter(inne)n haben.

Formate und Anlässe digitaler Mitarbeitergespräche

Überprüfen Sie einmal Ihre Routinen in der digitalen Mitarbeiterkommunikation:
- Welche Gesprächsanlässe verlagern Sie regelmäßig in den virtuellen Raum?
- Gibt es Narrative in Ihrem Kopf, Ihrer Abteilung oder Firma darüber, welche Gespräche nicht oder nur online sinnvoll sind?
- Wie haben sich diese Narrative in der letzten Zeit verändert?
- Was können Sie daraus lernen?
- Wie können Ihnen diese Erfahrungen Mut machen für anstehende (Ad hoc-)Gespräche?
- Was waren digitale Gesprächserfahrungen, die Sie in Zukunft vermeiden wollen? Wie?

Unterschiedliche Einflüsse und Notwendigkeiten haben ab vielen Stellen zu einer Verlagerung der Führungskraft-Mitarbeiter-Kommunikation in den virtuellen Raum beigetragen. In diesem Kapitel habe ich bereits über die Bedeutung der Bindung und Beziehungsgestaltung geschrieben und daraus ist eine Hauptursache für die Pflege digitaler Gesprächsformate abzuleiten: Als Führungskraft gilt es, die Beziehung zum Mitarbeiter aufrechtzuerhalten, nachzufragen, sich zu interessieren, nicht aufgabenbezogene Gespräche zu führen oder sich in Teamcalls zu engagieren, die keinen direkten Aufgabenbezug haben. Beispiele sind: Check-in-Telefonate, virtuelle Gin-Tastings, zugeloste Breakoutsessions für Kaffee-Dates oder »Ich führe die Kollegen mit meiner Kamera durch mein Homeoffice«-Formate. Außerdem werden an vielen Stellen Gespräche durch Chats und/oder Kollaborationstools ersetzt. In einer Studie des Fraunhofer-Instituts wurde der Schicht-Doodle im produzierenden Gewerbe getestet. Dadurch werden Abstimmungsprozesse beschleunigt, flexibilisiert und mitarbeiterorientierter. Hier sind der Fantasie nur wenige Grenzen gesetzt. Andererseits gibt es Stolperfallen bei der bloßen Übertragung bisheriger analoger Gespräche auf virtuelle Formate.

Im Folgenden finden Sie eine Auflistung von relevanten Chancen und Risiken dabei:

Chancen
- Diskretion höher als bei Personalgesprächen im Büro (störungsärmer).
- Effizienzgewinne durch Kollaborationstools, die Gesprächsergebnisse in Echtzeit digital erzeugen.
- Beziehungsvertiefung durch (auch zufälliges Teilen) privater Informationen oder Einblicken in das private Umfeld.
- Durch die Notwendigkeit, über Lernfelder unter anderem im Bereich technischer Kompetenzen zu sprechen, kann das Thema Lernen, Personalentwicklung in den Fokus rücken.

Risiken
- Informationsverlust auf non- und paraverbaler Ebene.
- Technische Störungen können an ungünstigen Stellen im Gespräch auftreten und Wirkungseinbußen erzeugen oder die Beziehung stören.
- Bei den Beteiligten entsteht zusätzliche Verunsicherung aufgrund mangelnder digitaler Fitness.
- Die Kommunikation hoher Erwartungen (implizit und explizit) kann zu höherer Leistungsbereitschaft bis hin zur Selbstausbeutung beitragen.

Was können wir aus Unternehmen über gelingende Mitarbeiterkommunikation auf Distanz berichten?

Kürzlich habe ich auf einer Fachtagung mit über zweihundertsechzig Teilnehmern einer Sparkassenorganisation über das Thema »Führen auf Distanz« gesprochen. Mit den Teilnehmern, Führungskräften, die mit ihren Mitarbeitern die digitale Kundenberatung übernehmen, diskutierten wir über die Herausforderungen der Arbeit in räumlich verteilten Teams. Dabei bezog sich dies auf die Arbeit von Teams an getrennten Standorten, von zu Hause oder im Büro beziehungsweise einem Wechsel zwischen diesen

Arbeitsformen. Bei der Betrachtung unterschiedlicher Gesprächsformate im digitalen Raum stellt sich zunächst – wie in analogen Formaten – die Frage nach dem Gesprächsziel beziehungsweise Anlass. In einer aktuellen Studie, die die Auswirkungen digitaler Kommunikation untersucht hat, wurde zwischen formalen Gesprächsanlässen und informeller Kommunikation einerseits sowie synchroner und asynchroner Kommunikation andererseits unterschieden.

Beispiele für formale Gesprächsanlässe sind Projektbesprechungen und Leistungsbeurteilungen. Während der informelle Austausch, also die zufällige Begegnung mit einem Kollegen in der Kaffeeküche oder in der Kantine bei der kein inhaltliches Gesprächsziel vorgegeben ist, im digitalen Raum beinahe ausstirbt. Die Diskussion mit den Führungskräften drehte sich im Wesentlichen um diese Herausforderungen:

- Es fällt schwer, die emotionale Nähe gegenüber dem einzelnen Mitarbeiter aufzubauen und zu erhalten;
- der Informationsfluss (berufliche und private Aspekte) gerät ins Stocken;
- das Verständnis füreinander schwindet auch unter den Mitarbeitern;
- eine steigende Führungsspanne und die Arbeitslast erschweren die Kontaktpflege;
- Überlastung, Wohlbefinden oder Überforderung der Führungskräfte.

Auch hier wurde die Hauptsorge artikuliert, dass die Mitarbeiterbindung verloren gehen könnte. Deshalb entstanden in einem Erfahrungsaustausch viele interessante Ideen, wie trotz Homeoffice der Kontakt zu den Mitarbeiterinnen aufrechterhalten werden kann:

- Mitarbeiter drehen Videos in ihrem Homeoffice und bieten somit einen Bürorundgang;
- der Austausch über Privates wird an den Tagen im Büro nachgeholt;
- es werden Service-Level bei interner Kommunikation vereinbart (Standardreaktionszeiten);

Ein ständiges Lernen und Suchen, gepaart mit dem Mut, Dinge auszuprobieren: Das muss die Grundhaltung für Führungskräfte sein.

- es lohnt sich ‚die Mitarbeiter auch einmal ohne dienstlichen Anlass anzurufen;
- Anwesenheiten über Tools wie Skype sichtbar machen, um asynchrone Kommunikation möglich zu machen;
- Mitarbeiter mit längerer Zugehörigkeit fungieren als Paten für jüngere Mitarbeiter.

Mit Blick auf die eingangs formulierte Fragestellung, steht zur Debatte, ob sich durch solche Absprachen oder Nettigkeiten wesentliche Beiträge zur Mitarbeiterbindung erreichen lassen.

Eine Lern- und Suchhaltung der Führungskraft mit einer gesunden Portion Mut, Dinge auszuprobieren muss also die Grundhaltung bestimmen.

In diesem Kapitel haben Sie einige Anregungen für Experimente bekommen. Und wenn Sie jetzt noch Rat suchen, dann binden Sie Ihre Mitarbeiter doch in diesen Prozess mit ein, wie das Miteinander besser zu gestalten ist.

Interview 3: »Wir pflegen mitunter eine nicht sehr direkte Form der Kommunikation«

Karlfried Bergner hat die Diplomatenausbildung des Auswärtigen Amtes geleitet, war Botschafter im Ausland und leitet das Kompetenzzentrum Führung im Außenamt. Sind Diplomaten im Mitarbeitergespräch immer diplomatisch – und manchmal sogar zu sehr?

Click- und Schautipp: Sie suchen weitere spannende Interviews mit spannenden Menschen über die Führungskommunikation mit Mitarbeitenden? Finden Sie in der digitalen Playbox zu diesem Buch.

Können Sie sich erinnern an Ihr erstes Mitarbeitergespräch im Amt?
Karlfried Bergner: Das klassische Jahresgespräch gibt es bei uns eigentlich gar nicht. Es gibt die sogenannten Personalführungsgespräche, die haben aber nicht dieselbe Bedeutung wie das Jahresgespräch in der Wirtschaft, an das ja auch Fragen wie Karriere und Gehalt geknüpft sind.

Welchen Zweck hat das Personalführungsgespräch denn dann?
Es soll vor allem die regelmäßigen Beurteilungen vorbereiten. Und damit auch verhindern, dass Kolleginnen und Kollegen überrascht werden von möglichen schlechten oder nicht so guten Beurteilungen. Insofern ist die Herausforderung für jeden Vorgesetzten, dieses Personalführungsgespräch in einer Form zu führen, die einerseits wertschätzend ist, die aber dennoch ehrliches Feedback zulässt, um so dem Betreffenden Hinweise zu geben, wie und in welcher Form er oder sie sich weiterentwickeln kann.

Unsere Vorurteile wären ja, dass Diplomaten gerade darin sehr gut sind: Kritische Dinge mit sehr viel Takt anzusprechen ...
Ein Stück weit ist das schon Hauskultur. Viele Diplomaten tun sich eher schwer damit, unangenehme Wahrheiten auszusprechen. Sie versuchen eher, ausgleichend und vermittelnd zu wirken und nicht nur klare Kante zu zeigen. Das muss übrigens kein Nachteil sein: Sie werden viele gute Dip-

lomaten finden, die eben auch unangenehme Wahrheiten in einer Weise auszusprechen vermögen, die anschließend eine gute Zusammenarbeit ermöglicht. Insgesamt sehen wir es aber als eine der Kernaufgaben des Kompetenzzentrum Führung an, eine offene Feedback-Kultur im Auswärtigen Amt zu fördern, ein gutes Beispiel hierfür ist das jährliche Vorgesetzen-Feedback.

Die Beurteilungen, auf die das Personalführungsgespräch vorbereitet – welche Konsequenzen haben die denn?
Da existiert teilweise schon enormer Druck: die Leistungsdichte ist sehr hoch, es sind nur wenige Beförderungen möglich. Daher wird schriftliche Kritik faktisch eher zwischen den Zeilen geübt, etwa in der Form, dass mögliches Positives weggelassen wird, Durch die inzwischen sehr stark eingeforderte Pflicht, konkrete Beispiele zu benennen, kristallisieren sich Leistungsunterschiede aber dennoch heraus und viele Vorgesetzte nutzen auch das Personalführungsgespräch wirklich als Führungswerkzeug für die dauerhafte Zusammenarbeit.

Wie viel Raum ist denn im Amt, in den Botschaften und in den anderen Auslandsvertretungen jenseits dieser formalisierten Gespräche für einen guten Austausch zwischen Führungskraft und Mitarbeiter?

Das ist insgesamt schon okay. Ich bin von Amts wegen ja auch zuständig für das oben genannte Vorgesetzten-Feedback, das quasi das Spiegelbild zum Mitarbeitergespräch ist. Das findet in der Tat einmal im Jahr in einem sehr geordneten Verfahren statt. Für vier bis fünf Wochen wird ein elektronisch gestütztes Verfahren geöffnet, über das die Mitarbeiter anonymisiert ihren Vorgesetzten Feedback geben. Das sind acht, neun Dimensionen, insgesamt dreißig Fragen, für die es gut zwanzig Minuten zur Beantwortung braucht. Nach der Auswertung erhält der Vorgesetzte die Ergebnisse in anonymisierter Form und muss die Ergebnisse mit seinem Team in einem Auswertungsgespräch besprechen.

Machen das viele?
Rund achtzig Prozent der Beschäftigten nehmen diese Möglichkeit wahr! Das Tool hilft dem Vorgesetzten, eventuell mögliche blinde Flecken in der Selbsteinschätzung aufzudecken – und den Mitarbeitenden, Dinge, die vielleicht nicht so gut laufen, mit dem eigenen Vorgesetzten besprechen zu können. Es ist außerdem auch eine Gelegenheit, sich über die Zusammenarbeit auszutauschen.

Führt das wirklich zu offenem Austausch?
Natürlich ist es eine große Herausforderung sowohl für Vorgesetzte als auch für Mitarbeiter, darüber zu einem echten Austausch zu kommen. Wir versuchen gegebenenfalls durch die Einschaltung von Sprechern, die Gesprächskultur zu verbessern und zu einem wirklich zielführenden Gespräch zu gelangen: Eine offene Feedback-Kultur ist unseres Erachtens ohnehin die zentrale Grundlage für eine gute Zusammenarbeit im Team. Auf jeden Fall hilft das Tool, extreme Ausschläge zu verhindern oder besprechbar zu machen. Denn die Vorgesetzten sind sich natürlich schon bewusst, dass einmal im Jahr sie quasi auf dem heißen Stuhl sitzen ...

Herr Bergner, die Arbeit in den Botschaften und Konsulaten und in anderen Auslandsvertretungen hat aus unserer Sicht von außen ja zwei Besonderheiten. Zum einen, ist es ja häufig Arbeit in sehr herausfordernden Umfeldern: Die Familie ist nicht dabei, ich bin vielleicht auch wirklich in einer Konflikt- oder Gefahrensituation im Einsatz. Die zweite Besonderheit ist, dass ich durch das Rotationsprinzip in schwierigen Konstellationen immer weiß: »Der Typ oder die Frau ist in ein, zwei Jahren sowieso weg – oder ich bin dann weg.« Inwiefern sind diese zwei Faktoren aus Ihrer Sicht relevant für die Führungskommunikation?
Die sind schon relevant, und dann gibt es noch einen weiteren Faktor, das sogenannte Generalistenprinzip, das heißt: Ich werde vom Auswärtigen Amt nicht als Wirtschaftsreferent oder als Konsularjurist eingestellt, sondern ich muss alle paar Jahre wieder ganz andere Themen abdecken. Dieser Wechsel ist insgesamt durchaus positiv und führt zu einer gewissen Offen-

heit: Wir legen auch Wert darauf, Menschen einzustellen, die eine gewisse Neugier, Umstellungsbereitschaft und Resilienz mitbringen. All das hilft, auch mit schwierigen Situationen im Beruf umzugehen. Allerdings gibt es da natürlich auch Fälle, wo man vielleicht wirklich einen Konflikt nicht austrägt, sondern sich sagt: »Na ja, das ist in einem Jahr vorbei.« Die negativen Aspekte dieses ständigen Wechsels können allerdings darin liegen, dass Sie unter Umständen alle drei, vier Jahre den psychologischen Rückhalt verlieren. Wenn es jetzt tatsächlich mal im persönlichen Bereich zu einer größeren Krise kommt, dann haben Sie in Deutschland noch ein Umfeld aus Familie, Freunden, Kollegen, das Sie ein Stück weit stabilisiert, Sie können sich, wenn es hart auf hart kommt, Coaching, Therapie oder Beratung holen. Das ist im Ausland an manchen Stellen enorm schwierig. Wir haben für diese Situationen einen sehr guten psychosozialen Dienst, an dem man sich wenden kann und der viel auffängt. Aber meine Erfahrung ist auch gerade bei familiären Krisen, dass der Rückhalt, den Sie in Deutschland hätten, deutlich größer wäre. Das müssen Führungskräfte natürlich auch im Blick haben!

Die Besonderheit der Situation, dass man in immer wieder wechselnden Konstellationen arbeitet, bedingt ja auch, dass man in kurzer Zeit oder für befristete Zeit tragfähige Beziehungen aufbauen kann. Wie gelingt das gut, und was können da andere Führungskräfte in anderen Unternehmen von Mitarbeitern und von Vorgesetzten im Auswärtigen Amt lernen?
Wer bin ich, um der Wirtschaft diesbezüglich Ratschläge zu geben? Aber ich stelle fest, dass unser Rotationsprinzip schon auf großes Interesse sowohl in anderen Ministerien als auch außerhalb des Verwaltungs- und Politikbetriebes stößt. Kommunikationsfähigkeit, Netzwerkfähigkeit sind auf jeden Fall Kernkompetenzen bei uns: Sie müssen sich permanent auf unterschiedliche Vorstellungen und Mentalitäten einstellen. Ich war etwa zuletzt Botschafter in Kuwait, und wir hatten in der Belegschaft sieben verschiedene Nationalitäten, die untereinander durchaus Konflikte hatten. Damit umzugehen, sich auf so unterschiedliche Menschen, Charaktere, Bildungsniveaus, soziale Ebenen einzulassen – das ist eine große Herausforderung,

für die man Anpassungswillen benötigt, und der wird in unserem Setting eigentlich ständig gefordert.

Führungskräfte in sehr großen traditionellen Organisationen, die möglicherweise nah am öffentlichen Dienst sind oder selbst auch öffentlicher Dienst sind, äußern häufig, dass sie quasi mit stumpfen Waffen kämpfen, wenn es um Kritik geht. Teilen Sie diesen Eindruck?
Absolut nicht! Offene Kommunikation und ehrliche Feedback-Kultur sind für mich ein ganz, ganz zentrales Element der Führung. Das heißt eben nicht, dass man einen Kuschelkurs fährt und Führung nur im Stuhlkreis macht. Zuhören können, sich auf den anderen einlassen, schließt eben nicht aus, dass man dann am Ende in der Sache auch mal klare Ansagen macht. Dazu gehört auch, zu vermitteln, was die jeweiligen Ziele sind.

Sie haben ja nicht nur im Ausland gearbeitet, sondern Sie haben auch internationale Einblicke in die Diplomatenausbildung. Aus Ihrer Erfahrung, was ist an der Art, wie Führungskräfte im Auswärtigen Amt mit ihren Mitarbeitenden kommunizieren, typisch deutsch? Und was wird anderswo ganz anders gehandhabt?
Es stimmt, dass ich mit Herz und Blut Ausbildungsleiter im Auswärtigen Amt war und darüber natürlich auch viele Ausbildungsstätten im Ausland kennengelernt habe. Aufgrund bisheriger Verwendungen kenne ich mich zum Beispiel ganz gut in Südeuropa, Afrika, den USA und in der arabischen Welt aus, auch in Lateinamerika – denn ich war in Panama auf Posten, und meine Frau ist als Deutsche in Mexiko aufgewachsen. Wir Deutsche pflegen eine weniger direkte Art der Kommunikation als zum Beispiel in den USA, sind aber häufig sehr sachbezogen und ergebnisorientiert. Für Latinos und Araber, so wie ich das erlebt habe, ist dagegen die Beziehung auch immer ein Wert an sich: sie muss gepflegt werden. Agiles Arbeiten, wie wir es über das Kompetenzzentrum Führung vorantreiben wollen, setzt zum Beispiel einen offenen Austausch voraus, in dem Pain Points auch offen im Team benannt werden können. Da müssen Sie etwa in einem arabischen oder afrikanischen Setting schon eine ganze Weile mit dem Team gearbeitet haben, bis

dort überhaupt erst mal das Vertrauen entsteht, dass dieses Gesprächsangebot ernst gemeint ist und nicht das Ziel hat, mich auszuhorchen und bei nächster Gelegenheit in die Pfanne zu hauen. Schweden oder Amerikaner empfinden unsere Form des Umgangs miteinander dagegen vermutlich als viel zu wenig direkt.

Weil Sie das Thema ansprechen: Sie engagieren sich ja auch für Agiles Führen und agile Reorganisation im Auswärtigen Amt. Was heißt das? Und was heißt das in Bezug auf die Kommunikation zwischen Führungskraft und Mitarbeitenden? Was wünschen Sie sich da? Was haben Sie da vor?
Das ist ein Veränderungsprozess, der aus meiner Sicht mehrere Jahre dauern wird. Wahrscheinlich werde ich schon gar nicht mehr auf meiner aktuellen Stelle sitzen, bis man vielleicht einen spürbaren Unterschied erkennen kann … Ich bin auch bei den Begrifflichkeiten inzwischen ein bisschen vorsichtiger geworden.

Inwiefern?
Ich würde nicht unbedingt von »agilem Führen« oder »Agilität« oder »Liberating Structures« sprechen, sondern von »neuen Formen der Zusammenarbeit«. Denn diese Anglizismen kommen häufig als modernistisch an und lösen Abwehrreflexe aus. Aber wir müssen natürlich Wege finden für ein angemessenes Wo und mit wem auf welcher Hierarchieebene. Themen wie Zusammenarbeit über Silos hinweg, konstruktiver Umgang mit Fehlern, möglichst hierarchiefreies Arbeiten und entsprechende Kommunikation: Das sind Dinge, die sich viele Kolleginnen und Kollegen wünschen, von relativ weit oben bis zum Berufsanfänger. Die Methoden des agilen Arbeitens sind da ein ganz, ganz guter Einstieg, um niedrigschwellige Veränderungen zu bewirken. Da haben Sie von Anfang an einen relativ offenen Austausch. Wir wollen möglichst viele Gelegenheiten schaffen, bei denen die Leute im Haus andere Formen der Zusammenarbeit über beispielsweise kreative Prozesse erleben können. Mein Ziel ist nicht, dass das Auswärtige Amt am Ende ein agiles Unternehmen ist. Denn Agilität wird in vielen Bereichen gar nicht unbedingt passen …

Wo zum Beispiel?
Ein Kollege hat zurecht gesagt, er wolle nicht, dass sein Gehalt auf agile Art und Weise und iterativen Schritten ausgezahlt wird. Aber wir wollen schon mit mehr Arbeit in Team- und Projektstrukturen dem traditionellen Behörden-Mindset entgegenwirken, wo es eher um Zuständigkeiten und Hierarchien geht. Ich bin ganz guter Dinge, dass wir mit unseren Workshops und methodischen Angeboten nach drei, vier Jahren eine kritische Masse von Kolleginnen und Kollegen erreichen werden, die diese anderen Formen der Zusammenarbeit kennen und anwenden können. Es gibt auch ein Pilotprojekt mit sieben bis acht Auslandsvertretungen, in dem wir über niedrigschwellige agile Methoden die Verwaltung modernisieren und in den Abläufen schlanker gestalten – da sind wir auf dem richtigen Weg!

Gibt es aus Ihrer Sicht noch einen Punkt, den Sie vielleicht bislang vergessen haben, anzusprechen oder abzufragen?
Wichtig finde ich noch abschließend eine Ermunterung an Vorgesetzte, die aus dem systemischen Denken kommt: Und zwar immer erst mal davon auszugehen, dass die Lösung von Problemen eigentlich schon da ist – aber noch gehoben werden muss. Dazu kann man als Vorgesetzter mit den richtigen Fragen helfen – man muss gar nicht immer die Antworten haben. Dazu ist man in Führungspositionen, zum Beispiel als Botschafter, natürlich schnell geneigt, weil man permanent Interviews gibt, zu bestimmten Themen Stellung nimmt und Entscheidungen treffen muss et cetera. Man gewöhnt sich da schnell eine Lösungsorientierung an, hat immer sofort eine Meinung und geht sofort auf Sendung – auch jenseits der eigenen Ressourcen. Ich fände es wichtig, häufiger Vertrauen darauf zu haben, dass ganz, ganz vieles schon vorhanden ist, wenn man die richtigen Fragen stellt und nicht unbedingt nur selbst die richtigen Antworten geben will. Es kann schon helfen, nicht gleich als erstes mit Antworten in eine Diskussion zu gehen, sondern zuzuhören – das wäre bisweilen schon ein echter Kulturwandel.

Karlfried Bergner leitet das »Kompetenzzentrum Führung« im Auswärtigen Amt, das diplomatische Führungskräfte ausbildet, berät, fortbildet und das Führungsleitbild des Auswärtigen Amts fortentwickelt. Der studierte Jurist war in früheren Verwendungen unter anderem als Botschafter in Kuwait tätig und war auch Ausbildungsleiter für den höheren Auswärtigen Dienst. Ein besonderes Anliegen ist ihm die Einführung agiler Arbeits- und Kooperationsmethoden im Auswärtigen Amt.

9.
Alles über einen Kamm? Unterschiedliche Tools für unterschiedliche Gesprächsziele

In vielen Organisationen hat das (jährliche) Mitarbeitergespräch unterschiedliche Aufgaben: Leistung beurteilen und bewerten; Ziele vereinbaren; Entwicklungsmöglichkeiten aufzeigen. Hier ein Vorschlag für ein alternatives Vorgehen. Warum alles in einem Gespräch? Wie wäre es mit drei Gesprächen, mit drei Tools für die drei doch recht unterschiedlichen Perspektiven? Denken Sie doch einmal an Ihre Schulzeit zurück. An einem Tag gab es Zeugnisse zu Leistungsbeurteilung und davor oder danach wurde meist an Elternsprechtagen über Entwicklungsmöglichkeiten gesprochen. Wie erlebt ein Mitarbeitender eigentlich solche Gespräche? Erst wird die Leistung erörtert und es gibt vielleicht Enttäuschungen mit den entsprechenden Emotionen und dann soll sogleich ein guter Flow entstehen, um über Ziele und persönliche Entwicklungsmöglichkeiten zu sprechen. Auch benötigt ein Mensch vielleicht Zeit, um für sich zu reflektieren, wo er steht und dann hinmöchte.

Tool 1: Rückschau und Leistung beurteilen

Wir empfehlen die Leistungsbeurteilung aus dem Jahresgespräch auszuklammern und in ein eigenes Gesprächsformat zu gießen.

Fragebögen können zur Leistungsmessung hilfreich sein, es können dabei Einschätzungen aus unterschiedlichen Perspektiven (zum Beispiel Selbsteinschätzung, Kolleg(inn)en, Mitarbeitende, Kundschaft) einfließen. Objektive Leistungsbemessungskriterien (absolut oder relativ, zum Beispiel zur Kundenzufriedenheit oder zu Fehlerquoten) sind mit großer Vorsicht zu genießen, da sie häufig kontraproduktive Anreize zum Schummeln schaffen, den Konkurrenzdruck verschärfen und die Beurteilung von Einzelleistung ohne den Teamkontext oft schwer möglich ist.

Offene oder Skalen-Fragen etwa zur Arbeitsqualität, Belastbarkeit, Leistungsbereitschaft oder Selbstständigkeit können allerdings durchaus Sinn ergeben.

Kontinuierliche Feedback-Prozesse, Team-Retros und ähnliche Austauschformate sollten in die Leistungsbeurteilung einfließen – schon alleine, um Überraschungen zu vermeiden.

Die Verantwortung die Leistungsrückschau des oder der Mitarbeitenden liegt übrigens, am besten bei der direkten, hierarchisch zuständigen Führungskraft – soweit vorhanden.

Tool 2: Ziele fassen

In vielen Organisationen werden individuelle Ziele für die Mitarbeitenden sehr partizipativ, also mit großem Einfluss des Mitarbeitenden selbst, erarbeitet. Oftmals werden Individualziele aber auch oder ergänzend aus Zielen für das jeweilige Team, den Standort, den Bereich abgeleitet.

Das Formulieren von Annäherungszielen (mehr von …) ist nach unseren Erkenntnissen grundsätzlich günstiger als das Formulieren von Vermeidungsziele (weniger von …).

Ziele können weicher und qualitativer (vielleicht im Sinne einer Ampel-Logik) oder sehr hart und quantitativ gefasst werden. Eine regelmäßige unterjährige Rückschau und Anpassung der Ziele, wie sie etwa die OKR-Methode vorsieht, ergibt häufig Sinn, gerade in Organisationen und Märkten, die großen Veränderungen unterworfen sind.

Bei der Formulierung von Zielen gilt außerdem: Verständlichkeit und Transparenz geht vor Vollständigkeit und Detailorientierung!

Tool 3: Die persönliche Entwicklung planen

Was soll mehr werden, was weniger, was anders? Welche Fortbildungen, Schulungen, Tools oder Ressourcen könnten dabei hilfreich sein? Das sind Fragen, die gut in einen individuellen Entwicklungsdialog zwischen Führungskraft und zugeordneten Mitarbeiter passen. Wer das aktive Einbringen der Mitarbeitenden fördern möchte, der lädt aktiv seine Gesprächspartner ein, sich im Vorfeld auch Feedback von anderen als ihren direkten Vorgesetzten einzuholen (Beispielsweise Projektleitung, Product Owner et cetera). Das Erarbeiten nächster Schritte und Meilensteine können dann sinnvoller Teil eines individuellen Mitarbeiterentwicklungspfades sein. Die (Teil-)Verantwortung für Terminierung und Durchführung solcher Dialogentwicklungsgespräche kann und soll durchaus bei den Geführten liegen. So schärfen sich Eigenverantwortung und Selbstwahrnehmung.

Interview 4: »Zu Beginn eine Ressourcendusche für den Mitarbeiter – das würde ich mir wünschen!«

Kirsten Liebchen und ihre Kollegen haben als Fallmanager beim Jobcenter Osnabrück viel mit Menschen zu tun, die nicht unbedingt auf der Sonnenseite des Lebens stehen. Wie führt und verbessert man in diesem Kontext Mitarbeitergespräche? Können die Haltung und die Methoden der Positiven Psychologie dabei helfen?

Welche Erfahrung machst du so mit Mitarbeitergesprächen?
Kirsten Liebchen: Nach meinem ersten Mitarbeitergespräch hier bin ich direkt nach Hause gegangen und wollte die Kündigung schreiben ...

Wieso?
Die Bundesagentur für Arbeit (BA) hat ein Beurteilungssystem, in dem man als Neuankömmling eigentlich nur im mittleren bis hinteren Feld angesiedelt wird, es geht da von A bis E. Ein A darf nur vergeben werden, wenn supergrandiose Leistung vorliegen – das kann eigentlich nur der Geschäftsführer bekommen. B ist für die Führungsebene vorgesehen und kann auch vereinzelt an Mitarbeiter vergeben werden. C heißt, dass man ein guter Mitarbeiter ist – und D bedeutet einfach, dass man seinen Job macht. Meine erste Bewertung nach einem halben Jahr lag – ihr werdet es ahnen – zwischen C und D, ein B war einfach nicht zu bekommen. Vorher hatte ich in der freien Wirtschaft gearbeitet und hatte nach der Probezeit ein Mitarbeitergespräch gehabt, meine Chefin hatte mich nach fünfzehn Kriterien beurteilt und letztlich mit sehr, sehr gut bewertet. Dann komme ich zur BA, mein erstes Urteil liegt so bei C/D – da dachte ich, wenn ich so schlecht bin, dann gehe ich wieder.

Was du ja letztlich nicht getan hast ...
Inzwischen verstehe ich die Logik dahinter, es dürfen eben nur eine gewisse Anzahl an Bs vergeben werden – aber mir fällt das Thema Mitarbeitergespräch eigentlich immer noch schwer. Ein B habe ich dann doch mal bekommen, als Konsequenz darauf durfte ich mich entscheiden zwischen einer

Weiterqualifizierung oder der Übernahme einer Teamleitungsfunktion – ich habe mich dann für die Fortbildung in Positiver Psychologie entschieden. So gesehen, hatte die Bewertung auch einen positiven Aspekt.

Inwiefern?
Na, dass es nicht einfach nur heißt, du bist gut, sondern dass die Führungskraft auch angehalten ist, zu gucken, wie das in Sachen Personalentwicklung für dich weitergeht. Nichtsdestotrotz bleibt es frustrierend, wenn man eigentlich nie auf die beste Bewertungsstufe kommen kann.

Was findest du grundsätzlich gut an der Institution Jahresgespräch?
Dass die Führungskräfte ein-, zwei Mal im Jahr gezwungen sind, sich ihre Mitarbeiter anzugucken, finde ich gut. Denn wenn sonst alles so gut läuft, neigt man auch schnell dazu, es so laufen zu lassen. Aber der Vorgesetzte muss sich dann auch wirklich mit der Person auseinandersetzen und sich gründlich fragen, was bringt er , was bringe ich ein? Welche Potenziale habe ich? Vielleicht gibt es ja eine Möglichkeit oder den Wunsch, sich weiterzuentwickeln? Dass das regelmäßig in den Blick genommen wird, finde ich erst mal grundsätzlich gut.

Und was wäre verbesserungsfähig aus deiner Sicht – gerade durch die Brille der Positiven Psychologie betrachtet?
Ich hoffe, dass wir künftig den Stärkenblick mehr mit reinnehmen. Ich bin ja an der Führungskräfteentwicklung bei uns beteiligt, alle Vorgesetzten haben inzwischen den VIA-Charakterstärkentest gemacht. Und da würde ich mir zum Beispiel wünschen, dass man im Jahresgespräch eine Kategorie der Art schafft: Wie schaffe ich es, meine Stärken einzusetzen? Dabei geht es nicht um die Vergleichbarkeit untereinander, sondern um die Vergleichbarkeit mit dem Einsatz der eigenen Stärken.

Nach unserer Vorstellung haben Arbeitsagentur und Jobcenter erst mal viel mit dem Problemkontext zu tun, also mit Menschen, die ihren Job verloren haben oder einen neuen suchen, aber vielleicht erst mal keinen finden et cetera. Welchen Einfluss hat das auf Mitarbeitergespräche?
Ja, also es gibt ein sogenanntes TUK bei uns, ein Tätigkeiten- und Kompetenzprofil. Das fragt auch Dinge wie Kommunikationsfähigkeit und Teamfähigkeit ab – und je nach Stelle, auf die ich mich bewerbe, habe ich dann auch Chancen, die Stelle zu bekommen, wenn mein Profil gut ist.

Gut heißt in dem Fall ...
... mindestens ein C in unserer Logik ... Nichtsdestotrotz herrscht natürlich traditionell eine defizitorientierte Arbeitsweise vor – ob das durch die Kunden reinkommt oder durch so lange Verwaltungsprozesse, das weiß ich nicht. Unser Controlling etwa sucht ja ganz bewusst nach Fehlern und spricht die Mitarbeiter auch darauf an. Ein Instrument, wie wir das jetzt gerade hier in Osnabrück einführen, in dem auch mal Stärken zurückgemeldet werden, ist bisher nicht bekannt. Eine Teamleiterin hat sich wirklich eine kleine Wippe auf den Schreibtisch gestellt, die sie daran erinnern soll, dass sie auf eine negative Rückmeldung gegenüber dem Mitarbeiter mindestens drei positive übermittelt ...

Wenn die Mitarbeitergespräche mit Fallmanagern mehr Ressourcenfokus hätten, würde sich das auch auf eure Arbeit mit den Klienten auswirken?
Ja, dazu haben wir auch gerade eine spannende Doktorarbeit (Details im Kasten) veröffentlicht, die genau das gezeigt hat: Wenn die Mitarbeiter ein höheres sogenanntes psychologisches Kapital haben, schlägt sich das auch signifikant auf die Kunden nieder.

Was heißt das konkret?
Dass man den Fokus erweitert, dass man mehr positive Emotionen, mehr Hoffnung entwickelt, mehr Zuversicht. Und wenn die Kunden davon mehr haben, dann glaube ich, gibt es auch wieder so einen Rücklauf auf die Mitarbeitenden der Agentur. Von daher würde ich mir wünschen, dass dieser Ressourcenblick mehr eingenommen wird.

Wenn man in eurem System ein B gibt, dann hat das zwangsläufig eine Entwicklung zur Folge. Gibt man dann nicht automatisch lieber ein C, denn es macht ja mehr Arbeit und verursacht Kosten, wenn ich plötzlich den Mitarbeiter entwickeln muss ...
Menschen sind Menschen, und natürlich gibt es unterschiedliche Teamleiter. Ich habe einen sehr guten Teamleiter, der sich auch traut, mal ein B mehr zu vergeben – und ich weiß, dass er dafür auch kritisiert wird. Aber es gibt auch Führungskräfte, die genau so vorgehen, wie du formulierst. Dieser Fragebogen will natürlich eine möglichst große Gleichbehandlung hinbekommen, deutschlandweit, über alle Standorte hinweg. Aber es steckt halt immer noch der Faktor Mensch dahinter, da kann man das noch so gut vorbereiten: Entscheidend ist einfach, welche Führungskraft man hat. Wir haben ja grundsätzlich zwei große Bereiche bei uns: Der eine Bereich, in dem es knallhart um die Leistungsberechtigten geht, ums Geld, wo die Kunden auch hinkommen und Geld fordern – da gibt es natürlich traditionell mehr Konflikte, weil solche Forderungen natürlich geprüft werden müssen. Natürlich wird dort eher verwaltungstechnisch gearbeitet. Im Bereich Markt und Integration geht es eher darum, auch zu gestalten, wo wir im Kontakt mit Arbeitgebern Kunden motivieren – und ich glaube, dass da ein bisschen mehr Offenheit ist. Vielleicht zeigt ja die Forschung in Zukunft auch, dass es da Unterschiede gibt in den Charakterstärkentests.

Was sollten Führungskräfte mal machen oder mal mehr machen oder mal anders machen in den Mitarbeitergesprächen?
Ich würde mir wünschen, dass zum Beispiel mit einer sogenannten Ressourcendusche gestartet wird – unabhängig davon, was nachher fixiert wird. In so einer ersten positiven Rückmeldung kommt vor allem zum Tragen, dass sich der Mitarbeiter gesehen fühlt, dass man sich mit ihm auseinandergesetzt hat.

Wie würde das konkret aussehen?
»Welche Stärken habe ich an dir wahrgenommen? Wo hast du mal fürs Team was getan, wie hast du für Verbundenheit gesorgt?« Dass sich die Führungskraft dazu Notizen macht und damit in das Gespräch geht, damit klar wird: Der Mensch wird in seiner Leistungsfähigkeit, in seinen Stärken gesehen.

Was sollten Organisationen machen, um gute Mitarbeitergespräche hinzukriegen? Und was sollten sie lieber lassen?
Wenn es ein Bewertungssystem wie das bei uns geschilderte gibt, finde ich es wichtig, bei allen Beteiligten für Transparenz zu sorgen. Gerade unser Bewertungstool mit seiner Einheitlichkeit bietet ja auch die Chance, Gerechtigkeit zu schaffen und der Vetternwirtschaft Einhalt zu gebieten. Auch sollte immer Raum sein für eine persönliche Beurteilung, die auch im Stellenprofil gesehen wird. Und dass positive Bewertungen und Begabungen in der Personalakte oder sonst wo festgehalten werden, auch wenn sie außerhalb des Beurteilungsrasters liegen. Jeder Mitarbeiter ist verschieden, tickt verschieden. Daher sollte, wenn es um die Besetzung von Stellen und Positionen geht, aus meiner Sicht nicht nur geschaut werden, wer hat wo welches Kreuzchen bekommen.

Kirsten Liebchen arbeitet als Arbeitsberaterin und Fallmanagerin am Jobcenter Osnabrück, eine gemeinsame Einrichtung der Kommune mit der Bundesagentur für Arbeit. Sie ist außerdem ausgebildete Coachin und Trainerin der Positiven Psychologie. An der Hephata-Akademie bietet Kirsten Liebchen als Trainerin zertifizierte Aus- und Weiterbildungen in Positiver Psychologie speziell für Angehörige von sozialen und Heilberufen an. Ihr Engagement zur Stärkung von Stärken und Selbstwirksamkeit bei Langzeitarbeitslosen ist mit dem Social Impact-Preis des deutschsprachigen Dachverbandes für Positive Psychologie ausgezeichnet worden. Ein ausführliches Interview mit Kirsten Liebchen findet sich auf Christian Thieles Podcast »Positiv Führen«.

10. Im Gespräch psychologisches Kapital ausbauen und Leistungswille, Motivation und Engagement fördern

In unserem Interview kommt Kirsten Liebchen auf das psychologische Kapital zu sprechen. Daher erläutern wir im Folgenden dieses Konzept und wie Sie es in Mitarbeitergesprächen nützen können.

Die Forschung beschäftigt sich seit einigen Jahren mit den psychologischen Stärken und Fähigkeiten der Menschen in Bezug auf den Arbeitsplatz. Die Basis bilden die vier Säulen: Hoffnung, Selbstwirksamkeit, Resilienz und Optimismus. Diese Eigenschaften sind veränderlich und können dementsprechend gefördert werden. Als Ressourcen stehen sie jedem zur Verfügung, woraus sich, in der Wissenschaft, der Begriff des »Psychologischen Kapitals« etablierte, kurz PsyCap. Dieser Begriff hebt hervor, dass die genannten Eigenschaften dabei helfen, Ziele zu verfolgen und wichtige Aufgaben zu bewältigen, da sie Ursprung von Leistung, Motivation und Engagement sind.

Was bedeuten die vier Säulen Hoffnung, Selbstwirksamkeit, Resilienz und Optimismus?

Im englischen werden die vier Säulen des psychologischen Kapitals oft mit H.E.R.O. abgekürzt. (Hope, Self-Efficacy, Resilience, Optimism). Sie laden also zu echtem Heldentum im Angesicht der Herausforderungen der Arbeitswelt ein. Bei meinen Keynotes auf Jahresauftaktveranstaltungen stelle ich (MS) dabei gern die folgenden vier Fragen, die auch für dich eine Inspiration und Anlass für Gespräche sein können:

- Was gibt mir Grund zur Hoffnung?
- Welche Erfolge entstanden zuletzt dank mir?
- Was hilft mir persönlich, mit Belastungen umzugehen?
- Welchen Grund für Optimismus sehe ich gerade?

Eine Möglichkeit für die Nutzung des psychologischen Kapitals liegt darin, diese Fragen aus eigener Perspektive zu beantworten, zu überlegen, was Antworten für den Mitarbeiter sein können und die Antworten im Gespräch zu thematisieren.

Hoffnung
Hoffnung weist in die Zukunft. In herausfordernden Zeiten, in denen es unwahrscheinlich erscheint, dass eine bessere Zukunft eintritt, wird von hoffnungsvollen Menschen dennoch alles unternommen, um die Verbesserung zu erreichen. Dabei entsteht ein Kreislauf aus:

1. Wahrnehmung von Unsicherheit und Herausforderung.
2. Zeitbezogene Situationsanalyse: Unter Berücksichtigung von Erfahrungen und Fähigkeiten, entwickelt der Hoffende ein Bewusstsein für die mögliche Bewältigung der Situation.
3. Entwicklung von Handlungsstrategien: Der Hoffende entwickelt Lösungsideen.
4. Umsetzung der Handlungen.
5. Verarbeitung der Ergebnisse.

Hoffnung gilt als Treiber von Widerstandskraft und Erfolg. Während fehlende Hoffnung Stress, Schlaflosigkeit und Schmerzen bewirken kann.

Selbstwirksamkeit
Selbstwirksamkeit ist ein Konstrukt, welches darauf beruht, dass eine Person überzeugt ist, ein Verhalten auszuführen, indem sie die eigenen, richtigen Ressourcen organisiert und aktiviert. Dabei hilft eine positive Wahrnehmung der eigenen Fähigkeiten und bildet eine notwendige Voraussetzung für Selbstwirksamkeit.

Resilienz

Resilienz bezeichnet die Fähigkeit, besonders herausfordernde Situationen unter Einsatz hilfreicher Fähigkeiten und Erhaltung der Gesundheit zu bewältigen. Wenn Menschen in belastenden Situationen psychisch stabil bleiben und sich von Rückschlägen zügig erholen, nennen Psychologen diese Fähigkeit Resilienz. Resiliente Menschen sind beruflich erfolgreicher, emotional stabiler sowie körperlich und psychisch gesünder. Dabei hilfreich können die oft zitierten sieben Säulen der Resilienz sein: Optimismus, Akzeptanz, Lösungsorientierung, Opferrolle verlassen, Verantwortungsübernahme, Netzwerkorientierung und Zukunftsplanung.

Optimismus

Optimismus ist nicht nur eine Überzeugung, dass in Zukunft etwas Positives passiert, sondern beinhaltet auch die positive Zuschreibung der Ursache für die Erwartung. Dies kann sich auf ein bestimmtes Ereignis beziehen, und wird als spezifischer Optimismus bezeichnet. Eine andere Form von Optimismus ist eine generelle positive Sicht auf den Ausgang von Ereignissen. Optimisten haben demzufolge eine globale positive Ergebniserwartung.

Wie kann man das psychologische Kapital (im Mitarbeitergespräch) stärken?

Es handelt sich bei den vier Säulen des psychologischen Kapitals um erlernbare und damit auch förderbare Eigenschaften. Daher ermutigen wir Führungskräfte dazu, Interaktionen mit Mitarbeitenden zu nutzen, um ein gewünschtes Wachstum zu fördern. Eine Möglichkeit liegt übrigens darin, die einzelnen Säulen direkt zu thematisieren. Dazu können Sie diese Fragen nutzen, die jeweils eine der Säulen adressieren:

- Was gibt Ihnen derzeit Hoffnung (im Hinblick auf eine aktuelle Herausforderung)?

- Welches positive (Zwischen-)Ergebnis der letzten Zeit haben Sie beeinflusst?
- Woraus schöpfen Sie in herausfordernden Zeiten wieder Kraft?
- Was gibt Ihnen Grund für Optimismus?

Im Folgenden noch einige detailliertere Hinweise zur Förderung der vier Aspekte des psychologischen Kapitals (Hoffnung, Selbstwirksamkeit, Resilienz und Optimismus).

Hoffnung fördern
Die Betrachtung von möglichen Ursachen für schwindende Hoffnung, können dabei helfen, die Situation des Mitarbeiters besser einzuschätzen. Was die Hoffnung von Mitarbeitenden beeinträchtigt, können die
- Erfahrungen von Kontrollverlust,
- Misserfolge und Verluste,
- die Erfahrung, alles versucht zu haben und dennoch wieder am Anfang zu stehen oder
- das Gefühl, sich unverstanden oder allein zu fühlen sein.

Im Hinblick auf den jeweiligen Mitarbeiter, stellt sich die Frage: Welche Ereignisse in der letzten Zeit könnten bei den Mitarbeitenden diese Gefühle ausgelöst haben? Zur Unterstützung der Hoffnung in Gesprächen kann es hilfreich sein, wenn die Führungskraft
- Selbstwirksamkeitserfahrungen fördert,
- Erfolgserlebnisse in Erinnerung ruft,
- Fortschritte sichtbar macht,
- den Teamgedanken und das Gefühl von Verbundenheit fördert.

Selbstwirksamkeit ausbauen
Selbstwirksamkeit zu stärken, kann im Mitarbeitergespräch durch Ermutigung und den Blick auf die eigenen Erfolge gelingen. Erfolge des letzten Beurteilungszeitraums sollten im Jahresgespräch ohnehin Thema sein. Ermutigung durch die Führungskraft meint im Gespräch:

- Die Aufmerksamkeit der Führungskraft auf positive Aspekte im Verhalten von Mitarbeitenden zu lenken.
- Ermutigung zielt im Gegensatz zu Lob und Anerkennung auf künftige Erfolge und nicht auf bereits erreichte Erfolge.
- Ermutigung gibt Anstöße zum Handeln.
- Ein ermutigender Schubs ist dann wichtig, wo sich noch kein Erfolg eingestellt hat und Zweifel wachsen, ob man dies jemals erreichen wird. Wo Verzagtheit aufkommt, gibt sie den Anstoß, nicht aufzugeben, sondern trotz Rückschlägen dranzubleiben, sich weiter der Herausforderung zu stellen und nicht zu resignieren. Und implizit zeigt es das Vertrauen der Führungskraft in den Mitarbeitenden.

Resilienz mehren
Für das Positive Leadership Challenges-Kartenset habe ich Mikroimpulse für die Stärkung einzelner Aspekte gesammelt. Die Impulse zur Resilienzsäule des psychologischen Kapitals finden Sie hier. Diese Fragen bieten sich für den Dialog im Mitarbeitergespräch an:

- Verbessern Sie die sozialen Beziehungen in Ihrem Team: Was können Sie dafür tun, um bessere und verbindlichere Beziehungen in Ihrem Team zu schaffen? Versuchen Sie, diese zu verstehen. Reflektieren Sie mit einem Teamkollegen, wie ein Perspektivenwechsel helfen könnte, besser mit diesen Triggern umzugehen. Welches sind Ihre drei größten Trigger, die Ihr Wohlbefinden und Ihre emotionale Sicherheit negativ beeinflussen?
- Wie äußert sich bei Ihnen physischer und emotionaler Stress? In welchen Stufen wird er spürbar und was haben Sie konkret getan, wenn Sie Ihren Stress bereits auf der niedrigsten Stufe kontrollieren und umwandeln konnten? Leiten Sie daraus zwei bis drei konkrete Strategien für zukünftiges Handeln ab.
- Random Acts of Kindness fördern ein Klima des Wohlbefindens. Das kann eine wertschätzende E-Mail sein oder ein Frühstück, das Sie Ihrem Team ausgeben. Wichtig ist, dass es leichtfüßig und schnell umzusetzen ist. Welche Ideen kommen Ihnen spontan?

- Was könnten Sie mit dem Team vereinbaren, um den Stresslevel aller zu senken? Beispiel: keine E-Mails und Telefonate am Wochenende.
- Welche Routinen im Team sind unproduktiv und laden zum Streichen ein?
- Welche Freiräume und Hebel haben Sie in Ihrem Team, um die aktuellen Projekte voranzubringen? Denken Sie an ein laufendes Projekt und unterscheiden Sie zwischen dem Circle of Concern (wenig oder keinen Einfluss) und dem Circle of Influence (viel Einfluss/Kontrolle). Fokussieren Sie sich mit dem Team stets auf den Circle of Influence.

Optimismus ausbauen
Optimismus kann im Mitarbeitergespräch mithilfe der WOOP-Technik von Gabriele Oettingen thematisiert werden. Beispielsweise beim Ausblick auf das nächste Jahr oder ein wichtiges Projektziel können dies relevante Fragen sein:
- **W**ish/Wunsch: Was ist das Ziel?
- **O**utcome/Ergebnis: Was wäre ein wirklich gutes Ergebnis für Sie? Was wäre daran wunderbar, wenn Sie dieses Ziel erreichen?
- **O**bstacle/Hindernis: Was ist Ihr größtes Hindernis?
- **P**lan/Plan: Welchen konkreten Plan können Sie machen, der Ihnen hilft, dieses Hindernis zu überwinden?

Welche Säule hat für Mitarbeitende die größte Relevanz?
Ein umfassendes psychologisches Konzept in Dialogen zu stärken, ist selbst für psychologische Fachkräfte eine anspruchsvolle Aufgabe. Beginnen Sie mit ersten Schritten. Welche Säule für Ihren Mitarbeitenden die größte Relevanz hat, können Sie möglicherweise aus Ihren Erfahrungen ableiten. Zusätzlich helfen die im Folgenden genannten Ziele, die den einzelnen Säulen des psychologischen Kapitals zugeordnet sind, bei der Prioritätenklärung. Natürlich entstehen Überschneidungen, schließlich ist beispielsweise Optimismus auch für die Resilienz zuträglich. Dennoch kann über die Identifikation relevanter Handlungsfelder mit den Mitarbeitenden nach passenden Personalentwicklungsmaßnahmen gesucht werden. Im Folgenden finden Sie die vier Säulen und jeweils passende Ziele.

Hoffnung
- Ich möchte meine Ziele besser fokussieren können.
- Ich möchte mir selbst positive Erlebnisse schaffen.
- Ich möchte Kraft finden, Dinge zu verändern.
- Ich möchte wieder hoffen können.

Selbstwirksamkeit
- Ich möchte mich motivierter fühlen.
- Ich möchte Herausforderungen leichter nehmen.
- Ich möchte mir meiner Fähigkeiten mehr bewusst werden.
- Ich möchte optimistischer sein.

Resilienz
- Ich möchte lernen, Dinge aus einer anderen Perspektive zu betrachten.
- Ich möchte mir Bewältigungsstrategien für Stresssituationen aneignen.
- Ich möchte schneller Lösungen finden.
- Ich möchte die Auseinandersetzung mit Krisen nicht als belastend empfinden.

Optimismus
- Ich möchte Herausforderung leichter nehmen.
- Ich möchte aus positiven Gedanken Kraft schöpfen.
- Ich möchte lernen, Dinge aus einer anderen Perspektive zu betrachten.
- Ich möchte optimistischer sein.

Interview 5: »Für mich ist das Jahresgespräch so ein Neujahrsmoment – danach bin ich richtig motiviert«

Lena Bücker von Xing News über das Mitarbeitergespräch aus ganz anderer Sicht – nämlich aus Mitarbeiterperspektive.

Das erste Mitarbeitergespräch, das mit dir geführt wurde, kannst du dich daran erinnern?
Ich glaube, mein erstes formalisiertes Mitarbeiterinnengespräch war tatsächlich hier bei der New Work SE vor etwa drei Jahren. Davor war alles zwischen Tür und Angel – und ging wenn dann von mir aus. Ich habe davor viel in Start-ups und kleineren Unternehmen gearbeitet, bei denen alle Teammitglieder zwar Projekte geleitet haben, aber es keine klar definierte Führungskraft gab, die zum Beispiel auf Potenziale oder Lernfelder geschaut hat. Ich bin großer Fan von flachen Hierarchien, aber glaube, dass gute und positive Führung im Zusammenhang mit Unternehmenserfolg viel zu oft gerade bei Start-ups massiv unterschätzt wird. Flache Hierarchien und klare Führung sollten meiner Meinung nach Hand in Hand gehen.

Wenn dieser Termin ansteht für dich und bei dir im Kalender aufpoppt oder wie auch immer: Wie geht es dir dann?
Ich freue mich total drauf, weil ich weiß, dass das Gespräch auf Augenhöhe stattfinden wird. Das liegt aber auch ganz klar an meiner Führungskraft hier. Sich gemeinsam diese Zeit für konstruktives Feedback nehmen zu dürfen, empfinde ich als Geschenk und als große Weiterentwicklungsmöglichkeit. Ich finde es total spannend, gemeinsam mit jemanden zu schauen, was Highlights und Lowlights im vergangenen Jahr waren und zu überlegen, was eventuell Stärken oder auch Lernfelder sind, an denen ich arbeiten kann. Dieser Blick von außen ist so viel wert und passiert im Arbeitsalltag einfach nicht so schnell. Manchmal muss man zu seinem Glück gezwungen werden. Daher ein großes Ja zu formalisierten Mitarbeiter(innen)gesprächen!

Es gibt wenig im Unternehmenskontext, das so polarisiert wie Mitarbeitergespräche: Ganz viele finden sie scheiße und ganz viele finden sie super. Wo stehst du?
Ich finde es super und das kommt daher, dass ich erst mal meinen Job mag und auch glaube, dass ich hier viele meiner Stärken ausleben kann. Ich habe auch ein gutes Verhältnis mit meiner Führungskraft, fühle mich nicht von oben bewertet oder dass sie da eine Machtposition ausspielen würde. Das stelle ich mir furchtbar vor. Meine Führungskraft hat wahres Interesse daran, ihre Teammitglieder weiterzuentwickeln und gemeinsam passende Projekte und Weiterbildungen zu finden.

Leute, die in Start-ups arbeiten, tun das ja meistens, weil sie sich sehr stark mit der Idee verbinden und weil sie glauben, persönlich eine Entwicklung machen zu können. Andererseits hast du gerade gesagt, da finden Mitarbeitergespräche gar nicht statt. Wie passt das zusammen?
Puh, ich kann natürlich nicht für alle Start-ups sprechen und kann mir vorstellen, dass da auch vieles im Umbruch ist. Aber klar: Die Magie, etwas mit aufzubauen und ganz viele unterschiedliche spannende Aufgabenbereiche mit viel Entscheidungsfreiheit zu haben, ist einfach wundervoll. Ich habe mich in dieser Zeit tatsächlich unglaublich weiterentwickelt, habe aber auch oft über meine Grenzen hinweg gearbeitet, weil ich mich komplett in meinen Aufgaben verloren habe und auch zugeben muss, dass ich mich gerade am Anfang als Jobstarterin total beweisen wollte. Das mit einer erfahrenen Führungskraft zu reflektieren, wäre damals der Knaller gewesen. Ich glaube ja, dass Start-ups und Unternehmen erst dann langfristig erfolgreich sind, wenn die Mitarbeitenden wachsen können und sich nicht nach einem Jahr im Burn-out oder Bore-out wiederfinden. Genau dazu können Mitarbeitergespräche ja auch dienen, dass man schaut, wohin möchte ich mich entwickeln, welche Potenziale sind noch da.

Wenn bei dir das Mitarbeitergespräch ansteht, wie bereitest du dich darauf vor?
Wir haben ein Formular, das zum Beispiel zwischen Highlights und Lowlights in verschiedenen Bereichen unterscheidet. Das füllen Führungskraft und Teammitglied vor dem Gespräch aus und dann wird drüber gesprochen. Was ich das ganze Jahr über mache, ist eine Art Erfolgstagebuch zu schreiben. Ich habe außerdem ein gemeinsames Trello-Board mit meiner Führungskraft, in das ich meine Projekte und To-Dos reinschreibe. Ich glaube, dass ihr das auch total hilft, denn so hat sie einen Überblick, woran ich gerade arbeite, ob ich möglicherweise zu viel auf dem Tisch habe oder noch Kapazitäten habe und so weiter. Wir haben wöchentliche One-on-Ones, und wenn ich irgendein Thema habe, schreibe ich es in das gemeinsame Trello, sodass es nicht verloren geht und kann es erst mal wieder aus dem Kopf löschen. Ich weiß aber, spätestens beim One-on-One sprechen wir drüber und ich bekomme mein Go oder Feedback. Das erleichtert mir mein Arbeitsleben sehr, kann ich sehr empfehlen!

Das ist dann aber auch Teil deiner Vorbereitung des Jahresgespräches, oder, dass du nochmal in das Trello-Board schaust?
Korrekt. Und ich überlege, was gut gelaufen ist, was vielleicht nicht so gut gelaufen ist. Und natürlich reflektiere ich, wie ich mich weiterentwickeln könnte, welches Projekt vielleicht künftig besser zu einer anderen Person passt et cetera.

Was erwartest du oder hoffst du oder willst du, wie sich deine Führungskraft vorbereitet auf das Gespräche mit dir?
Erst mal, dass sie natürlich auch hineinschaut in das Trello-Board und das Formular genauso ausfüllt, wie ich das tue. Und wenn sich daraus komplett unterschiedliche Perspektiven ergeben, dann ist da natürlich irgendwie was in unserer Kommunikation falsch gelaufen oder zumindest in meiner Selbstwahrnehmung. Wenn ich ein Lernfeld genauso sehe wie sie, dann muss sie das nicht ansprechen, sondern ich habe das schon thematisiert – das macht es für beide Seiten leichter.

Du bist also durchaus Fan dieses formalisierten Gesprächsrahmens, einmal im Jahr, nach Schema ...
Ja, und zwar mindestens einmal im Jahr. Das kann so ein Kreativitäts- und Motivationsbooster sein! Als Mitarbeiterin ein Entwicklungsgespräch einzufordern, wenn es nicht Teil der Unternehmenskultur ist, ist gar nicht so einfach. Vor allem als Jobstarterin damals hätte ich mich das zum Beispiel nicht getraut, obwohl es doch genau dann so wertvoll sein kann. Daher, ja, der Gesprächsrahmen sollte unbedingt gegeben werden. Einen offenen, wertschätzenden Gesprächsleitfaden für beide Seiten an die Hand zu bekommen, ist natürlich auch super. Zu formalisiert darf es aber auch nicht sein.

Durch diesen festen Rahmen sind beide Seiten ja irgendwie auch gezwungen, sich bereits vorab Zeit zu nehmen und die gemeinsame Arbeit zu reflektieren, um sich dann auszutauschen. Wenn eine Führungskraft sich diese Zeit nimmt, ist das für mich ein großes Zeichen von Wertschätzung. Ohne festen Termin mit auch gern ein paar festgelegten offenen Fragen ist, verstreicht doch wieder ein halbes Jahr und man hat's nicht gemacht, weil das Daily Business wieder überhandgenommen hat. Das kennen wir doch alle, oder?

Wie ist sonst euer Gesprächs- und Kommunikationsrhythmus zwischen dir und deiner Führungskraft?
Feedback ist Teil unserer Unternehmenskultur und ich muss sagen, dass wir immer besser werden. Wir haben – egal ob die Leute im Büro oder im Homeoffice sind – morgens immer einen gemeinsame Check-in. So stellen wir fest, wenn jemand überlastet ist, schlecht geschlafen hat oder gerade total viel Energie hat. Und dann haben wir im Team auch noch einmal in der Woche ein Unpacking, dafür nehmen wir uns länger Zeit, wo alles mögliche besprochen werden kann – egal, ob es irgendwelche Updates sind oder was gerade zu besprechen ist. Individuelles Feedback finde ich immer besser unter vier Augen.

Und gibt es weitere formalisierte Gespräche mit der Führungskraft? So ein vierteljährliches Gespräch, als eine Art Wasserstandsmeldung oder so?
Es gibt die wöchentlichen One-on-Ones und dieses Jahr werden wir auch zum ersten Mal Mitte des Jahres eine Wasserstandsmeldung machen. Zudem gibt es noch ein jährliches Leadership-Feedback des gesamten Teams an die Führungskraft.

Was waren deine Lowlights, was waren deine Highlights in den Mitarbeitergesprächen, die du schon erleben durftest?
Highlights sind immer, wenn die Einschätzung von beiden Seiten sehr ähnlich ist, wenn die Stärken von der Führungskraft gesehen werden. Lowlights? Da muss ich ein bisschen drüber nachdenken. Ein gutes Zeichen, wenn mir nicht sofort was einfällt, oder? Ach doch, dass die letzten beiden Jahresgespräche wegen Corona digital stattfinden mussten, das war richtig doof. Das erste Mal war es total schön, in echt mit einem Kaffee und Plätzchen und so. Über den Screen ist das halt unpersönlicher – also für mich, für andere vielleicht nicht.

Was passiert nach dem Mitarbeitergespräch – bei dir, bei der Führungskraft?
Am Ende des Gesprächs werden schon Vereinbarungen wie mögliche Weiterbildungen oder neue Projekte getroffen. Letztes Jahr habe ich zum Beispiel ein Moderationstraining gemacht und danach mehrere Veranstaltungen und Interviews moderiert. Insofern ist das Gespräch schon ein Neujahrsmoment, in dem ich richtig motiviert bin.

Was haben wir bislang vergessen, zu fragen? Was wäre aus deiner Sicht noch wichtig, was muss noch mal gesagt werden?
Ich glaube, es ist echt sooo wichtig, dass die Führungskraft Empathie hat. Denn selbst, wenn man diese ganzen formalisierten Prozesse und Checklisten hat, aber die Führungskraft keine Empathie mitbringt, dann ist das ganze Jahresgespräch unnütz. Gerade diese Verbindung, die danach zwischen

Führungskraft und Teammitglied entsteht oder weiter gestärkt worden ist, die ist total schön und fördert das Vertrauen.

Lena Bücker brennt für das Thema »New Work« und beschäftigt sich als Senior Relationshop & Content Managerin bei XING News mit den neuesten Entwicklungen der Arbeitswelt. Sie ist überzeugt davon, dass sich nicht nur die Arbeit selbst, sondern auch unsere Wirtschaft in eine nachhaltigere Richtung entwickeln muss. Genau deshalb hat sie den Impact Hub Hamburg, ein globales Netzwerk für Impact Unternehmertum, mit ins Leben gerufen und ist als Vorstandsvorsitzende bei dem gemeinnützigen Verein weciety e.V. tätig. Der Verein orientiert sich an den siebzehn Nachhaltigkeitszielen der UN und stellt mit verschiedenen Formaten die Frage: »In welcher Gesellschaft willst du leben?«

https://www.xing.com/news
https://hamburg.impacthub.net

11.
So bereiten Sie sich als Mitarbeiter(in) auf Ihr Jahresgespräch vor

Nicht nur die Führungskraft, auch die Mitarbeitenden sollten und können sich konstruktiv und ressourcenorientiert auf die (eigenen) Mitarbeitergespräche vorbereiten. Häufig gibt es Gesprächsbögen mit Hinweisen dazu, wie Sie das Mitarbeitergespräch vorbereiten, durchführen und nachbereiten können. Zusätzlich oder alternativ dazu hier noch einige Fragen zu Rückblick, Ausblick – und zum aktuellen Augenblick:

Vergangenheit vergegenwärtigen
Für einen konstruktiven Rückblick auf das vergangene Jahr (oder wie lange auch immer der zurückliegende Zeitraum seit dem letzten ausführlicheren Gespräch mit der Führungskraft war) können folgende Fragen hilfreich sein:
- Was waren meine größten (Zwischen-)Erfolge? Wie habe ich das geschafft?
- Welche Herausforderungen und Misserfolge gab es? Woran lag's?
- Welche Ziele aus dem letzten Mitarbeitergespräch wurden erreicht – und welche nicht? Wie kam's dazu?
- Wie war meine Zusammenarbeit mit Team, Führungskraft, Kundschaft et cetera? Was lässt sich wie verbessern?
- Wie schätze ich meine Arbeitsleistung insgesamt ein?

Gegenwart ausleuchten
Hier einige Impulse, um Ihr aktuelles berufliches Sein zu reflektieren:
- Wie zufrieden bin ich mit meiner Arbeit? Fühle ich mich überlastet, ausgelastet, oder unterfordert?
- Was macht mir aktuell besonders Freude?
- Was fordert, stresst, nervt mich derzeit?
- Was sind meine Stärken und Schwächen? Wo kann ich meine Fähigkeiten einbringen?
- Welche Erwartungen habe ich an das Gespräch?
- Welchen Beitrag zum Ganzen kann ich leisten?

Zukunft ins Visier nehmen

Wir Menschen sind Zukunftswesen, der Blick durch die Frontscheibe motiviert, um Ziele zu fassen, Veränderungen anzugehen et cetera. Folgende Fragen können dabei hilfreich sein:

- Welche persönlichen Anliegen und Wünsche habe ich in beruflicher Hinsicht?
- Was wünsche ich mir in Bezug auf den Arbeitsplatz, die Bürosituation, die Ausstattung et cetera?
- Wo sehe ich Möglichkeiten, Familie und Beruf besser zu vereinbaren?
- Wie könnte ich meine Stärken noch besser einbringen?
- Welche Vorschläge habe ich für die Umgestaltung meines Arbeitsbereichs?
- Wie sehe ich die Zukunft der Organisation, des Unternehmens?
- Wie könnte ich Erfolge, Ressourcen aus der Vergangenheit für die Zukunft nutzbar machen?
- Welche Ziele sollten für die Zeit bis zum nächsten Personalführungsgespräch vereinbart werden?
- Welche Schulungen oder andere Maßnahmen wären nützlich?

12.
Positive Psychologie: Potenziale schwieriger Gespräche sehen und nützen

Missverständnisse, Kritik, Enttäuschung oder vielleicht sogar Frust: Natürlich gehören die negativen Seiten des Lebens auch zur menschlichen Erfahrung, auch für eine Führungskraft, die sich an Positive Leadership und Positiver Psychologie orientiert. Daher darf in einem Buch über Mitarbeitergespräche auch ein Kapitel über schwierige Gespräche nicht fehlen. Auch ist wenig wahrscheinlich, dass die Hinwendung zu agilen Methoden, New Work und stärkerer Mitarbeiterorientierung dazu führen, dass es keine schwierigen Gespräche mehr geben würde. Zumal Frust, Enttäuschung, Ärger ja auch immer Relevanz-Detektoren sind – sie lassen uns erkennen, was jetzt gerade wichtig für uns ist oder wäre – sofern wir uns für diese gedanklich-emotionale Schleife Raum und Zeit nehmen können und wollen.

Was sind aber überhaupt schwierige Gespräche? Was macht ein Gespräch schwierig? Wieso sollten Sie diese Gespräche dennoch angehen, im eigenen Interesse, im Interesse des Gegenübers, im Interesse von Team und Organisation? Und wie konkret können Sie solche Gespräche, meist sind es Konflikt- und Kritikgespräche, konstruktiv führen. Also so angehen, dass im Ergebnis es auch zu Veränderungen kommt? Um all diese Fragen geht es im Folgenden.

Wenn Sie wollen, nehmen Sie sich doch zunächst einen Moment Zeit und denken Sie ein paar Minuten über folgende Fragen nach – Sie können sich auch gerne ein paar Notizen dazu niederschreiben:

Welches berufliche Gespräch in den letzten Wochen oder Monaten, das ich als Führungskraft zu führen hatte, lag oder liegt mir im Magen? Woran mag das wohl liegen? Was hat das jeweils

- mit mir zu tun,
- mit dem Gegenüber,
- mit der Situation?

Welche mehr oder weniger vergleichbaren Gespräche dieser Art habe ich in der Vergangenheit bereits gut gemeistert? Woran lag das, was waren die Erfolgsfaktoren?

Welches schwierige Gespräch mit einer Mitarbeiterin steht oder stünde in nächster Zeit eigentlich mal an? Was genau hemmt oder hindert mich daran, dass ich den Austausch nicht schon längst gesucht habe? Was möchte ich bei diesem Gespräch gut machen? Wie könnten mir dabei frühere Erfahrungen helfen – und was will ich möglicherweise vorher noch lernen, verbessern, reflektieren?

Was sind schwierige Gespräche?

Was sind eigentlich unangenehme, tatsächlich oder vermeintlich schwierige Gespräche – und was genau macht diese schwierige Gespräche eigentlich schwierig?

In der Regel geht es dabei ja um anlass- und verhaltensbezogene Gesprächssituationen: Ihnen passt nicht, wie eine Mitarbeiterin/ein Mitarbeiter arbeitet, kommuniziert, Kunden oder Lieferanten behandelt; jemand aus dem Team hat Ziele, die Sie oder die andere vorgegeben haben, nicht erreicht; bei Veränderungen, die Sie angedacht oder auch nur umzusetzen haben, zieht Müller, Huber oder Maier nicht wirklich mit; Erwartungen, die Sie an eine Aufgabe hatten, wurden nicht oder nicht ganz erfüllt; aus dem Team, von Ihrer Führungskraft oder von außen wurde Kritik geübt an einer bestimmten Verhaltensweise; Sie müssen jemandem, zum Beispiel aufgrund einer Organisationsreform, ungeliebte Zuständigkeiten übertragen – oder einer Person ihre Lieblingsaufgaben wegnehmen; Sie haben eine andere unangenehme Botschaft zu überbringen; nach einem früheren schwierigen Gespräch haben sich nicht die gewünschten und verabredeten Verbesserungen eingestellt – oder, oder, oder.

Es gibt harte Anlässe für schwierige Gespräche – ein objektiv festgestelltes, vielleicht sogar zu bestrafendes Fehlverhalten. Es gibt weiche Anlässe – Eindrücke, Gerüchte, Einschätzungen. Und es gibt ganz viel dazwischen.

Wie viel Kritik macht Sinn?

»Darf ich als eine positive Führungskraft denn überhaupt Kritik üben? Oder muss ich nur loben?« Diese Frage wird uns immer wieder in Trainings und Coachings gestellt. Die Antwort ist klar und einfach – erst mal: Natürlich muss Schiefgelaufenes, Kritisches, Defizitäres angesprochen werden! Im Interesse der Organisation, im Interesse des Teams, in Ihrem Interesse, im Interesse der Mitarbeiterin/des Mitarbeiters selbst.

Nur, in welchem Verhältnis Gelungenes und nicht so Gelungenes ansprechen, ab wann wird Kritik zur Dauernörgelei, die demotiviert und ihre Ziele verpasst? Hier zwei – wissenschaftlich fundierte – Pi-mal-Daumen-Regeln: Der Paarforscher John Gottman spricht von der »Zauberformel« von fünf zu eins zwischen positiven und negativen Interaktionen: Wenn Paare in diesem Verhältnis miteinander umgehen, ist die Partnerschaft hochwahrscheinlich auch in Zukunft stabil, das ist in seinen Forschungen seit Anfang der 1970er-Jahre herausgekommen. Die deutlich jüngere und eine der führenden Emotionswissenschaftlerin unserer Zeit ist Barbara Fredrickson. Die amerikanische Psychologieprofessorin empfiehlt ein Positivitätsverhältnis von drei positiven zu einer negativen Empfindung als Rezept für individuelles Wohlbefinden. Hilft Ihnen diese Antwort weiter – falls Sie sich die Frage überhaupt gestellt haben?

Warum schwierige Gespräche es häufig schwer haben – und was stattdessen geschieht

Kritik, die nicht geübt wird; Konflikte, die nicht ausgetragen werden; Mängel, die nicht angesprochen werden: Es gibt in allen Teams, allen Organisationen eher Themen, die die Führungskräfte eher umfahren als angehen. Warum eigentlich?

Was sind Ihre Gründe, unangenehmen, konflikthaften Konversationen aus dem Weg zu gehen? Keine Zeit, hören wir häufig von Führungskräften. Keine Erfahrung oder keine Kompetenz im Umgang mit schwierigen Gesprächspartnern und Gesprächsthemen – das hören wir seltener, als es wahrscheinlich der Fall ist.

Es gibt so viele Gründe, aus denen Vorgesetzte die Gespräche, die sie eigentlich führen müssten, nicht führen:
- Angst vor Missverständnissen;
- Angst vor möglichen emotionalen Eskalationen;
- kein vollständiges Bild der Lage;
- die Sorge, in Konflikte zwischen Mitarbeitenden hineingezogen zu werden;
- die Hoffnung darauf, dass wer anders das Gespräch führt;
- die Hoffnung, dass sich das Gespräch aus irgendeinem Grund erübrigen könnte;
- unterschiedliche eigene Werte oder Prinzipien, die miteinander im Konflikt stehen;
- eine Team- oder Unternehmenskultur, die die klare Kante scheut;
- Vorgänger auf dem eigenen Posten, die wie die Axt im Walde vorgegangen sind – und die als abschreckendes Beispiel dienen;
- Vorgänger, die immer auf Samtpfoten unterwegs waren und der Freundlichkeit den Vorzug vor der Klarheit gaben
- und so weiter.

Manche dieser Gründe sind ja durchaus nachvollziehbar. Was würden Sie sagen, wenn Sie mal ehrlich sind: Warum stellen Sie sich manchen unangenehmen Gesprächen nicht oder zu spät?

Aber was sind die Folgen dieser »Friedhöflichkeit«, wie der Hamburger Kommunikationspsychologe Friedemann Schulz von Thun überzogene, konfliktvermeidende Höflichkeit gerne tituliert? Häufig sind wenig konstruktive Kommunikationsmuster die Folge: Man redet hinter vorgehaltener Hand über Huber, Maier, Müller – statt mit ihr oder mit ihm. Man wahrt fassadenhafte Diplomatie – und entfremdet einander dadurch. Oder man schluckt so lange so viel Frust, bis sich aufgestaute Wut, Enttäuschung, Ärger in einem lauten, überzogenen und schlimmstenfalls auch noch öffentlichen Donnerwetter Luft machen.

Wieso Sie gerade schwierige Gespräche angehen sollten

Es gibt die verschiedensten Perspektiven, aus denen Sie als Führungskraft kritische Gesprächsanlässe und -situationen betrachten können – und dementsprechend verschiedene Gründe, wieso Sie unangenehme Kommunikationssituationen angehen statt vermeiden sollten: um Ihrer selbst willen; um des betreffenden Mitarbeiters und Ihres gemeinsamen Verhältnisses willen; um des Teams willen; um der Organisations(-kultur) willen.

Die Führungskraft selbst tut etwas für die persönliche Psychohygiene, wenn sie Dinge, über die sie sich ärgert, auch angeht. Sie lernen sich besser kennen, wenn Sie sich einem verzwickt erscheinenden Gespräch stellen, Sie stärken damit Ihre kommunikativen Kompetenzen. Somit schärfen Sie auch Ihr Profil, machen anderen und sich klarer, worauf es Ihnen ankommt.

Die Mitarbeiterin oder der Mitarbeiter kann eigene blinde Flecken nur dann besser erkennen, wenn er auch kritische Rückmeldung bekommt. In diesem Sinne ist Kritik ein Geschenk, da sie überhaupt erst Bewusstsein vermittelt. Vielleicht haben Sie ja auch ein Entwicklungsgeschenk für sie oder ihn? Vielleicht können Sie so zur persönlicher Reife oder zumindest zur Selbstreflexion des Betroffenen beitragen? Aber auch die Beziehungsebene profitiert durchaus. Das tatsächliche Verhältnis zwischen Ihnen beiden kann durch ein gelungenes Konfliktgespräch nur gewinnen!

Für das Team kann es eine Frage der Fairness sein, dass problematisches Verhalten, Versäumnisse und andere negative Dinge von der Führungskraft auch wirklich wahrgenommen und angesprochen werden, statt einfach nur unter den Teppich gekehrt – oder im schlimmsten Falle von den Mehrleistern ausgebügelt werden. Auch kann die Kollegenschaft untereinander davon profitieren, wenn Konflikte von der Führungskraft konstruktiv ausgetragen statt beschwiegen werden, indem das Team untereinander aktiver Feedback gibt. Und das gilt natürlich auch gleich für die Organisation als Ganzes: Wenn ein Operationssaal gut laufen soll, wenn eine Flugzeugcrew ihre Maschinen dauerhaft sicher starten und landen will, wenn eine Verwaltung gute Entscheidungen treffen will und soll – dann gehört dazu auch eine offene Kommunikationskultur, die Erfolge feiert, Stärken lobt – und Misserfolge oder Missverständnisse anzusprechen vermag. Sie stärken die sogenannte psychologische Sicherheit, wenn Sie auch um kritische Gespräche keinen Bogen machen, sondern diese Situationen aktiv angehen!

13.
Bei jedem kracht es anders: Konflikte verstehen, einordnen und lösen können

Damit Sie für heikle Gesprächssituationen gut gerüstet sind, hilft ein wenig Grundwissen über Konflikte: Was sind eigentlich Konflikte? Woraus entstehen sie in der Regel und wie lassen sie sich differenzierter betrachten? Welche konstruktiven Lösungsmöglichkeiten und -stile gibt es, damit die Chancen auf mehr Kooperation und weniger Krach steigen? Um diese Fragen dreht sich der folgende Abschnitt.

Was Konflikte sind

Sie kommen am Montagmorgen auf das Firmengelände gefahren, sehen einen der wenigen freien Parkplätze – aber das Auto von der anderen Seite steuert diesen auch an. Ist das ein Konflikt? Wir würden sagen: Nein. Noch nicht.

Wenn Sie aber jeden Montag oder gar jeden Morgen mit der gleichen Person um einen Parkplatz streiten, sich vielleicht sogar schon gegenseitig Beulen in den Wagen gefahren haben, bereits mehrfach bei Ihrem Vorgesetzten mit der Bitte um ein klärendes Gespräch vorstellig wurden, um den Parkplatzkrieg zu klären – dann handelt es sich höchstwahrscheinlich um einen Konflikt.

Das Wort »Konflikt« hat seinen Ursprung in dem lateinischen Verb, »confligere« und heißt »zusammenkommen« oder »zusammenstoßen«. Der renommierte Psychologe Friedrich Glasl definiert den Konflikt als »eine Interaktion zwischen Akteuren, die zu Unvereinbarkeiten und (oder) Beeinträchtigungen im Fühlen, Handeln oder Denken von mindestens einem Akteur führt«.

Konflikte können innerhalb einer Person (Soll ich bleiben oder soll ich kündigen?), zwischen Personen, innerhalb eines Teams oder einer Gruppe entstehen – und natürlich zwischen Gruppen (zum Beispiel Marketing gegen Vertrieb, Standort X gegen Standort Y und beide gemeinsam gegen die Zentrale ...).

Härtegrade und Arten von Konflikten

Außerdem ist es sinnvoll, Konflikte nach ihrem Schweregrad und nach der (möglichen) Ursache hin zu untersuchen. Der bereits erwähnte Glasl unterscheidet insgesamt neun unterschiedliche Stufen der Konfliktdynamik, die sich letztlich in drei Kategorien zusammenfassen lassen können:

In der sogenannten Win-win-Phase geht es um Verhärtungen, Debatten und vielleicht auch schon erste (Nicht-)Taten statt Worten – in dieser Phase ist leicht noch ein gutes Ergebnis für beide Seiten möglich, das auch häufig von den an der Auseinandersetzung Beteiligten selbst erreicht werden kann.

Die Sorge um das eigene Image, die Bildung von Koalitionen und Oppositionen, gezielte öffentliche Abwertungen und mögliche Drohstrategien: Sie alle sind Kennzeichen der zweiten Kategorie, der Win-lose-Phase von Konflikten, in denen häufig einer nur auf Kosten der Niederlage der/des anderen gewinnen kann – oder dies zumindest glaubt. Hier ist in der Regel Moderation durch Coaches, Führungskräfte oder andere Schiedsrichter nötig.

Konflikte der Lose-lose-Kategorie führen in der Regel zu negativen Konsequenzen für beide Seiten: Es kommt zu »begrenzten Vernichtungsschlägen«, so Glasl, zur Zersplitterung oder zur totalen Vernichtung im Sinne von »gemeinsam in den Abgrund«. Hier ist häufig nur noch, ähnlich den UNO-Blauhelmtruppen, mit massiver Autorität von außen eine Konfliktentscheidung möglich. Ein Zusammenführen der Beteiligten an der Auseinandersetzung ist hier meist schwierig, es geht hier eher um Trennung als Konfliktlösung – Gerichtsverfahren als ein Beispiel.

Je niedriger die Eskalationsstufe, desto kälter sind Konflikte häufig. Mögliche Symptome: hochgezogene Augenbrauen, immer längere E-Mail-Ketten mit immer größerem Verteiler, man geht einander aus dem Weg und vermeidet, formalisiert oder gar blockiert den Kontakt.

Mit fortgeschrittener Dynamik werden Auseinandersetzungen meist heißer: Türenknallen, emotionale, laute Worte, offensichtlich wahrnehmbare Handlungen oder Handlungsverweigerungen, keine Trennung zwischen Mensch und Thema.

Für Sie möglicherweise wichtig mitzunehmen aus dieser Darstellung von Konflikten: Auseinandersetzungen eskalieren häufig mit der Zeit, erhöhen damit häufig auch ihre soziale Ansteckungskraft – und lassen sich irgendwann von den Beteiligten selbst gar nicht mehr lösen. Denn auch das gehört zu einem souveränen Umgang mit Konflikten als Führungskraft dazu: zu wissen, wann die eigenen Möglichkeiten erschöpft sind!

Aber nicht nur im Schweregrad unterscheiden sich Auseinandersetzungen, sondern auch in der Herkunft und Art lassen sich Konflikte differenzieren. Typische Konfliktarten sind:

- Zielkonflikte, in denen es um unterschiedliche anzustrebende – nun ja, eben: Ziele geht;
- Bewertungskonflikte, in denen sich die Parteien zwar über die Ziele, aber nicht über den richtigen Weg dorthin einig sind;
- Ressourcenkonflikte, die sich um die Verteilung von Budgets, dienstfreien Wochenenden, Einzelbüros, personelle Kapazitäten drehen können;
- Strukturelle Konflikte, die etwa in der Organisationalen Aufhängung oder den Zuständigkeiten liegen können.

Wenn Sie an eine berufliche Auseinandersetzung aus letzter Zeit denken: Wie würden Sie diesen Konflikt einordnen und einschätzen? Würde die andere Seite dieses Urteil teilen? Manchmal ist das schon ein erster Schritt im Konfliktmanagement – nämlich einen gemeinsamen Blick zu finden auf das, was einen gerade voneinander trennt.

Bei jedem kracht es anders: Unterschiedliche Stile bei Auseinandersetzungen

Konflikte können einerseits Beziehungen, Teams oder gar ganze Organisationen lähmen. Man spricht nicht mehr miteinander, man verpulvert Energie und Innovationspotenzial, die Kundschaft oder die Lieferanten wenden sich ab – das sind die negativen Folgen von Auseinandersetzungen im Job.

Andererseits können, wenn gut ausgetragen, Konflikte auch die Innovation voranbringen, können zu einem wärmeren Miteinander beitragen, können Prozesse und Produkte verbessern helfen.

Zu welcher dieser beiden Sichtweisen neigen Sie? Viele von uns sind entweder eher zurückhaltend und vorsichtig im Umgang mit Konflikten – etwa aus Angst, andere zu verletzen. Sie ziehen sich zurück, scheuen Differenzen und die damit verbundenen (sichtbaren) Emotionen. Höflichkeit an der Grenze zur Friedhöflichkeit, so nennt das Friedemann Schulz von Thun. Und viele dieser Menschen wünschen sich, etwa in Coachings, Konflikte aktiver angehen zu können.

Andere wiederum können sich gut abgrenzen, können Enttäuschung, Wut oder Ärger leicht zeigen und sehen Konflikte als etwas sehr Lebendiges und Normales – und wären daher manchmal gern etwas diplomatischer. Wie ist das bei Ihnen? Wo ordnen Sie sich ein?

Dementsprechend gibt es auch unterschiedliche Lösungsmöglichkeiten in Konflikten:
- Flucht bedeutet, einer Auseinandersetzung aus dem Weg zu gehen;
- Durchsetzung betreibt, wer auf das Recht des Stärkeren setzt – psychisch oder physisch – und gegenüber dem Konfliktpartner ohne Rücksicht auf mögliche Verluste einen Sieg zu erringen versucht;
- Unterordnung ist das genaue Gegenteil: Ich tausche Freiheit und Selbstbestimmung gegen Sicherheit ein – häufig um des lieben Friedens willen.

Delegation der Auseinandersetzung an eine Schiedsstelle, eine Führungskraft ist häufig ein Zwischenschritt, der das Entweder-Oder vermeiden kann.

Und wer einen Kompromiss oder gar Konsens herstellt, hat aus der Auseinandersetzung eine Lösung gefunden, mit der beide Seiten leben können – im Idealfall sogar besser als zuvor.

Voraussetzung für gelingendes Führen von Konflikten ist natürlich immer, dass Sie sich Konflikten stellen – und die Gegenseite ebenfalls. Hilfreich ist es auch, wenn:

- Echter Kontakt zwischen den Konfliktparteien entsteht (jenseits der umstrittenen Themen);
- hinter den Positionen die tieferliegenden Interessen ergründet werden können;
- das Große Ganze, und neben den Beteiligten auch die Betroffenen im Blick behalten werden;
- genügend Zeit für die Konfliktbearbeitung da ist und allzu vorschnelles Einlenken auf beiden Seiten vermieden wird;
- Sie sowohl zu Ihren eigenen Bedürfnissen und Wünschen stehen als auch sich in die Gedanken und Gefühle der anderen Seite hineinversetzen können.

Diese Verhaltensweisen machen eine gute Konfliktlösung im Sinne einer Win-win-Lage wahrscheinlicher. Wie Sie das konkret im Gespräch mit Mitarbeitern machen können, erklärt das folgende Kapitel.

14.
Farbe bekennen und Verhaltensänderungen in sechs Schritten herbeiführen

Ihr Mitarbeiter Huber liefert wieder und wieder seine Berichte nicht in der Präzision und Form ab, die Sie und andere erwarten; Mitarbeiter Müller kommt zuverlässig in die Meetings – zuverlässig unpünktlich und zuverlässig schlecht vorbereitet; Mitarbeiter Maier will und will die vorgeschriebene Sicherheitsausrüstung auch im Gefahrenbereich der Produktionsanlagen nicht tragen. Das sind drei typische Konstellationen, die Sie als Führungskraft vielleicht genau so oder so ähnlich kennen. Drei Situationen, in denen es wichtig und richtig sein dürfte, klar Farbe zu bekennen, eine Ansage als Chef(in) zu machen – die einerseits deutlich ist und andererseits dennoch die Beziehung wahrt. Und damit drei Gelegenheiten für konstruktive Kommunikation.

Wie aber kann die gehen?

In Coachings und Seminaren hören wir häufig den Wunsch von Führungskräften, die einerseits klare Ansage machen wollen – und andererseits Mitarbeiter eher nur mit Wattebällchen streichen wollen. Sie möchten ihrem Frust, ihrem Ärger, ihren enttäuschten Erwartungen über bestimmte Verhaltensweisen Luft machen, suchen aber noch den konstruktiven Weg – einen Weg, der zur Verbesserungen führt, in den Ergebnissen und im Miteinander.

Denn Huber, Müller, Maier machen ja ansonsten gute Arbeit, Sie wollen sie unbedingt behalten – nur wollen Sie eben aus guten Gründen ein anderes Verhalten sehen. Dabei kann die Sechs-Schritte-Technik helfen.

Click- und Lesetipp: Zusätzliche Informationen zur Sechs-Schritte-Technik finden Sie in der digitalen Playbox zu diesem Buch.

Haltung und Verhalten: Was die Sechs-Schritte-Technik ist und bringt

Gewalttätig und verletzend sprechen und handeln die allerwenigsten Führungskräfte. Dennoch können, schon alleine aufgrund des Hierarchieverhältnis Huber, Müller oder Maier es schnell als verletzend und herabwürdigend empfinden, wenn Sie als Führungskraft Ihrem Ärger entsprechend Luft machen. Der US-Psychologe Marshal B. Rosenberg hat mit der sogenannten gewaltfreien Kommunikation – oder auch »wertschätzenden Kommunikation« – ein Konzept entwickelt,

- mit dem Sie vor schwierigen Gesprächssituationen Ihre innere Haltung klären können;
- mit dem Sie auf – potenziell – konflikthafte Gespräche vorbereiten können;
- das Sie in Konfliktgesprächen als Strukturprinzip und Leitfaden nutzen können;
- mit dem Sie Dinge, die Sie stören und die Sie geändert wissen wollen, gut ansprechen können;
- und das gleichzeitig dabei hilft, Kränkungen durch als überzogen empfundene Aburteilungen zu vermeiden.

Zur Wirksamkeit wertschätzender und vor allem nicht verletzender Kommunikation gibt es inzwischen auch einige wissenschaftliche Studien, die etwa nahelegen, dass sich das Stress- und Konfliktverhalten mithilfe dieser Methodik günstig beeinflussen lässt. Auch können Sie Bücher darüber lesen oder ganze Ausbildungsgänge dazu absolvieren – schon alleine eine Google-Suche wird Sie weiterbringen, falls Sie da tiefer einsteigen wollen.

Das hier vorgestellte Sechs-Schritte-Prinzip ist eine vereinfachte, verkürzte und noch stärker an die Praxis angepasste Fassung dieses Konzeptes. Hier die sechs Schritte im Überblick:

- Auf das Gespräch vorbereiten,
- Beobachtungen sammeln und äußern,
- innere Wirkung erkunden und vermitteln,
- konkrete Erwartungen formulieren,
- Perspektive des Gesprächspartners einholen,
- Lösungen oder Teillösungen vereinbaren.

Im Folgenden werden alle sechs Schritte detailliert ausgeführt und erklärt.

Sich auseinandersetzen mit der Auseinandersetzung

Eine der wichtigsten Zauberzutaten für schwierige Gespräche, an der es am allerhäufigsten hapert: Zeit zur Vorbereitung! Gönnen Sie sich einen Moment der Selbstklärung in Vorbereitung auf ein Konfliktgespräch, in dem Sie sich unter anderem fragen sollten:

- Um was genau geht es eigentlich? Wie könnte ich das zu bemängelnde Verhalten möglichst so objektiv, neutral und (ab)wertungsfrei beschreiben, dass mein Gegenüber dieser Zustandsbeschreibung auch zustimmen könnte?
- Was genau ärgert, frustriert oder stört mich eigentlich an dem, was Müller macht oder Maier nicht macht oder Huber zu viel oder zu wenig macht?
- Und was hätte ich denn konkret gerne, dass sie oder er anders/mehr/ weniger tut?
- Was sind meine (Zwischen-)Ziele für das Gespräch?
- Und was wäre ein bestmöglicher, ein schlechtest möglicher und was ist der wahrscheinlichste Ausgang des angestrebten Gespräches?

Es hilft, wenn Sie sich vorab versuchen, in die Perspektive Ihres Gegenübers hineinzuversetzen. Was mag die andere Person denken, was mag sie empfinden? Das Bemühen um Verständnis heißt ja noch lange nicht einverstanden zu sein, mindert aber die Wahrscheinlichkeit von Widerstand.

Versuchen Sie, im Sinne der sogenannten Okay-Positionen (ein Modell aus der Transaktionsanalyse) eine Haltung einzunehmen, die in etwa so überschrieben werden könnte: »Ich bin okay, du bist okay – nur zwischen uns ruckelt gerade etwas.« Sie haben ein gutes Recht darauf – und vielleicht sogar die Pflicht dazu – anzusprechen, was Sie bemängeln, was Sie gerne anders hätten, was Ihnen wichtig ist. Und gleichzeitig hat Ihr Gegenüber wahrscheinlich auch mehr oder weniger gute Gründe für ihr oder sein bisheriges Verhalten.

Vielleicht machen Sie sich auch ein paar Notizen in Vorbereitung auf das Gespräch – die Sie in der Situation selbst durchaus auch verwenden können, so nach dem Motto: »Mir ist wichtig, dass wir das gut klären, daher habe ich mir ein paar Stichpunkte dazu aufgeschrieben!« Natürlich sollten diese Stichpunkte möglichst passend zur Situation, zu Ihnen, zum Gegenüber passen – und nicht nach auswendig gelerntem Seminar-Kauderwelsch klingen.

Wenn Sie auf das Gespräch vorbereitet sind, vielleicht sogar nach einem Gespräch mit jemandem Unbeteiligten wie einer Studienfreundin oder einem Coach, sprechen Sie eine klare, knappe, konstruktive Einladung aus, in etwa so: »Claudia, ich möchte mit dir über deine Berichte sprechen. Können wir das übermorgen Nachmittag um 16:00 Uhr machen?« Wählen Sie dafür einen Rahmen – persönlich ist in der Regel besser als per Video-Call, natürlich unter vier Augen und am besten am Tagesrand –, der für beide passt. Je mehr Sie sich über ein konkretes Fehlverhalten ärgern, desto hilfreicher ist es häufig, ein oder zwei Nächte vor einem Gespräch darüber zu schlafen und/oder sich mit einer vertrauten Person darüber auszutauschen, bevor Sie es ansprechen. Und nennen Sie dem Gegenüber eine Mini-Überschrift, worum es geht, auch damit sie oder er sich vorbereiten kann, aber lassen Sie sich vorerst nicht auf Rückfragen oder eine Diskussion ein – dazu kommt es ja dann im Gespräch selbst.

Eigene Beobachtungen schildern

Wie schon erwähnt, hier geht es um eine möglichst vorwurfsfreie, nüchterne Beschreibung des Sachverhaltes, der Stein des Anstoßes für Sie ist. Je konkreter, je objektiv fassbarer und je klarer die Kriterien für das Anbringen der Kritik, desto leichter ist Kritik in der Regel zu nehmen. »Ich habe festgestellt, dass ...« oder »Mir ist aufgefallen, dass ...« sind mögliche Startsätze. Stellen Sie sich vor, dass Sie objektiv wie eine Videokamera beschreiben, vielleicht auch an Hand von Zahlen, Daten, Fakten, worum es geht, etwa: »Unsere Meetings beginnen montags immer um 9:00 Uhr. Sie sind die letzten Wochen drei Mal gegen 9:20 Uhr erschienen«.

Dennoch ist wichtig, im Kopf zu behalten: So sehr Sie sich um faktenorientierte, neutrale Sachlichkeit bemühen mögen, die menschliche Wahrnehmung neigt leicht zu Verzerrungen. Ein bekannter Wahrnehmungsfehler: Der Recency-Effekt, nach dem Sie wahrscheinlich etwa Fehlverhalten der letzten Tage schwerer bewerten als konstant korrektes Handeln über die vergangenen Monate oder Jahre. Ein weiterer ist der Halo-Effekt, aufgrund dessen wir dazu neigen, Menschen anhand eines einzigen Merkmales einzuschätzen, das dann andere übersteigt. So werden etwa weniger sympathische Menschen häufig auch als weniger intelligent eingeschätzt, gut aussehende und große Personen als führungsstark et cetera. Seien Sie sich also Ihrer eigenen Brillen bewusst!

Innere Wirkung vermitteln

Nächster Schritt: Was sind die Folgen, die Auswirkungen des angesprochenen Verhaltens – oder Nichtverhaltens? Wer ist davon betroffen? Und auch: Wie geht es mir persönlich damit?

Wichtig dabei: Auch hier nicht mit dem erhobenen Zeigefinger auftreten – der Fokus ist bei Ihnen selbst, bei den Dingen, die Ihnen wichtig sind, bei Ihren (verletzten) Gefühlen, (enttäuschten) Wünschen, (nicht erfüllten) Bedürfnissen. Das darf ruhig auch mal persönlich werden, wenn Sie sich geärgert haben oder sich verletzt fühlten oder enttäuscht sind.

Häufig fragen uns Führungskräfte nach Möglichkeiten, Konflikte »nicht so emotional« oder »rein auf sachlicher Ebene« klären zu können. Aber häufig geht das erstens gar nicht, da unsere Emotionen häufig auf dem Fahrersitz hocken und der Verstand bestenfalls auf dem Beifahrersitz, wenn nicht sogar im Kofferraum Platz zu nehmen hat. Zweitens kann es kontraproduktiv sein, wenn Sie Emotionen unterdrücken wollen, die dann an anderer, unangemessener Stelle auf unangemessene Weise hochploppen – wie ein Wasserball, der zu lange unter Wasser gedrückt wurde. Drittens machen Sie sich gegenüber Dritten ehrlicher, authentischer, kongruenter, wenn Sie auch über Ihre Werte, Prinzipien, Empfindungen sprechen. Bitte natürlich in professioneller Form – aber dafür haben Sie sich ja schließlich gut auf das Gespräch vorbereitet!

Ich-Botschaften wie »Für mich/das Team/das Unternehmen bedeutet das, dass …« oder »Mir geht es da um …«, »Ich empfinde das als« oder auch »Ich fühle mich dadurch …« könnten gute einleitende Sätze für diesen nächsten Schritt sein.

Erwartungen formulieren

Was ist die Alternative, das Andere, das Neue, das ich mir vom Mitarbeiter wünsche – oder auch schlicht erwarte? Hilfreich ist es immer, sogenannte Annäherungsziele zu formulieren (mehr von, hin zu …) statt Vermeidungsziele (weg von, nicht mehr …). Mögliche Formulierungen für diesen Gesprächsaspekt: »Ich möchte, dass Sie …« oder »Bitte sorgen Sie dafür, dass …« oder »Bitte tun oder lassen Sie mehr/anders/weniger …« Vielleicht stellen Sie den Wunsch auch als Frage, in etwa so: »Was schlagen Sie vor, um in Zukunft weniger/anders ...?« So stärken Sie die Eigenverantwortung des Mitarbeiters und bringen ihn in einen konstruktiven Suchmodus.

So könnte zum Beispiel ein Gespräch nach dem Wahrnehmung-Wirkung-Wunsch-Dreisatz aussehen: »Sie haben im letzten halben Jahr drei Projektberichte erst nach der vereinbarten Abgabefrist und mit jeweils rund einem Dutzend Grammatik- und Rechtschreibfehlern abgeliefert. Das ärgert mich und das irritiert mich, weil ich mich auf meine Mitarbeiter verlassen können will und weil Vorstand und Vertriebsabteilung diese Berichte regelmäßig in professioneller Form von uns brauchen. Ich möchte daher, dass Sie mir künftig die Projektberichte fristgemäß und möglichst fehlerfrei abliefern – oder mich rechtzeitig über mögliche Gründe informieren, die das verhindern. Was schlagen Sie dazu vor?«

Dem Gegenüber zuhören

Wie sieht Ihr Gegenüber das alles? Die Perspektive der/des anderen einzuholen ist der nächste Schritt. Ausführlicher beschäftigt sich Kapitel 3 mit dem Fragen und Zuhören, aber an dieser Stelle ist wichtig, dass Sie eine – möglichst offenen! – Frage stellen wie: »Wie sehen Sie das?«

Kommunikation hat immer mehrere Dimensionen, die Sachebene, den Beziehungsaspekt et cetera, und auch das Nicht-Ausgesagte stellt möglicherweise eine Aussage dar. Hören Sie also auf möglichst vielen Kanälen zu: Was sagt Ihr Gegenüber – was nicht? Wie antwortet sie oder er? Welchen Unterton, welche Schwingungen nehmen Sie wahr? Fragen Sie im Zweifelsfall nach, wenn Sie das Gefühl haben, Ihre Botschaft ist falsch oder nicht rübergekommen!

(Teil-)Schritte vereinbaren

Sie haben gewaltigen Ärger auf Ihre Mitarbeiterin oder Ihren Mitarbeiter über einen längeren Zeitraum aufgestaut. Und jetzt wollen Sie in einem Zwanzig-Minuten-Gespräch zu ewigem Sonnenschein kommen? Das ist wenig realistisch. Daher ist es so wichtig, sich Etappenziele und Lösungsschritte vor einem Konfliktgespräch zu überlegen. Schon alleine, um den Druck weder auf mich selbst, noch auf den anderen, noch auf das Gespräch zu hoch werden zu lassen.

Selbst wenn Ihr Gegenüber Ihre Wahrnehmung nicht komplett teilt oder Schwierigkeiten mit Ihren Wünschen und Erwartungen hat: Auf welche konkreten Veränderungen können Sie sich miteinander verständigen? Was wären nächste Schritte in die richtige Richtung? Welcher TÜV-Termin zur Überprüfung der angesprochenen Themen hat Sinn – in einer Woche, einem Monat oder einem Quartal? Vielleicht gibt es ja sogar mess- oder beobachtbare Kriterien, an Hand derer Sie und Ihr Gegenüber dann einschätzen könnten: Es hat sich etwas verbessert, das Gespräch hat zu etwas Positivem geführt? Manchmal machen solche KPIs Sinn, manchmal nicht.

Beenden Sie das Gespräch im Rahmen der vereinbarten Zeitspanne. Bedanken Sie sich, auch wenn Sie möglicherweise nicht da stehen, wo Sie optimaler Weise hätten stehen können oder wollen.

Und betreiben Sie nach dem Gespräch wertschätzende Rück- und Vorausschau! Folgende Fragen können dabei helfen:
- Was ist gut gelaufen?
- Was mache ich das nächste Mal genau so?
- Was hat mich überrascht?
- Was lerne ich daraus für das nächste Gespräch dieser Art?

15.
Schwierige Gespräche (bitte nicht) noch schwieriger machen – Situative Kompetenz entwickeln

Unser Gehirn kann Empfehlungen und Ziele in der positiven, Annäherungsform (»Hin zu«, »tue dies!«) besser verarbeiten als in der negativen Vermeidungsform (»Weg von«, »bloß nicht!«). Und trotzdem können wir uns ein paar Bloß-nicht's zu schwierigen Gesprächen nicht verkneifen und muten Ihnen diese hiermit zu. Ignorieren Sie sie bitte nicht, äh: Befolgen Sie sie bitte!

Noch nicht verdaut und heruntergekühlt

Sie haben eine Mordswut, weil Müller mal wieder oder Maier mal wieder nicht oder Huber zum x-ten Mal zu wenig ...: So sehr wir für den konstruktiven, aktiven Umgang mit Emotionen sind, auch mit negativen, vermeiden Sie Kritikgespräche möglichst in Momenten, da Sie selbst unter Feuer stehen. Entweder wegen der Sache selbst oder aufgrund anderer Themen, egal ob beruflich oder privat.

Zwei Nächte drüber schlafen, mit jemandem vertraulich über das Thema reden, eine Coaching-Stunde buchen: Das wären Möglichkeiten, um das Herunterkühlen zu beschleunigen und zu professionalisieren, wenn es doch schneller gehen muss. Aber zu souveräner, positiver Führung gehört es auch – und sich nicht zu voreiligem Farbe bekennen hetzen lassen, das dann zu Missverständnissen oder überhitzten Äußerungen führt, die Sie am Ende revidieren müssen. Drücken Sie nur die Knöpfe, die Sie auch drücken wollen – und nehmen Sie sich im Zweifelsfall etwas Zeit.

Längst vergessen und verdrängt

Sie haben sich wochen- oder monatelang um ein klärendes Gespräch zu Angelegenheit X oder Y gedrückt, bis dahin zwei Magengeschwüre erlitten und drei Zornesausbrüche gegenüber anderen Personen vom Stapel gelassen: Das kommt, wenn Konflikte vermieden und schwierige Gespräche nicht angegangen werden. Vermeiden Sie also, olle Kamellen zu klären, an die sich schon niemand mehr ohne Zugriff aufs mentale Archiv wirklich erinnern kann. Lassen Sie im Zweifelsfall Gras über ein Thema wachsen, wenn es sich von selbst erledigt hat – oder greifen Sie es auf, wenn es wieder aktuell ist. Dann aber aus der aktuellen Situation heraus und nicht im Sinne von »Schon damals hätte ich eigentlich ...«

Zu vage und grundsätzlich
»Irgendwie finde ich, dass ...«, »Ich weiß nicht mehr genau, wann und wie, aber war es nicht so, dass Sie ...«: Ähnlich wenig erfolgversprechend für sachlichen und Beziehungsfortschritt ist es, wenn Sie andere wegen sehr allgemein gehaltener, vage Grundeindrücke kritisieren wollen. Sie brauchen nicht im Sinne einer Staatsanwältin seitenlange Listen mit etlichen Anklagepunkten und lückenlosen Indizienketten vor einem Kritikgespräch erarbeiten. Aber auf spezifisches Verhalten in bestimmten Situation eingehen können, macht es wahrscheinlicher, dass sich Ihr Gegenüber nicht in Bausch und Bogen als menschliches Wesen an den Pranger gestellt fühlt.

Zu öffentlich
Wie Sie im Abschnitt über Konflikte in diesem Kapitel nachlesen können: Mit der sozialen Ansteckung wächst auch der Schweregrad von Auseinandersetzungen. Schwierige Gespräche führen Sie also bitteschön nicht im Café, in der Kantine oder vor versammelter Mannschaft! Versteht sich von selbst, oder?

Einseitig informiert
Wie schon weiter oben erwähnt: Unsere Wahrnehmung ist nicht immer ganz zuverlässig und erst mal nur eine WahrNEHMUNG und keine WahrHEIT. Vermeiden Sie also, gerade in Konfliktsituationen, an denen mehrere beteiligt sind, die große klärende Ansage, bevor Sie sich nicht sicher sein können, dass Sie ein möglichst rundes Bild aus vielen Perspektiven haben. Sonst stehen Sie schnell als einseitig informiert oder gar unfair da – davon haben weder Sie noch Ihr Mitarbeiter noch das Team etwas.

Klassische Gesprächskiller

Die große systemische Therapeutin und Kommunikationsexpertin Virginia Satir hat vier typische Gesprächshaltungen identifiziert, die schwer für das Gegenüber zu entschlüsseln sind. Sie erschweren den Austausch und tragen dazu bei, dass sich Konflikte eher verschärfen als abmildern. Sie sollten solche tendenziell destruktiven Mindsets kennen und ihre eigenen Haltungen auf diese überprüfen. Wenn irgend möglich, vermeiden Sie bitte solche haltungsbedingten Gesprächskiller:

Beschwichtigende Kommunikationsweise (Nummer 1): Wer sich permanent selbst abwertet, die Schuld bevorzugt bei sich sucht, sowie immer um Bestätigung beim Gegenüber bittet, sei es nun explizit oder implizit, irritiert eher seine Gesprächspartner als dass er Klarheit herbeiführt. Glücklicherweise ist ein solcher Kommunikationsstil eher untypisch für Führungskräfte.

Anklagender Kommunikationsstil (Nummer 2): Deutlich häufiger geben sich Vorgesetzte als Ankläger im Sinne von »Ich habe recht, du hast unrecht«. Eine solche konstant nörgelnde und kritisierende Fehlersuche führt zu Unstimmigkeiten und wirkt sehr überheblich, auch wenn der Ausführende es nicht überheblich meint.

Rationalisierender Kommunikationsstil (Nummer 3): Der Rationalisierer kommuniziert stets kühl, sachlich und betont vernünftig. Er lässt sich charakterisieren durch eine häufig sehr monotone und die Mimik wenig nutzende Kommunikation. Werte, Gefühle, Stimmungen haben in dem Auftritt des Rationalisierers eigentlich keinen Platz.

Abgelenkter Kommunikationsstil (Nummer 4): Wer Ablenkend spricht, wer nie direkt auf Fragen antwortet, an unpassenden Stellen lacht oder scheinbar willkürlich vom Thema ablenkt, wer auch mit eigener Körperhaltung und Mimik den Kontakt zum Gegenüber verweigert, pflegt einen abgelenkten Kommunikationsstil.

Wir alle neigen mal mehr und mal weniger zu einem dieser Stile. Oft geschieht es einfach durch Unachtsamkeit oder Stress. Doch wir sollten uns bewusst machen, dass solche Gesprächskiller vor allem uns selbst schaden, da sie uns hindern, unsere Führungsrolle auszufüllen. Gerade als Führungskraft sollten Sie sich bewusst sein, dass diese Haltungen kaum helfen, um ein Gespräch nach vorne zu bringen. Meist rühren sie aus niedrigem Selbstwert, mit dem Sie sich gegebenenfalls befassen sollten.

Ein kongruentes Gesprächsverhalten, das bei aller Kritik an Verhaltensweisen wertschätzend den anderen in seiner Einzigartigkeit und Unterschiedlichkeit anerkennt – das wäre die bessere Alternative dazu!

Neun Tipps für bessere Trennungsgespräche

»Zwischen uns wird's nichts mehr« – weder im Privaten noch im Beruflichen ist das eine Nachricht, die man gerne überbringt. Und manchmal geht es aber nicht anders. Hier einige Anregungen, wie Sie Trennungsgespräche konstruktiver angehen und führen können:

1. Ball spielen – nicht den Mann: Eine berufliche Trennung kann ein tiefgreifendes Ereignis im Leben Ihrer Mitarbeitenden sein. Verkünden und begründen Sie die Trennung so, dass Würde und Selbstwert des Gegenübers bewahrt werden.
2. HR als Begleitung: Die Führungskraft eröffnet und leitet das Gespräch. Eine zweite Person aus der Personalabteilung verkündet die terminlichen und weiteren Details des Abschieds – und ist notfalls als Zeuge und zur Unterstützung der Chefin oder des Chefs dabei.
3. Keine Rücksicht auf Freunde und Verwandte: Natürlich ist es gerade in kleinen Betrieben schwer, einen Sportskameraden oder gar ein Familienmitglied zu entlassen. Aber trennen Sie die Rollen und trennen Sie sich auch von privat nahestehenden Personen, falls nötig – sonst wirft man Ihnen schnell Spezlwirtschaft vor.
4. Stärken rückmelden: Sagen Sie im Trennungsgespräch auch, was Sie geschätzt haben und gut fanden am Gegenüber – sofern das ehrlich ist!

5. Vorbereiten: Üben Sie, vor allem, wenn Sie noch keine Erfahrung mit der Situation haben, Trennungsgespräche mit jemandem aus HR oder einer Ihnen nahestehenden Person.
6. Knapp und präzise: Keine Überbegründung oder Rechtfertiungsorgien! Diese würde das Gegenüber im Moment des Trennungsschocks sowieso nicht verarbeiten können.
7. Mensch bleiben: Sie müssen kein Roboter sein. Sätze wie »Es fällt mir schwer, dass ...« oder »Es tut mir leid, dass wir entscheiden mussten ...« dürfen durchaus deutlich machen, dass Ihnen die Entscheidung nicht leicht fiel – wenn dem so ist.
8. Anstand walten lassen: Setzen Sie sich für faire Trennungskonditionen ein, also Abfindung, Übergangsregelungen, Outplacement-Coachings et cetera. Schlecht gemanagte Trennungen sprechen sich herum – inner- und außerhalb der Firma.
9. Unterstützung holen: Lassen Sie sich beraten oder coachen für das Trennungsgespräch. Und tauschen Sie sich gegebenenfalls mit Gleichgestellten über die Situation aus.

Interview 6: »Es gibt Zeiten, in denen passt man einfach nicht mehr zusammen«

Warum Trennungsgespräche mehr und mehr zur Normalität im Arbeitsleben gehören – und wie man sie am besten führt: Interview mit Exit-Expertin Claudia Michalski.

Click- und Lesetipp: Wie Sie auf verbindliche Weise Trennungsgespräche gut vorbereiten und durchführen können – dazu weitere Informationen in der digitalen Playbox zu diesem Buch.

Wer führt Trennungsgespräche sinnvollerweise?
Idealtypisch werden sie von zwei Personen auf Seiten des Arbeitgebers geführt. Denn manchmal kommt es zu Überreaktionen, da ist es auch aus arbeitsrechtlichen Gründen gut, einen Zeugen dabeizuhaben. Deshalb sollte neben der unmittelbaren Führungskraft auch ein Verantwortlicher aus der Personalabteilung dabei sein – das kann ein HR Businesspartner sein oder der Personalleiter, je nach Größe des Unternehmens und je nach Hierarchiestufe der Person, um die es geht.

Welche Rollen haben beide?
Die direkte Führungskraft führt das Gespräch, spricht die Trennungsbotschaft aus und gibt auch die Begründung für die Trennung. Die oder der Personalverantwortliche erläutert die Konditionen und das weitere Vorgehen, denn aus der HR-Perspektive können die Trennungsgründe in der Regel schlecht beurteilt werden.

Und wie läuft das dann ab?
Die Führungskraft leitet das Gespräch ein und kommt relativ schnell auf das Ziel des Gesprächs. Sie oder er erklärt dann, dass sich das Unternehmen oder die Führungskraft entschieden hat, nicht mehr mit der betreffenden Person zusammenzuarbeiten. Diese Trennungsabsicht sollte klar ausgesprochen werden, damit keine Missverständnisse entstehen.

Welche Rolle hat die/der HR-Verantwortliche?
Im Wesentlichen sollte sie die grundsätzlichen Bedingungen des Ausstiegs und das weitere Verfahren erläutern, eventuell übergibt sie oder er schon einen Entwurf zum Beispiel für einen Aufhebungsvertrag. Im Einzelnen werden die Konditionen meist erst in einem zweiten Termin besprochen – Höhe der Abfindung, Trennungszeitraum, eventuell Beratungsangebote zur beruflichen Neuorientierung, was passiert mit Auto, Laptop, Firmen-Handy et cetera.

Was ist dabei wichtig?
Es geht darum, sich nach einem Trennungsgespräch noch in die Augen schauen zu können. In der Sache konsequent zu sein und gleichzeitig menschlich wertschätzend ist das Ziel, das wir auch in unseren Seminaren und Coachings zu vermitteln. Wenn die Situation das erlaubt und das einigermaßen ehrlich von der Führungskraft rüberzubringen ist, sollte ein wertschätzendes Feedback gegeben werden.

Was heißt das konkret?
Es kommt selbstverständlich auf den Kontext an, bei einem langjährigen Mitarbeitenden wäre zum Beispiel folgender Satz denkbar: »Ich habe viele Jahre gerne mit dir gearbeitet.« Oder »Es tut mir leid, dass wir uns an dieser Stelle von Ihnen trennen müssen – aber der Weg führt hier nicht weiter.«

Kann das nicht die Trennungsabsicht verwässern, wenn die Führungskraft länglich erklärt, warum sie oder er den Mitarbeiter doch eigentlich so gerne hat?
Von länglich ist ja nicht die Rede. Es kommt sehr auf die Zwischentöne an. Menschliche Wertschätzung und fachliche Beurteilung kann und sollte man aber voneinander trennen. Wenn zum Beispiel jemand sehr lange in einem Unternehmen dabei war, aber bestimmte Entwicklungen in der Firmen- oder Führungskultur nicht mitgehen konnte oder wollte, war die Veränderungsbereitschaft nicht groß genug. Manchen Change schaffen einfach nicht alle, gerade in Zeiten großer und tiefgreifender Veränderung. Daher ist es

wichtig, Trennungsgespräche zu enttabuisieren – sie gehören schlicht zum normalen Zyklus eines Arbeitslebens! Man führt Bewerbungs-, Onboarding- und Mitarbeitergespräche, Vergütungsgespräche, Feedbackgespräche – und es ist eben auch eine normale Aufgabe im Leben einer Führungskraft, dass sie Trennungsgespräche führt. Dass es Zeiten gibt, in denen man zusammenpasst – und Zeiten, in denen man nicht zusammenpasst, ist normal. Wir müssen das Thema entdramatisieren. Mein Vater war vierzig Jahre lang im selben Unternehmen – großartig! Aber die Zeiten sind vorbei.

Stichwort Veränderung: Kann man Trennungsgespräche auch remote führen?
Man kann, auch wenn das nicht optimal ist. Es ist immer besser, einander gegenüberzusitzen – aber das geht eben nicht immer.

Und wenn das nicht anders geht – was ist dann wichtig?
Unbedingt muss die Kamera an sein, damit man einander in die Augen sehen und eine persönliche Verbindung aufbauen kann. Immer nur nach unten in die Unterlage schauen und vorgefertigte Sätze ablesen – das geht aus meiner Sicht gar nicht! Es ist auch remote wichtig, auf die Reaktion des Betroffenen zu achten: Einfach mal schweigen und zuhören. Das geht auch im Videocall!

Wenn ich als Führungskraft Angst habe vor den Emotionen im Trennungsgespräch, den eigenen oder denen der Betroffenen – ist das ein legitimer Grund dafür, remote zu gehen?
Nein, das ist kein legitimer Grund. Denn die Emotionen sind da nicht weniger stark ausgeprägt. Die Angst vor diesen Emotionen ist legitim. Aber konstruktiv damit umzugehen, das ist das Entscheidende.

Was heißt das?
Das heißt erst mal, dass ich mir die Emotionen eingestehe. Die sind ja begründet. Wenn man Schuld dafür empfindet, dass jemandem vermeintlich die Existenz genommen wird; wenn man jemandem, den man lange geführt

hat, rausnehmen muss aus dem Team – natürlich hat man da Skrupel. Nicht nur aus Angst vor den Reaktionen des Betroffenen – sondern auch wegen der Verbleibenden. Sich vor das Team zu stellen und zu sagen: »Der Dieter kommt jetzt nicht mehr«, das ist natürlich eine Belastung für viele Führungskräfte.

Wie geht man damit um?
Indem man sich gut auf das Gespräch vorbereitet, einen Plan macht. Und dann in der Sache konsequent ist und gleichzeitig der Person gegenüber wertschätzend bleibt. Indem man nicht auf die verzweifelten Rechtfertigungsversuche des Betroffenen einsteigt, warum jetzt eigentlich doch Kollege X dran sein müsste, oder wieso das Projekt Y tatsächlich aus dem Ruder gelaufen ist et cetera. Auf Einzelheiten zu stark einzugehen, ist im Trennungsgespräch nicht förderlich. Dann trifft man am Ende den Mann und nicht den Ball. Ziel muss ein gewisser Trennungsfriede sein.

Was kann ich in der Vorbereitung auf ein Trennungsgespräch tun, um gut aufgestellt zu sein?
Ich rate dazu, sich die zentralen Botschaften für das Gespräch aufzuschreiben. Mein Wundersatz, den ich zur Eröffnung empfehle: »Ich habe heute keine gute Botschaft für dich: Wir haben uns dafür entschieden, dass wir nicht mehr mit dir zusammenarbeiten wollen.« Das stimmt einen auch selbst darauf ein, dass das, was ich jetzt sagen muss, nicht schön ist. Aber ich sage es klar, mit dem Blick in die Augen der anderen Person. Und nehme die Führungsrolle ein, vertrete das Unternehmen. Die Funktion tritt nach vorne, die Person tritt zurück. Sich selbst als Führungskraft aus der Verantwortung zu nehmen und das Gespräch auf HR zu verlagern, so nach dem Motto: »Der Dieter muss raus, regelt ihr das mal!« – das findet häufig statt, ist aber aus meiner Sicht feige und wird auch der Rolle der Führungskraft nicht gerecht.

Und nach der Eröffnung?
… wird die Trennungsbegründung geliefert – möglichst kurz, maximal fünf Sätze. Denn in dem Moment, wenn die Trennungsbotschaft überbracht wird, rauscht es im Hirn des Gegenübers. Das führt vielfach zu einem echten Schockzustand.

Diese Überraschung, wenn es heißt: »Dieter, du jetzt nicht mehr« – ist die denn real, oder wird den Menschen in Trennungsgesprächen nicht häufig etwas übermittelt, was der Dieter eigentlich eh schon wusste?
Häufig hat es der Betreffende schon geahnt. Vor allem natürlich, wenn Sozialpläne umzusetzen sind – da weiß man schon, worum es geht, wenn der Termin in der Mailbox aufploppt. Wenn die Firma ihre Produktion nach Singapur zu verlagern plant, bist du einfach raus als Werksleiter, das ist klar. Schwieriger ist es immer, wenn es einen Einzelfall betrifft, vor allem nach langer Betriebszugehörigkeit. Wenn alle bleiben, nur Dieter muss gehen – das kränkt. Und gleichzeitig schafft es manchmal auch eine gewisse Erleichterung.

Inwiefern?
Wenn sich die Vorboten der Trennung mit kleinen Kränkungen angekündigt haben. Beispiel: Immer wenn man in einem Meeting seinen Part hat, ist der Chef schon raus. Man wird auf Verteilern vergessen oder erhält Informationen als Letzter. »Ach, du wusstest gar nicht, dass wir nach Singapur verlagern?« An solchen vermeintlichen Zufällen lässt sich ja häufig schon eine Geringschätzung ablesen. Da bringt das Trennungsgespräch Klarheit. Und dennoch ist es erst mal eine Kränkung, wenn man nicht mehr dazugehört.

Je Porsche und je Eckbüro, desto dramatischer, kann man das so sagen?
Ja, je mehr sich jemand über seine Position definiert hat, gerade bei Männern, die plötzlich ihren Dienstwagen abgeben müssen oder in ihrem Profil schreiben müssen »Former CEO of …«, desto tiefer fällt jemand.

Wenn ich a) als Führungskraft in einem Konzern Dieter entlasse, den ich vorher nie privat gesehen habe und auch danach nirgends treffen werde – und wenn ich b) andererseits einen Dieter in einem familiengeführten Mittelstandsunternehmen entlassen muss, mit dem ich in der Feuerwehr bin oder der mit anderen auf seiner Ebene im Fußballklub spielt: Was sind die Unterschiede?

Fall B ist definitiv viel schwieriger! Als ich 2012 zum Handelsblatt kam, hatte ich eine große Restrukturierung durchzuführen – ein Vierteljahr später waren achtzig Trennungsgespräche geführt. Ich kannte die Menschen, um die es da ging, größtenteils nicht, daher konnte ich das mit überschaubaren Emotionen handhaben – einfach war es trotzdem nicht. Das war quasi Dieter A. Dieter B erlebe ich immer wieder in meiner Rolle als Beraterin, zum Beispiel, wenn jemand entlassen wird aus der Firma, die seinem Schwiegervater gehört – da braucht es mitunter erst mal eine Paarberatung! Da kommt man nur gemeinsam durch, wenn man sagt: »Privat wird sich zwischen uns nichts ändern – aber beruflich muss ich eine Entscheidung treffen, die mir sehr schwerfällt.« Es kann helfen, wenn man der betroffenen Person in der Situation eine neutrale Beratung anbietet.

Wenn du mit Führenden Trennungsgespräche trainierst, wie kann man sich das vorstellen, was passiert da?

Zur Einordnung vor Beginn des eigentlichen Trainings gibt es erst mal Theorie, also etwa die Kübler-Ross-Kurve.

Die besagt genau was?

Die Kübler-Ross-Kurve zeigt das emotionale Erleben nach einer Trennung auf. Dabei sind die Reaktionen letztlich sehr vergleichbar, unabhängig davon, ob es um eine private oder eine berufliche Trennung geht – oder eben um die Verarbeitung eines Todesfalles, aus der die Kurve entstanden ist. Ganz simpel dargestellt: Es beginnt mit Schock und Verleugnung. Im nächsten Stadium kämpft man gegen die Botschaft an, so nach dem Motto: »Das kann doch nicht sein, die müssen sich irren, ohne mich funktioniert doch die ganze Abteilung nicht« und so weiter. Wenn die Nachricht so richtig eingesickert ist, fällt man in die Depression, empfindet tiefe Kränkung. In dieser Phase ist es meine Aufgabe als Beraterin, durch Werte- und Stärkenarbeit diese Menschen wieder aufzubauen, mit ihnen neue Perspektiven zu erarbeiten. Erst dann lässt sich Akzeptanz und so etwas wie Trennungsfriede erreichen und mich neu aufstellen. Natürlich besprechen wir in unseren Workshops auch die unterschiedlichen Reaktionsformen auf die Trennungsankündigung ...

Welche gibt es da?
Die komplette Palette: Menschen, die schockiert sind. Menschen, die aggressiv werden. Menschen, die ganz konstruktiv reagieren und einhundertfünfzig Fragen stellen zum konkreten Wie und Was. Und wir zeigen und üben einen idealtypischen Gesprächsablauf. Wir gehen auf die typischen Einwände ein, »Warum gerade ich!?«, »Aus der Nachbarabteilung müssten doch eigentlich längst welche entlassen worden sein« et cetera. Und es wird in sehr kleinen Runden sehr intensiv miteinander gesprochen – da fließen auch mal Tränen. Auch dieser Austausch kann dabei helfen, Trennungsfrieden als Teil der Unternehmenskultur herzustellen.

Was heißt das?
Jede schlecht gemanagte Trennung schlägt negativ auf das Unternehmensimage durch – intern wie extern: »Den Dieter haben sie vor die Tür gesetzt, der durfte nur noch einen Karton mitnehmen« – das kann die Motivation der Verbleibenden extrem mindern. Aber auch viele Geschäftsführer und andere Führungskräfte unterschätzen, welchen Schaden schlechte Bewertungen auf Kununu anrichten können. Insofern ist Trennungskultur die Königsdisziplin der Unternehmenskultur.

Auch im Hinblick auf künftige Anstellungen?
Genau! Es kann durchaus sein, dass Menschen, von denen man sich 2022 getrennt hat, 2025 wieder eingestellt werden – das sogenannte Boomerang Hiring. Eine einflussreiche Personalmanagerin sagte mir gerade, dass zwölf Prozent ihrer Einstellungen Wiedereinstellungen seien.

Wie sieht die Zukunft des Trennungsgespräches aus?
Das Trennungsgespräch ist ein Gespräch auf Augenhöhe – schon alleine aufgrund der Demografie. Die Unternehmen werden künftig mindestens genauso um die Angestellten werben wie umgekehrt. Die Betroffenen werden die Trennung als weniger dramatisch empfinden, weil sie größere Chancen haben, schnell wieder eine neue Position zu finden. Das Trennungsgespräch wird daher zunehmend normaler und verliert seine Dramatik.

Die Generationen Y und Z gewinnen ja an Bedeutung. Werden die Dieters, mit denen man Trennungsgespräche führt, und die Dietlindes, die diese Gespräche leiten werden, dieser Generation anders umgehen mit Trennungsgesprächen?
Die wenigsten davon sind derzeit schon in den Positionen, um solche Gespräche zu führen. Nach meinen Erfahrungen wird die Generation Y relativ leichtfüßig die Unternehmen verlassen. Wenn ihnen etwas nicht gefällt, gehen sie von selbst. Da steht eher das Unternehmen permanent auf dem Prüfstand. Denn wer geht, hat sofort fünf andere Jobangebote. Das wird die Trennungsgespräche weiter enttabuisieren.

Claudia Michalski war fünfundzwanzig Jahre als Medienmanagerin aktiv, unter anderem als Geschäftsführerin der Handelsblatt Media Group. 2016 übernahm sie im Rahmen eines Management Buy In die Mehrheitsanteile und die Geschäftsführung der OMC OpenMind Management Consulting GmbH, die Menschen und Organisationen in Veränderungssituationen berät. Ein wichtiges Geschäftsfeld ist die Outplacementberatung für Fach- und Führungskräfte. Sie ist außerdem als Beirätin für Unternehmen der Medienbranche und der Start-up-Szene aktiv und engagiert sich im BDU (Bundesverband der Unternehmensberater). Michalski ist Diplom-Volkswirtin, ausgebildet als systemischer Business Coach und hat den ersten deutschen Master-Studiengang in Positiver Psychologie absolviert. Mehrfach ausgezeichnet als XingTopMind.

16.
Da geht's lang: Acht Thesen für positive Mitarbeitergespräche

Wo geht das Mitarbeitergespräch hin? Wohin werden sich positive Mitarbeitergespräche entwickeln? Was sehen wir in der und was wünschen wir uns für die Zukunft? Was müsste und sollte mehr werden, was weniger, was anders? Hier einige abschließenden Thesen und Impulse dazu:

These 1: Stärken stärker stärken

Müller kann das nicht, Maier ist da schwach, Huber müsste in jenem Feld zulegen: Viele Führungskräfte denken so über ihre Pappenheimer. Das ist erst mal nicht schlimm und sogar normal, da unser Gehirn eher auf das Defizit fokussiert ist und auf das Problem als auf die Erkennung und Anerkennung von Tugenden, Stärken, Erfolgen. Aber in einer Arbeitswelt, die sich permanent beschleunigt, verdichtet, digitalisiert und damit stressiger wird; in der bis auf Weiteres die eigentlichen Arbeitgeber wohl eher die Beschäftigten bleiben und die Arbeitnehmer die Organisationen sein werden, auf der Suche nach weniger und knapper werdenden Talenten; in der künftige Mehrheit der Beschäftigten (Millenials) deutlich weniger blinde Loyalität zu Marken oder Organisationen aufweist und deutlich mehr Sinnorientierung und Wertschätzung einfordert, in dieser Welt und Zeit gewinnt der Fokus auf Kompetenzen, Gelungenes, Positives an Bedeutung. Befassen Sie sich lieber mehr mit den Stärken und Qualitäten Ihrer Mitarbeiter als mit deren Defiziten! Fragen Sie nach Stärken, lassen Sie – zum Beispiel mit Stärkentests oder Coachings – Stärken diagnostisch erheben, loben Sie Stärken, passen Sie Jobprofile an die Stärken der Mitarbeiter an! Dann kommen die Kompetenzen und Stärken mehr zum Tragen, und die Defizite fallen weniger ins Gewicht!

These 2: Frontscheibe statt Rückblick: Entwicklung fördern und fordern

Der Blick in den Rückspiegel ist einerseits immer wichtig, auch um aus Fehlern zu lernen. Um aber die Motivation zu fördern, sollten Führungskräfte regelmäßig durch die Frontscheibe schauen. Gerade auch in kleineren Organisationen und Start-Ups, gerade auch im Mitarbeitergespräch! Wo könnte die berufliche Reise hingehen? Was könnte oder sollte dazukommen im

Aufgaben-Portfolio, in welchen Projekten und Initiativen könnte der Mitarbeiter künftig dabei sein – und welche Schulungen, Coachings, Mentorings könnten dabei hilfreich sein? Wenn die Mitarbeitergespräche anhand solcher Fragen mehr in die Zukunft schauen, können sie für beide Seiten attraktiver werden. Entkoppeln Sie dafür lieber die Gespräche von Prämien- oder Boni-Zahlungen – dann steigt die Chance auf echten Austausch und sinkt die Gefahr des Schaulaufens und des Gerangels.

These 3: Mal so, mal so – in neuen Formaten sprechen

Einmal im Jahr eine Stunde gemeinsam Kästchen ankreuzen und dabei wie sonst auch nur das Nötigste reden: Diese Form des Mitarbeitergesprächs hat aus unserer Sicht noch nie jemand verdient, weder die Führungskraft noch die Geführten. Und wir wünschen, dass Einzelnen und Organisationen diese toten Rituale der Nicht-Kommunikation noch häufiger erspart bleiben. Und Sie stattdessen die Rhythmen, Anlässe, Formen auf das anpassen, was zu Ihnen, Ihren Mitarbeitern und der Organisation passt! Check-ins, Reviews, Retros, Huddles, Stand-Ups, One-on-one und One-on-many, präsent wie digital: Probieren Sie unterschiedliche Arten der Kommunikation aus (auch die, die keine englische Bezeichnung haben …), experimentieren Sie damit! Seien Sie kreativ beim Gesprächsdesign – aber die Inhalte und die Funktion sind letztlich immer wichtiger als die Form, das gilt ja für alle Formen des Designs. Über was und wie miteinander geredet wird, ist wichtiger als die Hülle. Und wenn es dann darüber hinaus Sinn ergibt, dann dürfen Sie auch gerne Kästchen ausfüllen, Kreuzchen machen, Punktwerte aufschreiben.

These 4: Mehr auf Empfang stellen und weniger senden

Manche Mitarbeitergespräche, die wir erlebt haben und von denen man uns berichtet hat, verdienen ihren Namen nicht. Denn statt eines Gesprächs zwischen zwei Menschen redet häufig die eine Person, die sowieso immer redet – die Führungskraft –, und die Person, die sonst auch immer zuhört, hört zu – die oder der Geführte. Gute Gespräche sind aber Zweibahnstraßen! Wir wünschen Ihrer Organisation, Ihren Mitarbeitern und Ihnen mehr Empfangskommunikation durch die Führenden, mehr Fragen, mehr Zuhören

– und weniger Sendemodus. Probieren Sie das doch mal aus – die Kommunikation kann sich dadurch deutlich verbessern!

These 5: Spannungsfelder aushalten – es bleibt schwierig

Führung wird weiterhin heißen: Dilemmata aushalten, statt dem häufig gewünschten Entweder-oder ein Sowohl-als-auch aushalten und gestalten zu können. Das gilt für alle Bereiche der Führung, für sämtliche Kommunikationsfelder. Und auch für das Mitarbeitergespräch. Die Ziele, die Performance, die Leistung im Blick haben, Exzellenz und Verbesserungen fordern einerseits – und andererseits echte Wertschätzung, Anerkennung leisten, das Gegenüber würdigen in dem, was es ist und kann: Das bleibt eine Herausforderung. Ständig aus Nächstenliebe oder zum Spaß plaudern und die Mitarbeiter von früh bis spät mit einem Zuckerguss aus Lob übergießen, das bleibt eine – möglicherweise gut gemeinte, aber wenig zielführende Übertreibung von konstruktiv positiver Kommunikation mit Mitarbeitenden. Und auch wenn Führungskräfte, spätestens nach der Lektüre dieses Buches, Wertschätzung als Eckpfeiler ihres Führungshandelns etablieren und sich Zeit für die kurzen und langen, formellen und informellen Gespräche nehmen (wollen), so kann dies auch in Zukunft nur im Rahmen einer gesunden, aber gelingenden und auf Ziele ausgerichteten Zusammenarbeit gelingen. Performance-Ziele, Vorgaben und der sonstige operative Alltag werden weiterhin dringlich bleiben, mal mehr mal weniger. Wertschöpfung und Wertschätzung: Sie müssen beides weiterhin hinbekommen – und das werden Sie auch!

These 6: Digital ist das neue Normal – und Offline Ausdruck besonderer Wertschätzung

Die Vorteile und die Nachteile digitaler Kommunikation und Kollaboration wollen wir hier gar nicht groß gegeneinander abwägen. Aber aus unserer Sicht steht eines fest: Die Corona-Pandemie mit ihren Lockdowns und Abstandsgeboten wird Spuren hinterlassen in der Art, wie Einzelne, Teams und Führende mit den Mitarbeitern kommunizieren. Zoomen, skypen, teamsen: Manche der digitalen Kommunikationsformen sind schon zu einem Verb der

Alltagssprache geworden, auch Mitarbeitergespräche in den unterschiedlichsten Formen werden also immer häufiger online geführt werden. Das fordert zum einen von beiden Seiten vertiefte und neue Skills wie etwa technische Kompetenzen, Wissen um Netiquette, Kenntnis der Herausforderungen digitaler Kommunikation und so weiter. Andererseits wird damit die persönliche Begegnung zu etwas Besonderem. Wenn Teams oder auch nur Führungskraft und Mitarbeiter dann die Mühen auf sich nehmen, einander von Angesicht zu Angesicht zu begegnen, sollten Sie diese selteneren Treffen aufwerten. Sie zum informellen Austausch nutzen, auch mal gemeinsam zum Italiener oder einfach nur spazieren gehen, damit die Dinge Raum bekommen, die in der digitalen Begegnung meist zu kurz kommen. Schaffen Sie also bewusste Momente der Premium-Präsenz, egal ob sich das ganze Team zur Besprechung offline trifft oder Sie nur mit Müller, Maier, Huber zum Dialog verabredet sind!

These 7: Positives Führen messbar machen

Auch Führung wird, wie viele andere Bereiche in Organisationen, stärker Datengetrieben betrachtet werden. Wenn Sie wissen wollen, wie es um Ihre Stärken und Potenziale als Positive Leader steht und Sie über die positive Kommunikation hinaus Ihr Führungshandeln weiterentwickeln wollen: Der PERMA-Lead-Profiler ist ein an der Universität Wien entwickeltes wissenschaftliches Verfahren, mit dem positives Führen gemessen, verglichen und möglicher Fortschritt nachverfolgt werden kann. Studien konnten eindeutige Zusammenhänge nachweisen zwischen hohen PERMA-Lead-Werten bei den Führenden und niedrigerer Stressbelastung, höherer Change-Bereitschaft und verringertem Burn-out-Risiko unter den Geführten. Den Test gibt es in drei Varianten: Als Selbsteinschätzung kann die Führungskraft mit dem einfachen PERMA-Lead-Profiler ihre Wahrnehmung des eigenen Führungsverhaltens überprüfen und – natürlich anonymisiert – in Vergleich setzen zu anderen Führenden. Wenn Sie Ihre Eigen- mit der Fremdwahrnehmung des Führungsverhaltens abgleichen wollen, können Sie den PERMA-Lead-Profiler als 360°-Feedback absolvieren. Zusätzlich zur Selbsteinschätzung werden hier die Perspektiven von Führungskraft, Kollegen und Mitarbeitern auf die betreffende Person abgefragt. Wer im Vorstand, auf Team- oder Abteilungsleiterebene oder in einem sonst wie gearteten Leadershipteam die Führungskultur ermitteln will, für den bietet sich Variante drei an, die Unternehmensanalyse. In ihr werden mehrere 360°-Feedbacks zusammengeschaltet. Führungskräfte oder Personalverantwortliche können den PERMA-Lead-Test ausschließlich über zertifizierte Berater buchen, er ist stets mit einem oder mehreren Auswertungscoachings verbunden (Informationen bei den Autoren oder unter www.perma-lead.com).

These 8: Mindestens einundfünfzig Prozent der Mitarbeiter blühen auf

Martin Seligman, einer der Gründerväter der Positiven Psychologie, formulierte 2011 in einer Rede eine Vision: Im Jahr 2051 sollten einundfünfzig Prozent der Weltbevölkerung in einem Zustand des »Aufblühens« (Flourishing) sein. Unser Blick auf die menschliche Natur, sagte Seligman damals, wende sich gerade von einer Opfer- und Entschuldigungsfokussierung hin zu einem Streben nach Wohlbefinden und Potenzialentfaltung. »Es liegt in unseren Händen, dabei nicht nur mit dabei zu sein, sondern das auch möglich zu machen!«, so Seligman. Mindestens einundfünfzig Prozent der Mitarbeitenden, die von sich sagen, dass sie dazulernen, dass sie in ihren Stärken und Potenzialen gesehen werden, dass sie wachsen an ihren Aufgaben, immer wieder Flow in ihren Tätigkeiten erleben und gleichzeitig Spaß haben, tragfähige Beziehungen erleben, die Bedeutsamkeit ihres Wirkens verstehen – und dabei von der Organisation, den Führungskräften und den Kollegen unterstützt werden: Das ist doch vielleicht auch ein schönes Ziel für Ihre Belegschaft, oder?

Sie können dazu beitragen, mit Ihrer Haltung, Ihrem Verhalten und vor allem Ihrer Kommunikation. Hoffentlich hat Ihnen das Buch ein paar Inspirationen dazu vermittelt – und jetzt wünschen wir Ihnen viel Glück, Gaudi und Gelingen bei der Umsetzung!

Anhang

Danksagungen

Unser beider Dank geht an Christian Hoffmann vom BusinessVillage-Verlag für die freundliche, konstruktive, unkomplizierte, inspirierende Zusammenarbeit! Auch bedanken wir uns bei unseren Kolleg(inn)en Silke-Catherina Cramer, Renate Freisler, Prof. Dr. rer. nat. Claudia Gerhardt, Mirjam Rolfe, Ulrike Spaak, Dr. Roland Wolfig und Nicole Zätzsch, die unserem Aufruf zu einem gemeinsamen Blogpost über bessere Mitarbeitergespräche folgten und damit den Impuls für dieses Buch gaben (unter anderem hör- und lesbar unter https://podcastaddict.com/episode/116731941 oder https://positiv-fuehren.com/fuehrung/tipps-fuer-mitarbeitergespraech). Wir bedanken uns bei Dr. Robert Biswas-Diener, Dr. Christin Celebi, Dr. Markus Ebner, Prof. Dr. Judith Mangelsdorf – stellvertretend für die vielen großartigen Ausbildenden, von denen wir in unseren Kursen und Weiterbildungen lernen durften! Und auch unseren Auftraggebern, Coachees, Teilnehmenden unserer Seminare sowie unseren Studierenden sind wir sehr dankbar – für das Vertrauen, für die Einsichten, für den Spaß, den wir miteinander hatten und haben!

Marcus Schweighart dankt außerdem seinen Kolleginnen und Kollegen bei HBC für das Sparring sowie allen, die in den letzten zwanzig Jahren Mitarbeitergespräche mit ihm in den unterschiedlichen Rollen erdulden mussten – vom Azubi bis zu seinen damals direkten Vorgesetzten. Ein großer Dank geht an dich, Christian, für den so offenen und über das Buchthema hinausgehenden wertvollen Austausch während unserer Schreibwochenenden und darüber hinaus! Danke an Malte und Katja für Wurzeln, Wachstum und Genuss in allen Lebenslagen!

Christian Thiele dankt außerdem den Chefinnen und Chefs in seinem Leben als Angestellter, von denen er (meist) viel lernen konnte über ein gutes Miteinander in der Arbeit! Danke dir, lieber Marcus, für das unkomplizierte, spaßige, produktive Miteinander in diesem Buch! Und Danke dir, Christiane, wie immer für alles!

Zum Lesen, Hören, Klicken: Wenn Sie mehr wissen wollen

Sie wollen weiter am Ball bleiben in Sachen positiver (Führungs-)Kommunikation? Wo und wie Sie sich zusätzliche Anregungen holen können, das erfahren Sie hier – einige ausgewählte Tipps zu Literatur, Podcasts und Videos.

Buchempfehlungen

Es werden jedes Jahr mehr Bücher, die zu Positiver Psychologie, Positive Leadership und positiver Kommunikation erscheinen – in Übersetzung aus dem Englischen oder gleich im deutschen Original. Hier einige, die wir Ihnen ans Herz legen wollen.

Biswas-Diener, R. et al. (2010): The Strengths Book: Be Confident, Be Successful, and Enjoy Better Relationships by Realising the Best of You. Coventry.
Wer tiefer in das Thema Stärken stärken einsteigen will, findet hier ein wissenschaftlich fundiertes und gleichzeitig lesenswertes Buch.

Blickhan, D. (2018): Positive Psychologie: Ein Handbuch für die Praxis. Paderborn.
Lesbares, praktisches Überblickswerk zu praktisch allem, was Sie über Positive Psychologie wissen sollten.

Borbonus, R. (2013): Respekt! Wie Sie Ansehen bei Freund und Feind gewinnen. München.
Der Titel löst ein, was er verspricht!

Cameron, K. (2021): Positively Energizing Leadership. New York.
Das neueste Buch vom Altmeister des positiven Führens: datensatt, reich an Beispielen!

Ebner, M. (2019): Positive Leadership: Erfolgreich führen mit PERMA-Lead: die fünf Schlüssel zur High Performance. Wien.
Eine grundlegende Einführung in Theorie und Praxis der Positive Leadership.

Mangelsdorf, J. (2020): Positive Psychologie im Coaching. Positive Coaching für Coaches, Berater und Therapeuten. Heidelberg.
Wer sich für die Haltung, die Evidenz und konkrete Tipps zum Coaching aus Sicht der Positiven Psychologie interessiert, findet in diesem knappen, aber reichhaltigen Büchlein viele wertvolle Anregungen.

Mirivel, Julien C.: (2014): The art of positive communication: theory and practice. New York.
Eines der wenigen Bücher, die sich forschungsbasiert, ausgiebig und dennoch praxisorientiert mit positiver Kommunikation befassen.

Neeley, T. (2021): Remote Work Revolution. New York.
Eines der aktuellsten und reichhaltigsten Bücher über virtuelle Zusammenarbeit, Kommunikation und Führung.

Newberg, A./Waldman, M. (2013): Die Kraft der Mitfühlenden Kommunikation: Wie Worte unser Leben ändern können.
Nicht spezifisch ausgerichtet auf, aber durchaus hilfreich für Vorgesetzte.

Schulz von Thun, F. et al. (2003): Kommunikationspsychologie für Führungskräfte. Hamburg.
Ein praktischer, höchst lesenswerter Klassiker zur Führungskommunikation!

Thiele, C. (2021): Positiv Führen für Dummies. Weinheim.
Praxisorientierte Einführung in Positive Leadership von einem der Co-Autoren dieses Buches – inklusive ausführlichem Kommunikationskapitel.

Thiele, C. (2021): Stärken erkennen und nützen. München. Kompakte Anleitung zu stärkenfokussierter Führung.

Podcasts

Beim Sport, auf dem Weg zur Arbeit, während der Hausarbeit: Podcasts scheinen gerade für Führungskräfte zu einem immer beliebteren Lern- und Vertiefungsinstrument zu werden! Hier einige der etablierten Podcasts zu positivem Führen und Positiver Psychologie. Sie finden diese sowohl im Internet als auch auf den großen Podcastplattformen (Apple Podcasts, Google Podcasts, Spotify):

- Jean-Philippe Courtois: The Positive Leadership Podcast
- Adam Grant: Work Life
- Dan Harris: Ten Percent Happier
- Michelle McQuaid: Making Positive Psychology Work
- Katy Milkman: Choiceology
- Marcus Schweighart: Positive Psychologie im Business
- TedBusiness: Podcasts
- Christian Thiele: Positiv Führen
- Nicole Zätzsch: Freiraum für Führungskräfte

Internetvideos

Hier noch einige vielleicht lohnenswerte Videos für Sie. Leicht zu finden durch Suche nach dem Titel:

- Dan Ariely: What makes us feel good about our work (2013)
- Daniela Blickhan: Positive Psychologie: Was bedeutet Flourishing? (2020)
- René Borbonus: Respekt (2013)
- Michaela Brohm-Badry: Positive Psychologie: Grundlagen (2017)
- Dan Gilbert: The surprising science of happiness (2004)
- Judith Mangelsdorf: Positive Psychologie. Stärker durch die Krise (2020)
- Julia Mirivel: The Art of Positive Communication (2016)
- Friedemann Schulz von Thun im Interview (2012)

- Martin Seligman: The new era of Positive Psychology (2003)
- Simon Sinek: How great leaders inspire action (2010)
- What is Active Constructive Responding (2021)

Literaturverzeichnis

Baker, R. (2020): Personalization at Work: How HR Can Use Job Crafting to Drive Performance, Engagement and Wellbeing. London.
Baumeister, R., Tierney, J. (2019): The Power of Bad. How the Negativity Effect Rules Us and How We Can Rule It. New York.
Ben-Shahar, T.; Ridgway, A. (2017): The Joy of Leadership: How Positive Psychology Can Maximize Your Impact (and Make You Happier) in a Challenging World. Hoboken.
Berthel, J.; Becker, F.(2013). Personalmanagement. Grundzüge für Konzeption betrieblicher Personalarbeit. Stuttgart
Biswas-Diener, R. (2010): Practicing positive psychology coaching : assessment, activities, and strategies for success. Hoboken.
Biswas-Diener, R. et al (2010): The Strengths Book: Be Confident, Be Successful, and Enjoy Better Relationships by Realising the Best of You. Coventry.
Blickhan, D. (2018): Positive Psychologie: Ein Handbuch für die Praxis. Paderborn.
Blickhan, D. (2021): Positive Psychologie und Coaching. Von der Lösungs- zur Wachstumsorientierung. Münster.
Boos, M.; Hardwig, T.; Riethmüller, M. (2017). Führung und Zusammenarbeit in verteilten Teams. Praxis der Personalpsychologie. Göttingen.
Borbonus, R. (2013): Respekt! Wie Sie Ansehen bei Freund und Feind gewinnen. München.
Cameron, K. (2013): Practicing Positive Leadership: Tools and Techniques That Create Extraordinary Results. San Francisco.
Cameron, K. (2021): Positively Energizing Leadership. New York.

Whitney, D.; Cooperrider, D.; Stavros, J. (2008): Appreciative Inquiry Handbook: For Leaders of Change. San Francisco.
Csikszentmihalyi, M. (2017): Flow. Das Geheimnis des Glücks. Berlin.
Davis, P. (2021): Beating Burnout at Work: Why Teams Hold the Secret to Well-Being and Resilience. Philadelphia.
Doerr, J. (2018): OKR. Objectives & Key Results: Wie Sie Ziele, auf die es wirklich ankommt, entwickeln, messen und umsetzen. München.
Drucker, P. (1967): The effective executive. New York.
Dutton, J.; Spreitzer, G. (2014): How to Be a Positive Leader: Small Actions, Big Impact. San Francisco.
Ebner, M. (2019): Positive Leadership: Erfolgreich führen mit PERMA-Lead: die fünf Schlüssel zur High Performance. Wien.
Edmondson, A. (2020): Die angstfreie Organisation: Wie Sie psychologische Sicherheit am Arbeitsplatz für mehr Entwicklung, Lernen und Innovation schaffen. München.
Fredrickson, B. (2011): Die Macht der guten Gefühle. Frankfurt.
Glasl, F. (2013): Konfliktmanagement. Stuttgart.
Goller, I.; Laufer, T. (2018): Psychologische Sicherheit in Unternehmen. Wiesbaden.
Grant, A. (2016): Geben und Nehmen. Warum Egoisten nicht immer gewinnen und hilfsbereite Menschen weiterkommen. München.
Green, S., Palmer, S. (2019): Positive psychology coaching in practice. New York.
Grenville-Cleave, B. et al (2021): Creating the world we want to live in: how positive psychology can build a brighter future. New York.
Greßer, K.; Freisler, R. (2017): Agil und erfolgreich Führen. Bonn.
Haas, O. (2015): Corporate Happiness als Führungssystem. Glückliche Menschen leisten gerne mehr. Berlin.
Haller, R. (2019). Das Wunder der Wertschätzung. Wie wir andere stark machen und dabei selbst stärker werden. München.
Hossiep, R.; Zens, J.E.; Berndt, W.: Mitarbeitergespräche. Göttingen
Holtbrügge. D. (2015). Personalmanagement. Heidelberg.

Hunziker, A. (2018): Positiv führen. Leadership – mit Wertschätzung zum Erfolg. Zürich.
Illig, T. (2013): Die stärkenfokussierte Organisation. Methoden und Instrumente des Positiven Managements. Stuttgart.
Laloux, F. (2016): Reinventing Organizations. Ein Leitfaden zur Gestaltung sinnstiftender Zusammenarbeit in Organisationen. München.
Leslie, I. (2021): Conflicted: how productive disagreements lead to better outcomes. New York.
MacKie, D. (2016): Strength-based leadership coaching in organizations: An evidence-based guide to positive leadership development. London.
Mangelsdorf, J. (2020): Positive Psychologie im Coaching. Positive Coaching für Coaches, Berater und Therapeuten. Heidelberg.
Mirivel, Julien C. (2014): The art of positive communication: theory and practice. New York.
Neeley, T. (2021): Remote Work Revolution. New York.
Newberg, A./Waldman, M. (2013): Die Kraft der Mitfühlenden Kommunikation: Wie Worte unser Leben ändern können. München.
Niemiec, R. (2018): Character Strengths Interventions. Boston.
Niemiec, R. (2019): The Strengths-Based Workbook for Stress Relief. Oakland.
Oestereich, B.; Schröder, C. (2017): Das kollegial geführte Unternehmen: Ideen und Praktiken für die agile Organisation von morgen. München.
Oestereich, B.; Schröder, C. (2017): Agile Organisationsentwicklung. Handbuch zum Aufbau anpassungsfähiger Organisationen. München
Oettingen, G. (2014): Rethinking Positive Thinking. Inside the New Science of Motivation. New York.
Osman, H. (2021): Hybrid Work Management: How to Manage a Hybrid Team in the New Workplace. New York.
Quinn, R. (2015): The Positive Organization: Breaking Free from Conventional Cultures, Constraints, and Beliefs. Oakland.
Rose, N. (2021): Management Coaching und Positive Psychologie. Freiburg.
Rosenberg, M. (2001): Gewaltfreie Kommunikation: Eine Sprache des Lebens. Münster.

Ryan, Richard M.; Deci, Edward L. (2017): Self-determination theory : basic psychological needs in motivation, development, and wellness. New York.

Scharmer, O. (2018): The Essentials of Theory U: Core Principles and Applications. Oakland.

Schnell, T. (2020): Psychologie des Lebenssinns. Berlin.

Schulz von Thun, F. et al. (2003): Kommunikationspsychologie für Führungskräfte. Hamburg.

Seliger, R. (2014): Positive Leadership: Die Revolution in der Führung. München.

Seligman, M. (2012): Flourish – Wie Menschen aufblühen: Die Positive Psychologie des gelingenden Lebens. München.

Sisodia, R. et al. (2014): Firms of Endearment. Upper Saddle River.

Thiele, C. (2021): Positiv Führen für Dummies. Weinheim.

Thiele, C. (2021): Praxisbuch Positive Leadership. München.

Thiele, C. (2021): Stärken erkennen und nützen. München.

Varga von Kibed M., Sparrer, I.(2020): Ganz im Gegenteil. Heidelberg.

Watzlawick, P. (1983): Anleitung zum Unglücklichsein. München.

Positiv wirkt

Armin Schubert
Positiv wirkt
Wie du mit positivem Denken und Handeln aktiv
dein Leben gestaltest
1. Auflage 2022

224 Seiten; Broschur; 24,95 Euro
ISBN 978-3-86980-651-8; Art.-Nr.: 1152

Immer wieder treffen wir auf Menschen, die selbst unter widrigsten Umständen ihre Zuversicht nicht verlieren. Meist sind es hochwirksame Menschen, die zudem ihre positive Grundhaltung auf ihr Umfeld übertragen. Aber aus welcher Quelle schöpfen sie ihren schier grenzenlosen Optimismus? Kann man so eine positive Haltung lernen?

Antworten darauf liefert Schuberts neues Buch. Es inspiriert uns, Positivität als eine Haltung, ein »Ja zum Leben« zu erkennen und in unser Leben zu integrieren. Positivität beginnt damit, die eigene Wahrnehmung bewusst zu lenken und das eigene Handeln darauf auszurichten. Denn jeder von uns kann sein Lebensumfeld gestalten.

Zudem erschließen wir uns durch den aktiven und bewusst positiven Umgang mit Problemen, Rückschlägen und negativen Ereignissen neue Handlungsspielräume und machen ein selbstbestimmteres Leben möglich.

Dieses Buch zeigt, wie wir unser Kopfkino umprogrammieren, aus der negativen Gedankenspirale aussteigen und einen positiven Zukunftsbegriff in unserem Leben etablieren und umsetzen.

www.BusinessVillage.de

Klare Kante

Ines Eulzer, Thomas Pütter
Klare Kante
Mitarbeiter mutig und auf Augenhöhe führen
2. Auflage 2020

240 Seiten; Broschur; 19,95 Euro
ISBN 978-3-86980-460-6; Art.-Nr.: 1077

Nehmt eure Mitarbeiter mit!

Ines Eulzer und Thomas Pütter machen Mut, neue Wege in der Führung zu gehen: Weg von Alphatier, totaler Kontrolle und autoritärer Ansage. Hin zum Gestalter von echter Zusammenarbeit, zum Motor von Veränderung und moderner Führung, die Mitarbeiter inspiriert.

Klare Kante statt verarmter Führung: Aus Angst, keine Leute mehr zu finden, agieren immer mehr Führungskräfte nach dem Motto: „Bloß nicht anecken". Sie verstecken sich hinter Pseudo-Regeln, geben nur noch Softie-Feedback und bleiben so vage und unverbindlich wie möglich. Die Folge? Führung verarmt und wird zur Fassade.

Echte Führung statt Aussitzen: Das andere Extrem sind Führungskräfte, die den Wandel zu Arbeitswelt 4.0 und Digitalisierung ignorieren und weitermachen wie bisher. Sie halten an starren Hierarchien fest, handeln egogetrieben oder sind mit Machtspielen beschäftigt, anstatt ihre Unternehmen zukunftsfähig aufzustellen.

Eulzer und Pütter gelten als Vorreiter für Führung 4.0 und sind Experten für Changemanagement. Ihre Hacks inspirieren zu einem neuen Führungsmindset und rütteln dazu auf, Unternehmenskultur und -strukturen zu transformieren. Hin zu New Work, Agilität und Führung auf Augenhöhe!

»Im Grunde dreht sich Führung nur noch um eine Frage: Gelingt es Führungskräften, ihre Mitarbeiter emotional mitzunehmen, oder nicht?«

Agiles Führen

Stefanie Puckett, Rainer M. Neubauer
Agiles Führen
Führungskompetenzen für die agile Transformation
2. Auflage 2021

320 Seiten; Broschur; 29,95 Euro
ISBN 978-3-86980-433-0; Art.-Nr.: 1053

Agiles Führen gilt als das Wundermittel schlechthin. Kaum eine Führungskraft kommt an dem Thema vorbei. Dennoch ist dieses Thema vielerorts nicht mehr als ein Schlagwort. Leider – denn agiles Führen kann sich jede Führungskraft aneignen und anwenden.

Was bedeutet agiles Führen im Kontext der digitalen Transformation? Wie verändert sie die Führungsaufgabe? Wie entwickelt man eigentlich agile Führungskompetenz im Alltag? Und wie wird man zum agilen Change Manager?

Neubauers und Pucketts Buch gibt Antworten auf diese Fragen. Es wirft einen Blick unter die Oberfläche und zeigt, welche Kompetenzen und Persönlichkeitseigenschaften agile Führungskräfte auszeichnen. Dabei hat es beide Seiten im Blick. Denn agile Führung muss authentisch sein und scheitert allzu oft am Widerstand der Mitarbeiter. Pragmatisch zeigt das Buch, wie sich diese Widerstände auflösen lassen und die Transformation der Organisation gelingt.

Auf Basis jahrzehntelanger Arbeit mit Führungskräften und eines wissenschaftlich untermauerten verhaltensorientierten Kompetenzmodells ist dieses Buch entstanden. Es lenkt den Blick darauf, wie wir mit agiler Führung unsere vorhandenen Stärken, Kompetenzen und Erfahrungen zukunftsfähig machen.

www.BusinessVillage.de

Führung mit Pfiff

Torsten Werner
Führung mit Pfiff
Einfach. Klar. Konsequent.
1. Auflage 2021

240 Seiten; Broschur; 26,95 Euro
ISBN 978-3-86980-585-6; Art.-Nr.: 1121

Die Geschwindigkeit, Komplexität und Ambiguität aller Aufgaben, die Digitalisierung und der Fachkräftemangel führen in vielen Führungsetagen zu hoher Unklarheit und maximalem Stress. Dadurch geht Führungskräften oft der Blick fürs Wesentliche verloren.

Werners Buch zeigt, wie Führungskräfte den Überblick behalten und die Kontrolle zurückgewinnen: Durch das Verschmelzen von Klarheit und Konsequenz zu einem Prinzip entsteht sofort eine grundsätzliche Ordnung. Eine Ordnung, die es ermöglicht, die wirklich wichtigen Aufgaben zu identifizieren und stets den Überblick zu behalten.

Anhand seiner Erfahrungen als Fußballschiedsrichter illustriert er die Leistungsfähigkeit dieses Prinzips und überträgt es auf den Führungsalltag. Ganz ohne komplizierte Theorien zeigt er einfache und vor allem praktikable Lösungsansätze für alle Hierarchieebenen.

Führung mit Pfiff ist einfach, klar und konsequent.

www.BusinessVillage.de